张 英 著

薄弱学校快速优质化
发展路径的实践研究

——广东二师番禺附中变革策略

九州出版社 全国百佳图书出版单位
JIUZHOUPRESS

图书在版编目（CIP）数据

薄弱学校快速优质化发展路径的实践研究 ：广东二师番禺附中变革策略 / 张英著. -- 北京 ：九州出版社，2020.12

ISBN 978-7-5108-9822-8

Ⅰ．①薄… Ⅱ．①张… Ⅲ．①中学教育－研究－番禺区 Ⅳ．①G63

中国版本图书馆CIP数据核字（2020）第224939号

薄弱学校快速优质化发展路径的实践研究：广东二师番禺附中变革策略

作　者	张 英 著
出版发行	九州出版社
地　址	北京市西城区阜外大街甲 35 号（100037）
发行电话	（010）68992190/3/5/6
网　址	www.jiuzhoupress.com
电子信箱	jiuzhou@jiuzhoupress.com
印　刷	北京捷迅佳彩印刷有限公司
开　本	710 毫米 ×1000 毫米　16 开
印　张	21.25
字　数	289 千字
版　次	2020 年 12 月第 1 版
印　次	2020 年 12 月第 1 次印刷
书　号	ISBN 978-7-5108-9822-8
定　价	79.00 元

C目录
ONTENTS

第一章 重大契机促发展

共同的学校愿景及使命，是激励校长和师生的重要动力，也是加快学校发展的有力推手。

第一节 新契机：院地战略合作，体制创新促发展

曾记否，到中流击水，浪遏飞舟？广东第二师范学院番禺附属中学抓住学院与地方政府战略合作的新契机，坚持体制创新，通过协同式创新、内涵式发展、跨越式提升的发展策略，不断提升教育品质，形成具有示范和辐射意义的教学改革及研究成果，成为让公众满意的高质量学校。从一所薄弱的普通高中，发展成为一所兼具人文性、实验性与示范性的现代学校，成为基础教育改革者、现代学校制度的探索者、现代教育的示范者。

一、输入广东第二师范学院教育品牌，提升附属学校发展战略规划新高度

广东第二师范学院长期从事中小学校长和教师培训以及基础教育研究、教育决策咨询等，历史悠久、经验丰富、实力雄厚。更名改制来，学院把番禺附中纳入办学的整体布局，为附中的内部管理、教育教学改革以及办学水平提升提供专业引领和智力支持，为学校借助大学教育资源实现广东二师番禺附中升级改造搭建了有效平台。广东第二师范学院充分利用省级师范院校的品牌优势、资源优势、研究优势，权力支持附中发展。广东二师番禺附中立足自身实际，抓住改制契机，以现代学校制度为抓手，建章立制，激发内部活力；以制定新的发展规划为引领，全面实施素质教育，在学校制度建设、学校文化建设、教师队伍建设和课程教学改革上进行探索；以创建国家级示范性普通高中为突破口，引领广东二师番禺附中冲破发展桎梏、走出现实困境，实现跨越式发展、内涵式发展，将广东二师番禺附中打造成在教师绩效管理上具有示范作用，管理科学、特色鲜明，在番禺区有一定影响力，在广州市乃至广东省成为具有一定现代教育管理示范作用的品牌学校，番禺区教育改革的希望之光、活力之源。

广东二师番禺附中中长期发展规划明确指出，学校以"培育现代君子"

为办学理念，力求把学生培养成具有"学为君子、兼善天下"的远大理想、秉承"德才兼修、学融中西"的优良传统、具备"文化归属、国际理解"的现代情怀的社会主义社会优秀公民。学校要以"成为一所兼具人文性、实验性与示范性的现代化学校"为发展目标，以"协同式创新、内涵式发展、跨越式提升"为发展策略，在未来的十五年中，从一所薄弱的普通高中，发展成一所兼具人文性、实验性与示范性的现代学校，成为基础教育改革者、现代学校制度的探索者、现代教育的示范者。学校明确规定了每一个五年的具体目标，以清晰的办学理念、明确的远景目标和阶段目标、具体的发展路径，有效激发每位教师对未来共同的愿景，凝聚众人的力量，激发众人的斗志。

二、赋予附属学校更多办学自主权，建立了现代学校决策机制和管理机制

学校作为校地合作创新、"先行先试"的产物，实施的是"共建共管"的办学体制和理事会领导下的校长负责制，既是番禺区人民政府进行教育管理体制改革试点的窗口，也是广东第二师范学院为基础教育服务、引领基础教育改革和发展的重要渠道。办学体制和学校管理体制的变革将推动学校各项事业的改革发展。

作为"省基础教育综合改革试点单位"，在"现代学校制度建设"的实践与探索中，学校先行先试、开拓创新，围绕依法办学、自主管理、民主监督、社会参与等要素，着手探索现代学校的民主决策机制、管理责任机制、监督制衡机制、参与合作机制、平等竞争机制，积累了许多有益的经验，受到广东省教育厅的充分肯定。

三、开展课题研究，为学校发展注入新动力

在更名改制为师范院校公办附属中学后，广东二师番禺附中校向广东省教育厅申报了教育综合改革试点项目"基础教育现代学校制度建设的探索与

实践"，批复立项后，通过课题研究，为学校的发展注入了新动力，广东第二师范学院和番禺区教育局为广东二师番禺附中的改革发展倾注了大量心血，学校的师生员工也付出了巨大的努力，取得了可喜的成绩，现代学校制度雏形初显，学校发展步入良性循环轨道。

近年来，在健全学校理事会议事规则、发挥学校理事会决策作用的同时，学校进一步变革学校组织机构，建立完善现代学校主体结构：建立教师、学生及家长代表参加的校务委员会，逐步完善民主决策程序；树立开放民主、科学高效的管理观，按照"精简、效能、统一"的原则，积极开展中层机构设置与聘任的改革，进一步完善校内机构设置，提高管理效益和服务水平；探索实施岗位问责机制，进一步明确各岗位的职责和工作要求，避免"多头布置""重复布置"，实现教师工作的"轻负担、高效率。"探索"公平、合理、竞争有序"的绩效考评管理体制，探索"干部能上能下，教师能进能出，人人有事干，事事有人干"的人事管理体制；稳妥推进中层竞岗、公开招聘教师、教师岗位设置和奖励性绩效工资的实施工作。

广东二师番禺附中在现代学校制度建设中的重中之重，就是对学校行政管理架构尤其是中层机构设置与聘任进行改革创新，以调整结构促进功能的优化，是番禺区基础教育学校中层机构设置的先河。学校岗位竞聘坚持公平、公正、公开的原则，程序清晰、过程流畅，一切都在阳光下运作，极大地调动了广大教职员工的工作积极性。

在教师绩效与激励制度方面，学校建立重师德、重能力、重实绩、重贡献的考核与培养激励机制，不断完善教师绩效工资制度；建立高层次学历培养机制，建立名师、学科带头人培养机制，为有潜力、有能力的教师进入更高的发展层次提供机会。

加强民主建设，健全监督机制，是建设现代学校制度的重要内容，也是贯彻以人为本，建设幸福学校的必然要求。在现代学校制度建设的实践中，无论是决策工作还是执行工作，广东二师番禺附中坚持推行民主监督参与机制，充分发挥党政联席会议、校长办公会议、行政扩大会议、教代会在决策中的民主监督作用，最大限度地实现决策的科学性、民主性。学校探索实施岗位问责机制；充分发挥党委的政治核心和保证监督作用，进一步发挥教代会、共青团、民主党派和学校工会在民主管理和民主监督中的积极作用；设立学校申诉委员会，依法保障师生员工的合法权益。

同时，学校还注重发挥家长委员会和学生会等二级组织在学校管理中的民主监督功能，体现学校管理的开放性和民主性。学校始终坚持校务公开，提升工作的透明度，使工作公开、公平、公正，充分彰显了"民主、开放、科学、高效"的管理特色。学校还建立了新型家校、社校关系，成立了社区人士、家长观摩团，随时到学校观摩各项教育教学活动，建言献策和指导工作。

四、遵循教育发展规律，确立适应时代发展需求的办学理念

"培育现代君子"是广东二师番禺附中的办学理念，"现代君子"不是一般意义的"古君子"，也不同于西方国家的"绅士"，而是指具备中华传统文化中君子的优秀风范和体现与时俱进的时代气息的人，特别突出温雅贤淑、胸怀坦荡；以义统利、天下为任；学术并重、知行合一；开放合作、自强不息的品格，更加彰显情怀高尚、自强不息、勇于担当的价值追求。学校全面实施"君子教化"，化育学生要学为君子，兼善天下，成为"愿干事、能干事、能干成事"并具备国际理解能力的社会主义社会优秀公民。

学校以"培养现代君子"的办学理念为根基，以"学为君子，兼善天下"为宗旨，构建学校"美丽人生"校本课程体系，以课程拓宽学生的视野，挖掘学生的潜能。2014年3月，"美丽人生"特色课程获得广州市重点特色课程立项，学校被授予广州市普通高中特色学校称号。2018年12月，"美丽人生"特色校本课程体系获广东省教育学会评比一等奖。

这一体系涵盖特色必修课程、特色选修课程、社团活动、主题活动。其中，美丽人生特色课程的必修课分为六篇：礼艺篇、心灵篇、科学篇、人文

篇、人文篇、天下篇，根据学生高中三年的培养计划，在学校图书馆四楼会议厅以专题讲座的方式，分阶段开课。

作为"美丽人生"特色课程的有效支撑，学校的特色选修课定于每周三下午举行，学生根据学校提供的选修课清单，根据自己的兴趣和潜能，在网络后台选课，并走班上课，按照选修课的学习、考核要求进行学习，修得既定的学分。学校开发的第一轮选修课（含外教课）共计26门，新一轮选修课的开发工作正在进行中。

学校高度重视社团建设，将每周星期五下午的第八、九节作为固定的社团活动时间，并将参与社团活动的情况纳入学分制管理。目前，学校共有30个社团，其中的模拟联合国、辩论社、街舞社、话剧社、附中电台、电视台、二月风文学社已经发展成为学校的核心社团。模拟联合国作为番禺区品牌社团，多次成功承办跨校、跨区域的大型模联活动。学校多名老师被评为区学生社团优秀指导老师，广东二师番禺附中被评为区优秀组织单位。高一级辩论队获得2018年番禺区中学生辩论赛冠军。

学校定期开展校园文化艺术节、体育节、校园读书节、校园才艺大赛、学科活动等各类主题活动，进一步丰富学校课程文化。这些活动为更好地张扬学生个性，释放学生潜能搭建了平台，各方面获奖硕果累累。

学生在学校推行的普惠性的外教口语课、国际教育课程、与香港姊妹学校间的交流活动中拓宽了国际视野教育。

作为引领学生发展的重要跑道，"美丽人生"特色课程体系为学生提供了丰富的、多元化的课程选择，它不仅有助于张扬学生个性、激发学生潜能，满足不同潜质学生进一步发展的需要，而且能引领学生陶冶君子品格，规划美丽未来，为赢得美丽人生奠基。

五、输入资源，打造高素质、能力强、创新性教师队伍

百年大计，教育为本，教育大计，教师为本。广东二师番禺附中的改制，生源未变，师资未变，要想实现改变薄弱的现状，走上快速优质化之路，教师专业发展迫在眉睫。学校以促进全体教师的专业发展为主线，以加快高层次人才队伍建设为重点，以创新培训模式、完善培训体系为抓手，强化对教学管理人员、科组长、备课组长、青年教师的培训，建立健全教学科研制度，搭建教师专业成长平台，助力学科建设与教师成长，大批教师快速成长为学校甚至区教育领域的业务骨干。

（一）诊断课堂，学科专家指点迷津

为提升教师的课堂教学水平，广东二师番禺附中成立了以第二师范学院专家教授为主体的课堂教学指导专家团队，构建了以大学附中为基地的院地培训体系。该体系为学校的教育实践提供了反思和重构的学校环境，为教师的可持续性发展提供了重要保障。此外，每年开学，学校都请区教研室专家走进课堂把脉，也想尽办法多次邀请省、市专家到广东二师番禺附中校听、评课，开拓教师们视野，也为老师们走近专家铺路搭桥。例如，2018年的教学开放日，邀请了19位兄弟学校专家与广东二师番禺附中19位骨干教师开展"一课两讲，同课异构"的教学研讨活动。一众名师精彩的课堂、独到的视角、具有针对性的点评、高屋建瓴的讲座，让老师们收获良多。

（二）专题讲座，教授名家引领观念

许多教师不乏教学策略与教学技术，但始终停留在教书匠水平，根源就在于观念的陈旧和教学科研素养的缺失。近年来，广东二师番禺附中根据教师专业发展的需要，频繁邀请高校、研究机构、一线名师等专家教授来广东二师番禺附中校开展专题讲座和专题培训，内容涉及诸多领域。在专家教授、名师的引领和指导下，教师拓展了视野，提升了教学理论素养和专业技能。

（三）专项培训，打造学习型团队

学校积极发挥院校合作优势，开展了德育科研专项培训、行政干部级长专项培训以及科组长、备课组长专项培训活动，大力打造学习型团队。培训项目涉及理论研修、同课异构名师大讲堂、课堂实践改进、名校寻访、课题研究和课程开发六个模块。

针对青年教师，学校开展了青蓝工程、青年教师外出培训、青年教师座谈会、三笔字大赛、解题大赛、青年教师演讲比赛、针对青年教师的专家讲座、科研专题指导会、课堂教学技能大赛、论文评比十大举措的青年教师成长系列活动，推动了青年教师的快速成长。班主任和名教师工作坊的创建活动，让学校成为培育名师的沃土。

目前，学校有广州市名师、广州市地理学科工作室主持人 1 人（刘东明），广州市教育家培养对象 1 人（张英）；广州市百千万第四批教育专家培养对象 1 人（吴继缘）；广州市百千万人才名教师培养对象 7 人；广州市骨干教师 19 人；广东省骨干教师培养对象 17 人；广州市特约教研员 1 人（杨建新）；广州市学科中心组成员 2 人（刘恩来、王雪涛）；番禺区名教师 2 人（吴继缘、刘东明）；番禺区特约教研员 6 人；番禺区学科中心组成员 15 名；番禺区后备干部培训班学员 2 人（刘晓辉、吴继缘）；市名校长名教师工作室成员 27 人；市班主任工作室成员 13 人、区班主任工作室成员 9 人。

六、成立专家指导委员会，指导学校进行课程教学改革

传统的课堂教学，教师讲，学生听，以灌输知识和答案为特征，严重扼杀了学生的潜能，使学生负担过重，获益低下。针对这一状况，在学院专家委员会的指导下，学校班子经过深思熟虑和反复酝酿，提出了"基于学生能力培养的参与式课堂教学改革"模式，掀起了一场课堂教学的革命，以期释放学生固有的潜能，帮助学生形成自主、合作、探究的学习方式。这一改革，以小组合作、先学后导为基本特征，以积极参与、有效参与为价值追求，以学习目标的有效达成为根本宗旨，以学生为中心，以学案为载体，以核心知识和关键问题为抓手，以强化课前预习为手段，以六人小组围桌而坐、互助合作为形式，注重学思结合，改变传统的教师灌输、学生接受的学习方式，倡导以学生自主、合作、互助、探究等方式主动形成建构知识的能力。

实施课堂教学改革以来，广东二师番禺附中许多学科的教学质量较之过去有明显进步，学校的办学效益和竞争力明显提升。2012年10月，广东二师番禺附中成功承办番禺区"研学后教"课堂教学改革现场会，来自区内外的近四百名同行观摩了课堂教学，并给予了高度评价。

时代在发展，改革不止步，依托学院的智力支持，广东二师附中继续打造"参与式课堂教学改革"升级版，在初步形成的课型与教学模式的基础上，建设"高品质"课堂。探索课堂教学的新走向，以学科核心素养的定位及落地为新使命，积极推进"深度课堂""高质量课堂""文化课堂"的构建。

目前，广东二师番禺附中已成为广州地区以院地合作为平台，实现快速优质发展的成功典范，从昔日番禺区高中教育的第三梯队，跻身为第一梯队，成为薄弱学校快速优质发展的典范。目前，教师、学生、家长和上级领导都以附中取得的显著成绩为荣，各方面都对学校的快速发展高度认同，敢为人先、豪情满怀的附中人也以"培育现代君子"为办学理念，以"学为君子，兼善天下"为校训，发扬"海纳百川、追求卓越"的附中人精神，励精图治，开拓创新，继续谱写着学校快速发展的新篇章。

第二节 新谋划：愿景引路，规划先行

共同的愿景及使命，是学校激励师生的重要动力，也是加快学校发展的有力推手。卓越的学校都拥有清晰的文化目标，它可以提高学校成员共同的使命感，使其成员能够承担更多的责任，更热爱并忠诚于学校。学校通过规划建立共同的愿景及使命，使全体成员共同拥有愿景、信念及价值的追求，发展出学校的强势文化，进而促进学校的可持续发展。

可以说，发展规划是学校可持续发展的灵魂，是学校形成规范办学、自主办学、特色办学的基本要求。它是学校未来发展的蓝图，能充分体现出学校自身发展的理念，引领学校发展和确定学校的办学方向与发展目标，以促

进学校长期稳定和持续发展。描绘学校发展愿景，制定学校发展蓝图既是学校实现快速优质可持续发展的前提，也是奠基石。要成功"改薄"、实现快速优质化，必须理念引路，规划先行。

一、基础分析摸家底，展望未来拟愿景

广东二师番禺附中的前身是广州市番禺区市桥第二中学，创建于1996年9月。学校地处城乡接合部，整体基础薄弱。学校的办学模式多有变化，经历了初中、职中和完全中学三个阶段，教师结构与质量不能很好地适应高中办学的要求。学校课程与教学特色不鲜明，教学效率和教育质量亟待提高；学生文化成绩处于番禺区普通高中的末尾梯队，学生的综合素质和学习信心也有待提升。在新的办学模式下，学校须建立规范、高效、高质的现代学校制度，而现有的学校文化与环境建设不足以满足学校进一步优质办学、特色发展、文化立校的要求。

更名改制后，学校发展愿景是成为一所兼具人文性、实验性与示范性的现代学校：学生具有"学为君子、兼善天下"的远大理想、秉承"德才兼修、学融中西"的优良传统、具备"文化归属、国际理解"的现代情怀的社会主义优秀公民；教师团队团结奋进、敬业爱岗、尽责爱生、师德高尚、业务精良、善于学习、勤于探索；学校管理以人为本，坚持立足人、面向人和为了人的发展，积极推进内涵发展，成为基础教育改革者、现代学校制度的探索者和现代教育的示范者。

二、全面解读学校办学理念和办学目标

办学理念是学校办学的灵魂，是指引学校科学发展、和谐发展的核心价值观。

广东二师番禺附中的办学理念是"培育现代君子"。何谓现代君子？现代

君子是指具备中华传统文化中君子的优秀风范和体现与时俱进的时代气息的人，要特别突出温雅贤淑、胸怀坦荡；以义统利、天下为任；学术并重、知行合一；开放合作、自强不息的品格，以彰显情怀高尚、自强不息、勇于担当的价值追求。

学校全面实施"君子教化"，目标主要包括三个方面：

1. 把学生培养成为具有"学为君子、兼善天下"的远大理想、秉承"德才兼修、学融中西"的优良传统、具备"文化归属、国际理解"的现代情怀的社会主义社会优秀公民。

2. 打造和谐奋进的教师团队。要建设氛围民主、人际融洽的校园文化，培育教师敬业爱岗、尽责爱生、师德高尚、业务精良、善于学习、勤于探索、乐于合作，不断提高专业化程度和团队建设水平。

3. 形成以人为本的学校管理风格。学校管理要坚持立足人，面向人，为了人的发展，确立服务型管理模式，推进内涵发展，成为基础教育改革者、现代学校制度的探索者、现代教育的示范者。

三、根据目标，谋划学校发展重点

贯彻"培育现代君子"办学理念，实现办学目标就要精心谋划学校发展重点。只有抓住和突破发展重点，才能实现协同式创新、内涵式发展和跨越式提升。

一是学校不断提升教育品质，形成示范和辐射意义的教学改革及研究成果，成为让公众满意的高质量学校。学校要更新教育观念、深化课堂教学改革、强化教学管理、加强教育教学研究。

二是学校不断提升学生的综合素质，获得到家长及社会公众普遍赞誉。学校要加强德育系统建设、推进学校特色课程体系建设、促进各方面教育协调发展、创新人才培养模式。

三是学校努力造就一支师德高尚、业务精湛、勇于创新、结构合理的高素质专业化教师队伍，以适应学校可持续发展的需要。学校要健全教师队伍管理制度、加强教师职业道德建设、提升教师队伍专业化水平、完善教师激励培养机制、加快高层次人才队伍建设。

四是学校将学校建设成具备鲜明办学特征，兼具现代化、国际性、开放性特点的特色品牌学校。学校要培育师生君子气质、发展学生体艺特长、推进智慧校园建设、探索合作办学模式。

五是学校充分利用"院地合作、共建共管"的办学体制，积极探索、试行现代学校制度，为高等师范院校与地方政府合作办学提供标本和示范。学校要构建新型办学体系、变革学校组织架构、强化制度管理效能、推进人事制度改革。

六是学校围绕学校办学理念和发展目标，充分发挥师生主体作用，积极培育师生认同、社会认可的学校文化。学校要凝聚学校精神、建设和谐三园、建立视觉形象识别系统。

七是学校要优化和美化校园环境，充分发挥环境育人的作用。学校要完善学校办学条件、美化校园物态环境、创建校园安全环境。

四、成立规划研制工作小组，建立保障机制

为贯彻落实"培育现代君子"办学理念，以规划引领办学目标的实现，广东第二师范学院成立了附中中长期发展规划研制工作小组，研制出台了《广东二师番禺附中中长期规划（2010—2025）》，并建立一套可操作、有实效的保障机制，具体包括明确目标与责任分工、制定阶段性实施方案、保障资金与优化资源配置、持续性督导检查，逐项突破工作重点。

该规划成为引领广东二师番禺附中实现可持续发展和内涵发展的纲领性文件之一，为体制创新指引了方向。规划指出，学校以培育现代君子为办学理念，力求把学生培养成为具有"学为君子、兼善天下"的远大理想、秉承"德才兼修、学融中西"的优良传统、具备"文化归属、国际理解"的现代情

怀的社会主义社会优秀公民。

规划指出，广东二师番禺附中以"成为一所兼具人文性、实验性与示范性的现代化学校"为发展目标，以"协同式创新、内涵式发展、跨越式提升"为发展策略，在未来的十五年中，将其从一所薄弱的普通高中，发展成为一所兼具人文性、实验性与示范性的现代学校，成为基础教育改革者、现代学校制度的探索者、现代教育的示范者。（规划内容详见附录1）

第三节　新动力：体制机制改革，提供学校发展动力

薄弱学校，根源在于缺乏发展动力。创新是一切事物发展的动力，只有永葆改革意识和创新精神，在管理体制和管理机制方面革故鼎新、推陈出新，才能更好地解决学校缺乏发展动力的问题，为薄弱学校快速优质化发展指明方向。

一、创新办学体制，激发管理活力

为推进番禺区高中教育的均衡发展，区政府、区教育局解放思想，先行先试，牵手广东第二师范学院合作办学，利用番禺区教育局原有的基础设施和广东第二师范学院的科研、人才、管理优势，把原番禺区市桥第二中学更名为"广东二师番禺附中"。改制后，广东二师番禺附中将全面实施素质教育，力求在学校管理模式、教师队伍建设和激励机制上进行探索，在评价机制方面进行创新，引领广东二师番禺附中冲破发展桎梏、走出现实困境，实现跨越式发展、内涵式发展，将广东二师番禺附中打造成在教师绩效管理上具有示范作用，管理科学、特色鲜明，在番禺区有一定影响力，在广州市乃至广东省具有一定现代教育管理示范作用的品牌学校，使其成为番禺区教育改革的希望之光、活力之源。

事实上，各界首先最为关心的是，学院、地方政府和学校能否以体制创

新助推学校发展，使学校早日摘掉"薄弱学校"的帽子，走上一条薄弱学校快速优质化的发展之路。

2010年8月，学校正式更名改制，成为番禺区教育局与广东第二师范学院合作办学、共建共管的第一所区属公办大学附属中学。学校积极开展薄弱学校快速优质化的探索和实验，争取成为薄弱学校改造并快速优质化的示范，成为广东二师番禺附中建校之初的三大使命之一。

（一）创新"管办分离"的院地合作办学模式

广东二师番禺附中充分利用"院地合作、共建共管、管办分离"的办学体制，在现代学校制度建设方面先行先试，为高等师范院校与地方政府合作办学提供标本和示范，构建政府、学校、社会之间的伙伴关系，实现政府职能从原来的宏观、中观、微观管理转变为宏观调控。学校按照现代学校制度特别是民主管理、开放管理的要求，坚持民主、科学的程序制定学校章程，实施按章程自主管理，创新学校内部制度，提高学校组织效率，建立以章程为根、以制度为框、以文化为脉的学校制度体系，形成职责明晰、运行协调、以人为本、以章为行的学校管理体制。

番禺区政府掌管"钱袋"，负责学校的硬件建设、教师工资、人事编制等项目；广东第二师范学院掌管"脑袋"，把广东二师番禺附中纳入学院办学的整体布局，发挥自身的理论、专业和资源优势，为广东二师番禺附中的内部管理、教育教学改革以及办学水平的提升提供智力支持。双方以签订的《广东第二师范学院、番禺区教育局合作办学框架协议》为指南，密切合作，各司其职，各负其责，以体制创新之策共促学校实现"改薄"，开启快速、优质发展之路。

（二）实行理事会领导下的校长负责制

按照《广东第二师范学院、番禺区教育局合作办学框架协议》，广东二师番禺附中积极探索、实践理事会领导下的校长负责制。理事会设理事11人，校长为当然理事，其余10人由广州市番禺区地方政府代表、广东第二师范学院代表及社会知名人士代表共同组成。理事会设主席 1 人，拟由番禺区政府派人担任，设常务副主席 1 人，由学院派人担任。理事会的成立理清了学校与办学单位的关系，理事会行使决策权，教代会参与管理和监督。2013 年 1 月，广东二师番禺附中成立了首届理事会，并通过了《理事会章程》，校长对理事会负责，对学校实行自主管理。

（三）制定四个纲要性文件，引领学校发展方向

为保障广东二师番禺附中的健康、优质、规范发展，广东第二师范学院成立规划研制小组，根据国家有关政策法规和《广东第二师范学院、番禺区教育局合作办学框架协议》，结合广东二师番禺附中的历史与现实，制定了《广东二师番禺附中中长期规划（2010—2025）》，该规划经学校理事会、广东第二师范学院和番禺区教育局批准后实施。至此，《学校章程》《学校中长期发展规划》《理事会章程》和《广东第二师范学院、番禺区教育局合作办学框架协议》这四份文件，绘制出广东二师番禺附中靓丽的发展蓝图，构成了广东二师番禺附中依法办学、自主管理的基本纲领，成为学校未来发展的四部"基本法"，成为引领广东二师番禺附中实现可持续发展和内涵发展的行动指南，为体制创新指引方向，保驾护航。

二、创新管理机制，为管理队伍提供动力

广东二师番禺附中是广东省为数不多的"省基础教育综合改革试点单位"，在近三年的"现代学校制度建设"的实践与探索中，学校先行先试、开拓创新，围绕依法办学、自主管理、民主监督、社会参与等要素，着手探索现代学校的民主决策机制、管理责任机制、监督制衡机制、参与合作机制、平等竞争机制，积累了许多有益的经验，获得广东省教育厅的充分肯定。

近年来，在健全学校理事会议事规则、发挥学校理事会决策作用的同时，学校进一步变革学校组织机构，建立完善现代学校主体结构：建立有教师、学生及家长代表参加的校务委员会，逐步完善民主决策程序；树立开放民主、

科学高效的管理观，按照"精简、效能、统一"的原则，积极开展中层机构设置与聘任的改革，进一步完善校内机构设置，提高管理效益和服务水平；探索实施岗位问责机制，进一步明确各岗位的职责和工作要求，避免"多头布置""重复布置"，实现教师工作的"轻负担、高效率"。

广东二师番禺附中在现代学校制度建设中的重中之重，就是对学校行政管理架构尤其是中层机构设置与聘任进行改革创新，以调整结构促进功能的优化，成为番禺区基础教育学校中层机构设置的先河。为优化结构，提升效能，根据改革试点方案，学校内设4个中层机构，即办公室、德育处、教导处、总务处，德育处、教导处设正主任1名、副主任2名，其他处室设正副主任各1人。各处室正职主任由校长提名，经组织考察后，交由学校领导班子决定任命，报番禺区教育局批准后聘任。各处室副职主任实行竞争上岗，按照区教育局批准后的内设机构副职竞争上岗工作实施方案执行。岗位竞聘坚持公平、公正、公开的原则，程序清晰、过程流畅，一切都在阳光下运作，极大地调动了广大教职员工的工作积极性。

加强民主建设，健全监督机制，是建设现代学校制度的重要内容，也是贯彻以人为本，建设幸福学校的必然要求。在现代学校制度建设的实践中，无论是决策工作还是执行工作，广东二师番禺附中坚持推行民主监督参与机制，充分发挥校长办公会议、行政扩大会议、教代会及党总支在决策中的民主监督作用，以最大限度地实现决策的科学性、民主性。同时，学校还注重发挥家长委员会和学生会等二级组织在学校管理中的民主与监督功能，体现学校管理的开放性和民主性。学校一如既往地坚持校务公开，提升工作的透明度，使工作公开、公平、公正，充分彰显了"民主、开放、科学、高效"的管理特色。

在教师绩效与激励制度方面，建立重师德、重能力、重实绩、重贡献的考核与培养激励机制，不断完善教师绩效工资制度，建立高层次学历培养机制，建立名师、学科带头人培养机制，为有潜力、有能力的教师进入更高的发展层次提供机会。

加强民主建设，健全监督机制，是建设现代学校制度的重要内容，也是贯彻以人为本，建设幸福学校的必然要求。在现代学校制度建设的实践中，无论是决策工作还是执行工作，广东二师番禺附中坚持推行民主监督参与机制，充分发挥党政联席会议、校长办公会议、行政扩大会议、教代会在决策中的民主监督作用，以最大限度地实现决策的科学性、民主性。探索实施岗位问责机制；充分发挥党委的政治核心和保证监督作用，进一步发挥教代会、共青团、民主党派和学校工会在民主管理和民主监督中的积极作用；设立学校申诉委员会，依法保障师生员工的合法权益。

三、创新培养机制，为教师发展提供动力

百年大计，教育为本，教育大计，教师为本。附中在改制中，生源未变，师资未变，要想实现"改薄"，走上快速优质化之路，教师专业发展迫在眉睫。广东第二师范学院是广东省校长培训中心基地和广东省骨干教师培训基地，积聚了广东省中小学教师培训的最尖端力量，培训优势突出，培训资源雄厚。而作为广东第二师范学院引领的（广州地区）唯一一所公办附属中学，在番禺区的高中学校中，是附中教师专业发展得天独厚的优势所在。这种一对一、接地气的培训，既仰望星空，又脚踏实地，天与地、理论与实践实现看对接，专家云集，培训优势和培训效益凸显。

（一）诊断课堂，学科专家指点迷津

为提升教师的课堂教学水平，广东二师番禺附中成立了以学院专家和教授为主体的课堂教学指导专家团队，各院系基本上都与广东二师番禺附中各学科挂靠，进行对口指导。以大学附中为基地的院本培训，为学校的教育实践提供一个反思和重构的学校环境，促进了学校教育理论与实践的与时俱进，促进了在职教师专业的可持续发展。

（二）专题讲座，教授名家引领观念

许多教师不乏教学策略与教学技术，但始终停留在教书匠水平，根源就在于观念的转变和教科研素养的缺失。而观念的转变，需要灌输，需要大学的大师们进行传道、建构与解构。近两年来，广东二师番禺附中根据教师专业发展的需要，频繁邀请广东第二师范学院以及其他高校、研究机构、一线名师等专家教授来广东二师番禺附中校开展专题讲座和专题培训，内容涉及诸多领域。专家们的引领和指导，拓展了教师视野，提升了教师的教学理论素养和专业技能，促进了教师专业知识和专业技能的提升。

（三）专项培训，校本院本联合行动

近年来，广东二师番禺附中积极发挥院校合作优势，紧紧依靠学院培训处和教育系，开展了以"班主任成长机制研究"为课题的德育科研专项培训、行政干部级长专项培训以及科组长、备课组长专项培训活动。其中，科组长、备课组长专项培训活动由学院培训处中学部设计培训方案，并整合培训资源，2013年10月启动，目前仍在进行，培训项目涉及理论研修、同课异构名师大讲堂、课堂实践改进、名校寻访、课题研究和课程开发六个模块，学校50余位学科组长、备课组长参加了该项培训活动。

为帮助一批骨干教师迅速提升专业素养，广东二师番禺附中依托学院的培训优势，开展教师研修项目委托培训。2013年12月，学校委托学院培训处为广东二师番禺附中开展12名省级骨干教师和10位跟岗教师的项目培训。

（四）平台延伸，学院衍生资源链条

广东第二师范学院以自己的学术专业高度、智力支持系统和培训资源优势积极引领广东二师番禺附属中学的发展，还别开生面地延伸培训平台，发挥自己掌控的全省名校长和全省名教师资源链条优势，更好地服务于附中教师的专业成长。

2013年11—12月，广东二师番禺附中邀请省级名师来校"献艺"，开展9个学科的"同课异构"教研活动，这是学校发挥院校合作优势的又一次"名

师大讲堂"活动，将学校的科组长、备课组长系列培训活动推向高潮。来自深圳市南山区教研室语文科的茹清平、广东实验中学化学科的刘立雄、广州六中地理科的王万里等9位广东省名教师走进附中的小组课堂，与9位备课组长同台PK，省级名师科学的教学理念、扎实的教学功力、独特的教学风格与附中教师的"小组合作·先学后导"相得益彰、相映成趣。

第四节　新课程教学：铸就美丽人生

学校要培养什么样的人，就要为学生提供什么样的课程；学校有什么样的特色课程，就有什么样的办学特色。课程改革在大致经历"改课标→改文本→改课堂"这一发展阶段后，正在进入"改结构→改文化"的课程改革深水区。在全面深化教育领域综合改革的大背景下，基于当代基础教育价值取向，广东二师番禺附中也在深化学校课程改革，重构特色课程体系，明确路向，凝聚力量，努力探索适于广东二师番禺附中发展的教学体系。

一、"美丽人生"特色课程开发和实施的背景

2012年11月召开的中国共产党第十八次全国代表大会提出，"努力建设美丽中国，实现中华民族永续发展。"《教育部关于深化基础教育课程改革进一步推进素质教育的意见》（教基二〔2010〕3号）提出，以"三个面向"为指导，构建体现先进教育思想理念的、开放兼容的基础教育课程体系，全面提升学生的科学、人文素养。突出对学生社会责任感、创新精神和实践能力的培养。《国家中长期教育改革和发展规划纲要（2010—2020）》提出，推动普通高中多样化发展，推进培养模式多样化，满足不同潜质学生的发展需要。坚持全面发展和个性发展的统一，加强美育，培养学生良好的审美情趣和人文素养，促进德育、智育、体育、美育有机融合，提高学生整体素质，使学生成为德智体美全面发展的社会主义建设者和接班人。

立足于本校文化基础，扎根于"培育现代君子"的办学理念，广东二师番禺附中校构建了"美丽人生"特色课程。2013年3月，学校开发的"美丽人生"特色课程在广州市普通高中特色课程立项评比活动中荣获重点立项。2014年3月，学校被广州市教育局授予普通高中特色学校称号。

二、"美丽人生"特色课程的构建

2010年8月，广东二师番禺附中更名改制，成为番禺区教育局与广东第二师范学院合作办学、共建共管的区属公办大学附属中学。在《广东二师番禺附中中长期发展规划（2010—2025）》中，学校提出了以"培育现代君子"为办学理念、以"学为君子，兼善天下"为校训的理念系统。

植根学校的办学理念与文化血脉，遵循国家的治国理念与教育追求，广东二师番禺附中开发了"美丽人生"特色课程，引领学生"学为君子，兼善天下"，陶冶美丽人格，规划美丽未来，塑造美丽人生，为建设美丽中国奠定坚实的人格基础和深厚的人文根基。

（一）"美丽人生"特色课程植根于学校的办学理念——培育现代君子

1."君子"及其主要论述

"君子"是儒家思想以及中国文化的核心概念，其精神风貌就是重义轻利、胸怀坦荡、反躬求己、知行并进、自强不息。"学为君子"即以君子的标准要求自己。《荀子·劝学》曰："君子之学也，入乎耳，箸乎心，布乎四体，形乎动静。端而言，蠕而动，一可以为法则……君子之学也，以美其身。"意即君子的为学，应当是贯附于耳，铭记于心，融会于举手投足之间，蕴含于动静两态；因此，但凡是一言一行，都会使人效法。

中国儒家特别推崇高尚的人格，称许才德出众的人，关于"君子"的论述不胜枚举：

君子明德。"大学之道，在明明德，在亲民，在止于至善。"（《大学·一》）"德者，本也；财者，末也。"（《大学·十》）

君子修身。"好学近乎知，力行近乎仁，知耻近乎勇。知其三者，则知所以修身。"（《中庸·二十》）"故天将降大任于斯人也，必先苦其心志，劳其筋骨，饿其体肤，空乏其身，行拂乱其所为，所以动心忍性，曾益其所不能……然后知生于忧患而死于安乐也。"（《孟子·告子下》）

君子诚信。"诚者物之始终。不诚无物，是故君子诚之为贵。"（《中庸·二十五》）"人而无信，不知其可也。大车无輗，小车无軏，何以行之哉！"（《论语·为政》）

君子知礼。"君子敬而无失，与人恭而有礼，四海之内皆兄弟也。"（《论语·颜渊》）"礼之用，和为贵。（《论语·学而》）"道之以德，齐之以礼，有耻且格。"（《论语·为政》）

君子重义。"可以托六尺之孤，可以寄百里之命，临大节而不可夺也。"（《论语·里仁》）"国不以利为利，以义为利也。"（《大学》）

君子宽仁。"君子成人之美，不成人之恶。"（《论语·先进》）"己所不欲，勿施于人。"（《论语·先进》）"仁者爱人。"（《论语·离娄》）

君子好学。"学而时习之，不亦说乎。"（《论语·学而》）"温故而知新，可以为师矣。""学而不思则罔，思而不学则殆。"（《论语·为政》）"不愤不启，不悱不发。"（《论语·述而》）"知之为知之，不知为不知，是知也。"（《论语·为政》）

君子九思。"君子有九思：视思明，听思聪，色思温，貌思恭，言思忠，事思敬，疑思问，忿思难，见得思义。"（《论语·季氏篇》）

君子和而不同。"君子和而不同，小人同而不和。"（《论语·子路》）

但是，广东二师番禺附中培育的不是一般意义的"古君子"，也不同于英国的"绅士"，而是"现代君子"。"现代君子"是指具备中华传统文化中君子的优秀风范和体现与时俱进的时代气息的人，特别突出温雅贤淑、胸怀坦荡；以义统利、天下为任；学术并重、知行合一；开放合作、自强不息的品格，更加彰显情怀高尚、自强不息、勇于担当的价值追求。因此，学校全面实施

"君子教化"，化育学生要学为君子，兼善天下，成为"愿干事、能干事、能干成事"并具备国际理解能力的社会主义社会优秀公民。

2."现代君子"的基本素养模型

图1 "现代君子"的基本素养

广东二师番禺附中以"培育现代君子"为办学理念，从基本素养的六个主要维度，实施君子教化，陶冶自强不息、厚德载物的君子人格，熏染笃志、博学、知礼、重义、仁爱、向善的君子气质，培育诚信、公正、负责、担当的君子文化，引领全体师生成为融通古今、学贯中西、兼具中国灵魂、世界眼光的现代君子。

（二）"美丽人生"的基本内涵要素

"现代君子"是一种理想人格，是附中莘莘学子梦寐以求的奋斗方向，而"美丽人生"则是一种理想的人生状态，"现代君子"的基本素养培育得愈充分，"美丽人生"的实现程度也愈充分。

作为特色课程的核心词汇，"美丽人生"具有什么样的基本内涵呢？广东二师番禺附中认为：

"美丽人生"是诗意的人生。他懂得尊重别人，也懂得尊重自己，温雅贤淑，尚礼明理；他爱好艺术，有着某种爱不释手的雅趣，成为人生的点缀。

"美丽人生"是乐观、向上的人生，是高贵的人生。不但有健康的体魄，还有健康的心魄，内心丰富、强大，能自我调适心态，身心实现和谐统一。

"美丽人生"是"读万卷书、行万里路"的人生，是能耐得住寂寞，守得住孤独，克得住浮躁的人生，是灵魂丰富，精神生活品质非常高的人生。

"美丽人生"是乐善好施，勇于担当的人生，是有着全球意识、具备跨文化理解能力的人生，是有中国灵魂、世界眼光的人生。

（三）"美丽人生"特色课程的基本框架体系

基于"现代君子"的基本素养和"美丽人生"的基本内涵，广东二师番禺附中扎根于学校的理念和文化，以"根深叶茂"为追求，构建了"美丽人生"特色课程基本框架体系，以帮助学生提升"现代君子"的基本素养，成就美丽、幸福的人生。

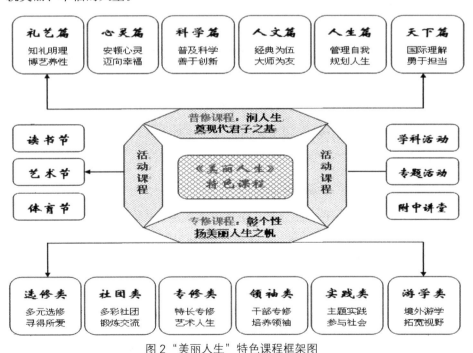

图 2 "美丽人生"特色课程框架图

1."美丽人生"普修课程：滋素养，润人生，奠现代君子之基

模块一：礼艺篇。该内容为普修课，大班教学，修习内容主要涉及礼仪、音乐、美术教育，扩展至诚信、理性教育，也渗透至德育、班会课进行。

模块二：心灵篇。该内容为普修课，小班教学，修习内容主要涉及生命教育、爱的教育、幸福教育、沟通技巧等等。

模块三：科学篇。该内容为普修课，大班教学，修习内容主要涉及科学素养普及、科技创新教育、科学思维方法、批判思维、创意培养等等。

模块四：人文篇。该内容为普修课，大班教学，修习内容主要涉及诸子百家文选、唐诗宋词、经典阅读等等，辅之以阅读活动、专题活动以及大讲堂活动。

模块五：人生篇。该内容为普修课，大班教学，修习内容主要涉及人生规划，生命、生存、生活等三生教育，规则教育，习惯教育，自广东二师番禺附中领导与自广东二师番禺附中管理，媒体素养等等，其中部分内容渗透在日常学校活动或班会课之中。

模块六：天下篇。该内容为普修课，大班教学，修习内容主要涉及模拟联合国、世界公民、国际视野、跨文化理解、兼善天下等内容。学校与广东第二师范学院合作，拟开展普惠性国际理解通识教育，拟开展国际文化活动周。

2."美丽人生"专修课程：展特长，彰个性，扬美丽人生之帆

"鹰击长空，鱼翔浅底，万类霜天竞自由。"学校开设丰富多彩的专修课程门类，为"现代君了"的培育提供了广阔的舞台，极力彰显了学生个性，扬起美丽人生之帆。

形式一：选修类。学校基于"现代君子"六个维度的基本素养和"美丽人生"的基本内涵，开发、开设科技、人文、礼仪、手工、体艺、技术、语言、茶艺、军事、时政等模块的若干选修课，供学生走班选修，以期达"寻得所爱，并为之守望"的目的。目前，学校开发的特色选修课门类达30余门。

形式二：社团类。学校在每周固定时间，开展丰富多彩的社团活动，并实行学分制管理，以彰显学生个性特长，培养学生良好的组织管理能力。目前，学校共有近30个社团组织，优秀、品牌社团近十个。

形式三：专修类。对于在音乐、美术、体育等方面有特殊天赋和兴趣的学生，学校为其提供无微不至的专业指导，并为其高考选科提供专业设置支持。当前，学校每年均有百余位学生专修音乐、美术和体育，开启了艺术人生追梦，圆了自己的美丽大学梦。

形式四：领袖类。学校重视各级各类学生干部队伍的培养和培训，并设青年党校和领袖训练营，为青年领袖的脱颖而出搭建更广阔的平台。

形式五：实践类。学校认真开展社会实践、社区服务等综合实践活动，定期开展学军、学工、慰问活动，不定期开展专题考察、调查活动和义工活动。

形式六：游学类。学校开办了国内著名高校游学和境外游学活动，并与广东第二师范学院国际教育学院合作，探索为有意出国深造的学生提供必要的帮助，比如暑期欧美游学、语言考试教学辅导服务等。

3.“美丽人生”活动课程：搭舞台，练能力，圆美丽人生之梦

形式一：读书节。学校在每年4—6月定期举办读书节，周期为45天，为学生阅读活动搭建平台。

形式二：文化节。全称为校园科技文化艺术节，学校在每年5月中下旬定期举办文化节，为学生科技文化艺术成果的展示搭建舞台。

形式三：体育节。每年11—12月定期举行，以田径运动会为核心，涵盖体育知识普及、体育与生活、国际大型体育赛事揽胜、体育精神与体育风采等等。

形式四：学科活动。每学年，学校每个学科组均错时开展丰富多彩的素质拓展活动，或诵读、或合唱、或演讲、或故事、或雕刻水仙、或读书交流、或模型比赛、或手抄报大赛、或摄影比赛、或贺卡设计比赛，成为学生永不

落幕的盛宴。

形式五：专题活动。学生定期开展专题性教育活动，比如"星级学生"评选活动、美在校园专题活动、十八岁成人宣誓活动等。

形式六：附中讲堂。学校不定期开展附中大讲堂活动，邀请大学专家、知名企业家、各类明星人物、社区有关人士为学生做专题讲座。

三、"美丽人生"特色课程的实施

近年来，在"培育现代君子"理念的引领下，美丽人生特色课程在试点、探索中日臻完善，普修课程、专修课程、活动课程相互交织，形成了严密的课程体系，与学校的文化、精神深度融合，与学校的国家课程紧密渗透，潜移默化、深度持久地影响着附中学子，朝着"学为君子，兼善天下"的目标迈进。学生受益的同时，美丽人生特色课程也促进了教师的专业发展、推动了学校的内涵发展。

（一）课程内容

"现代君子"，既具备了传统君子的优秀风范，又能体现与时俱进的时代气息，既吸纳了梅兰竹菊的优秀品格，又能借鉴中国传统文化中君子的精髓。在新时代，则更加彰显崇尚科学、善思明辨、与时俱进、开拓创新、多元理解、勇于担当的价值追求。

近年来，广东二师番禺附中围绕现代君子的"核心素养"，养德性，育才情，科学与人文并举，传统与国际兼顾，搭建立体开放的"美丽人生"特色课程三维框架体系。

1.普修课

在普修课程的实施中，广东二师番禺附中以"滋素养，润人生，奠现代君子之基"为宗旨，兼顾六个课程模块的同时，尤为凸显跨文化的国际理解教育，在广东第二师范学院和番禺区教育局的支持下，与学院国际教育学院和香港知名院校倾力合作，为学生提供普惠性的外教口语和国际理解教育特色课程，培养学生精通语言、内化修养、外化行为和生涯规划能力，备受学生及家长的好评。

广东二师番禺附中重视科学素养和人文素养课程，充分发挥大学附中院校合作的优势，学院教师、专家定期来校指导科学创新和人文阅读，以科技创新带动综合创新，以科学精神孕育创新思想，指导创新人才的培养，让人文阅读滋润君子素养，让经典作品涵养美丽人生。

2. 活动课

在活动课程的实施中，广东二师番禺附中以"搭舞台，练能力，圆美丽人生之梦"为宗旨，凸显读书活动、文化艺术活动、学科活动等三大文化盛宴。每年4—6月举办校园读书节，每年5月举办科技文化艺术节，各个学科每年错时开展素养提升展示及评比活动，成为学生永不落幕的美丽舞台。

开展附中大讲堂活动，以跨界思维，邀请大学专家、创业先锋、各界精英以及社区有关人士为教师、学生讲课，以人文浸润、草根创业拨云见雾，拓宽视域，点亮美丽人生的精神之光。

3. 专修课

在专修课程的实施中，广东二师番禺附中以"展特长，彰个性，扬美丽人生之帆"为宗旨，凸显选修课程，开发、开设科技、人文、礼仪、手工等模块的若干选修课，还开设了日语等专修课程，以满足学有所专的学生发展需求。

学校在每周固定时间开展社团活动，并实行学分制管理。目前，学校共有近30个社团组织，模拟联合国、辩论社、街舞社、文学社、舞蹈团等社团脱颖而出，成为优秀社团。

学校重视领袖类课程，设青年党校和领袖训练营，为领袖型人才的成长搭建广阔平台。广东二师番禺附中设计了游学类课程，为有意出国深造的学生提供必要的帮助，比如暑期欧美游学、语言考试教学辅导服务。

（二）课程实施保障措施

在课程建设与实施中，学校寻求国家课程与特色课程的契合点，力保课程时间，课程资源，保障师资队伍，注重以评促学。学校以系统的现代君子物态文化设计，为"美丽人生"课程提供有力的环境支撑。

1.时间保障

高一、高二年级每周开设 1—2 节"美丽人生"普修大课，在图书馆上课，学习六个专题模块。

每周开设 0.5 节"美丽人生·心灵篇"普修小课，在教室上课，由两位专任心理教师授课。

利用每周的班会课时间（1 节）、升旗时间以及研究性学习活动开展渗透教学，将"美丽人生·人生篇"的内容纳入其中。

每周三下午第 8、9 节开设"美丽人生"选修课程，目前约有近 30 门选修课程，学生实行网络选课，走班上课。

每周五下午第 8 节之后全校开展社团活动，目前共有 30 个社团。

每个学期，学校德育、教学等部门定期开展主题性专项教育活动；每个学科都举行素质性拓展活动；每年举办科技文化艺术节、体育文化节、读书节等节日活动。

2.资源保障

在课程建设中，学校注重整合各类教学资源，尤其是教师资源，建立一支由骨干教师组成的特色课程教师团队，同时，积极挖掘高校教师资源和家长、社区资源。

学校不断优化"美丽人生"主体性普修大课教材和选修课教材，经反复修订后印刷出版。学校注重对教师团队的业务培训与教学指导，通过问卷调查、听课督导等方式，对教师的授课质量进行考核评价和反馈跟进。

3.评价手段

学校重视特色课程的考核评价工作，实行学分制管理，依据考勤、课堂笔记、笔试、考查性作业等形式，将"美丽人生"普修课程的六个模块纳入学分制管理，每个模块 2 个学分；将选修课程纳入学分管理，每门课程 2 个学分，高一、高二学年每年必选 2 门课程；将社团活动纳入学分管理，学生必须参加至少 1 个社团，修 2 个学分。

4. 环境支撑

近年来，学校不断完善校园文化建设，凸显"培训现代君子"办学理念，以梅兰竹菊的物态文化、视觉文化为"美丽人生"课程建设提供有力的环境支撑。

（三）特色办学成效

在七年的教学实践中，"美丽人生"特色课程潜移默化地滋养着附中学子，滋养着广大教师，滋养着学校。

1. 学生是课程最大的受益者

在课程的滋养下，君子理念深入心灵，学生兴趣得以激发，个性得以张扬，潜能得以释放。学生的综合素养得以提升，学业成绩也在不断进步，越来越多的学生考上理想的大学，实现美丽的人生梦想。

2. 一批教师在课程建设中成长

"美丽人生"特色课程助推教师实现观念和行为的转型，唤醒自己的课程意识，真正走向完全意义的专业发展，一批骨干、名师脱颖而出。

3. 助推学校实现快速优质发展

"美丽人生"特色课程扩大了学校的知名度、美誉度，提升了学校的软实力，大校风范渐显，成为院地合作的品牌学校，成为快速优质发展的典范，成功迈入番禺区高中教育第一军团，并形成良性循环。近五年来，学校整体教学质量大幅度提升，连续荣获广州市高中毕业班工作一等奖，其中，在 2015 年的广州市高中毕业班评奖中，学校位居广州市第五名，2016 年的广州市高中毕业班评奖中，学校位居广州市第四名。

"美丽人生"特色课程，立足于特有的文化基础，扎根于"培育现代君子"

的办学理念，铭记"培育现代君子，成就美丽人生"的培养目标，矢志不渝地帮助学生提高素养，彰显特长，锤炼能力，圆美丽人生之梦。学校力求把学生培养成为具有"学为君子、兼善天下"的远大理想、秉承"德才兼修、学融中西"的优良传统、具备"文化归属、国际理解"情怀的现代君子和优秀公民。

第五节　新平台：国家级示范性普通高中

作为广州市桥城区教育指导中心管辖下的一所典型的城乡接合部薄弱学校，学校正式更名改制后，创新薄弱学校改造模式、积极开展薄弱学校快速优质化的探索和实验，争取成为薄弱学校改造并快速优质化的示范，这是广东二师番禺附中建校之初的三大使命之一。而要成功"改薄"、实现快速优质化，大面积提高教学质量是当务之急，为此，广东二师番禺附中以创建广东省国家级示范性高中为平台、以现代学校制度建设和课堂教学改革为两个轮子，打出了一系列组合拳，尤其是国家级示范性高中的创建给学校发展搭建了新平台。十年来，在广东第二师范学院、番禺区教育局的领导和指导下，在省、市教育行政部门不断助力下，全体附中人励精图治，开拓创新，十年磨剑，破茧为蝶，在砥砺前行中成功实现"华丽转身"，成为一所年轻向上、朝气蓬勃、发展态势良好的国家级示范性普通高中，成为广州地区以院地合作为平台，实现薄弱学校快速优质发展的成功典范。如今，面临新课程、新高考改革，善于开拓进取的附中人将以全新的发展规划，抓住新机遇，实现新发展。

一、基于新平台的附中发展成绩与路径

（一）回首十载：喜看稻菽千重浪

十年来，学校以国家级示范性高中创建为平台，在规划引领下，以制度

规范人，以课程来引领人，以活动来激发人，以文化来熏陶人，凝聚全体附中人，学校校风、教风、学风得以根本扭转，紧张而有序的广东二师番禺附中高效的学校行政运作模式与学校行政文化逐步形成，师生精神面貌发生显著变化，作为附中人的自豪感和优越感逐步提升，忧患意识逐步唤醒，集体凝聚力逐步增强。喜看稻菽千重浪，一所国家级示范性普通高中勇立潮头，开拓创新，尽展风流。

1.学校荣誉接踵而至，学校美誉度持续攀升。学校先后获得广东省高中教学水平优秀学校、广东省篮球传统项目学校、广东省依法治校示范校、广州市校园足球活动布局学校，广州市首批艺术重点基地学校、全国心理辅导特色学校、番禺区践行"上品教化"理念示范校、番禺区"廉洁文化进校园示范校"、番禺区"阳光评价示范校"、"广州市教育工作先进集体"、番禺区"研学后教课堂教学改革先进单位"、番禺区"'一师一优课，一课一名师'优秀组织奖"等荣誉称号。2018年，学校是番禺区高中学校中唯一被评为"广州市教育工作先进集体"的代表。学校高考成绩一路攀升，每年均全线超市区预测目标。学生生源也发生了显著变化，从最开始480多分，到后来520分，再到580分，现在基本稳定在600分以上。

2.高考成绩连年喜人，社会各界刮目相看。2015年，学校获广州市高中毕业班工作一等奖，综合排名在一百多所学校中位列第5，在番禺区位列第2；2016年跃居广州市第4、番禺区第2；2017年本科上线率大幅提升，达62%；2018届高考成绩超额完成各级预测目标，高分段考生人数比去年有显著增长，其中文化类考生上高投线53人，体艺类上高投线63人，共计116人，较2017年增加60人；上本科线学生516人，上线率54.7%，获得番禺区高中教学质量奖一等奖第3名。2019届高三年级的高考成绩超额完成各级预测目标，考试人数935人，上高分优先投档线118人，优投上线率12.6%；本科上线559人，上线率60%（其中文科203人，理科273人，体育23人，美术44人，音乐12人，传媒4人）。

3.课堂改革结出硕果，特色课程喜获嘉奖。省级规划项目课题"基于学生能力培养的参与式课堂教学模式"以优秀等级成功结题，课堂改革持续推进，获番禺区"研学后教"课堂教学改革先进单位；"美丽人生"特色校本课程体系进一步完善，获广东省教育学会评比一等奖。

4.附中经验成为典范，附中故事咏为流传。作为广东省"教育综合改革试点单位"，学校充分利用"院地合作、共建共管"的办学体制，勇于实践，积极探索，积累了许多有益的经验。2013年，学校的改革项目转为示范，向外辐射和传播经验，获得广东省教育厅充分肯定。胡展航总校长主编的《基础教育现代学校制度建设的实践与思考》《现代学校权力运行中的流程管理》两著作出版。2014年，附中成功举办现代学校制度建设现场会，得到番禺区同行和上级领导的高度评价，学校首创的权力清单及工作流程管理备受青睐，学校的党政联席会议、重大项目监督参与等办法，为现代学校的民主决策机制、监督制衡机制提供了范本，成为珠三角薄弱学校快速优质发展的成功典范，是番禺区高中学校中唯一被评为"广州市先进集体"的代表。

学校坚持开门办学，开放办学，高标准地建设三级家委会，成立家长代表和社区人士观摩团，逐步完善家庭、社区参与学校管理的机制，家校合育水平显著提升。在学校家委会主导下，成功开展了"相亲相爱一家人""亲子海南游""首届校园模拟招聘会"等活动，家校共建效果凸显，同心育人进入新时代。

至今，附中平台培养、输出6名校级干部，附中经验与附中故事多方辐射，咏为流传。

（二）锁定目标：咬定青山不放松

人民满意，是衡量教育成效的标尺；立德树人，是学校教育的根本任务。2019年，学校将以习近平新时代中国特色社会主义思想为指引，深入贯彻党的十九大和全国教育大会精神，全面落实立德树人的根本任务，着力于提质铸品，以质量稳固地位，以内涵提升品位，以文化提升软实力，以"咬定青山不放松"的定力和韧劲，精耕细作，守正创新，努力办好人民满意的教育。

新班子根据学校情况制定了一个目标：稳固地位，提升品位。

五项重点：着力夯实学校党建；强化教师队伍建设；重构课程助力学生发展；实现高考双六目标；探索高考选科走班。

十项任务：着力加强党建，构建从严治党机制；培育现代君子，文化熏染理念引领；优化内部管理，提质铸品转型升级；调试外部关系，共生共建合力育人；提升育人环境，入眼沁心浸润生命；弘扬改革精神，积极探索附中方案；助力教师发展，塑造又红又专队伍；坚持学生为本，夯实素养立德树人。

（三）精耕细作：办好教育为人民

1.着力加强党建，构建从严治党机制

全体党员增强四个意识，坚定四个自信，做到两个维护，以党章为根本遵循，提高政治站位，履职践诺，勇于担当。扎实推进"两学一做""三会一课"，强化党员日常管理，充分发挥党员示范岗的示范作用。落实"学习强国"，推出"书记、校长读书心得分享"论坛，打造"学习型团队"。

建立从严治党长效机制，落实风险防控，编织"责任链"，杜绝校园微腐败，健全问责机制。加强党建标准化阵地建设，营造党建氛围。

2.文化建设持续推进，理念引领内涵发展

广东二师番禺附中坚持文化立校的价值导向，以梅兰竹菊为文化意象，构建现代君子文化体系，打造君子文化。2016年，《基于培育现代君子的校园文化的实践与探索》成功立项为省级课题，2019年以优秀等级结题。学校以该课题为抓手，将培育现代君子与立德树人的根本任务融合起来，将理念引领与文化熏染融合起来，努力让"自强不息、勇于担当、开放合作、实践创新"的君子品质融入全体师生的血液。

学校有序推进"培育现代君子"学校物态文化建设工程，美化校园景致，完善硬件设施，彰显"君子如梅意志坚韧，君子如兰，举止优雅，君子如竹，自强不息，君子如菊，淡薄谦逊"的文化，打造君子校园环境。现代君子石、兰悦园、淡菊坛、清竹坊、傲梅园、净莲池、附中人家、开放式的校史室、每一层楼的读书角、最美智慧书吧等美化着环境，营造了浓郁的读书氛围，涵养着师生的现代君子品质，展现了学校的价值追求。

学校致力于理念文化、制度文化、行为文化、服务文化以及教研文化的培育，倡导君子服务，建设学习型、研究型共同体。以活动为载体，内化君子理念，熏染君子气质。学校继续开展"咏梅·咏兰·咏竹·咏菊"系列主题活动；开展"何为现代君子"师生大讨论；启动校歌创作及楼宇道路命名工作；开展广东二师番禺附中眼中的美丽附中、广东二师番禺附中心中的美丽附中摄影比赛、征文比赛。

目前，如梅般坚定意志、似兰般优雅举止、像竹般自强不息、菊般淡泊谦逊的精神等传统君子品质，有担当、尚开放、讲合作的现代公民意识正逐渐融汇为现代君子的核心素养，逐渐内化为学校师生的自觉追求，推动着附中师生的成长、发展。"现代君子"逐渐成为附中一张闪耀的名片，在禹山大地熠熠生辉。

3. 优化内部管理，提质铸品转型升级

坚持依法治校，增强安全底线，师德红线，质量生命线的"三线"意识，进一步提升师生的安全感、获得感和幸福感。强化干部培训，提升行政文化，增强管理团队的凝聚力、战斗力，提升横向协同力和纵向执行力，提升办学质量和管理效益。提升质量意识和品牌意识，严把生源录取入口关和高考成绩出口关。坚持战略思维、底线思维、辩证思维、系统思维、创新思维及大数据思维，锐意进取，优化内部管理，积极探索由管理向治理的转变，实现管理理念、策略的转型升级。进一步梳理、完善年级、部门的责权清单和工作流程，编印成册，形成学校管理运作宝典。

4. 调适外部关系，共生共建合力育人

学校最大限度地争取社会各界支持，实现信息共通与资源共享，创设良好的学校发展环境。学校进一步发挥广东第二师范学院对附中的智力支持与专业引领作用，助力学科建设与教师成长。学校成立了包括大学教授、一线名师、优秀校友在内的附中发展资源库，推进家校深度合作，合力建设育人共同体，成效显著。如：完善家校共育网络及家长、社区人士观摩团进校工作制度。学校还成立学校家委基金，挖掘家长课程资源，探索家长督学制度，推出家长专题讲座，由家长委员会牵头先后组织了大型模拟招聘会、南海亲子游、走进贫困山区献爱心、走进大学放飞梦想等活动。这些活动不仅密切了亲子关系，开拓了学生的视野，也让更多的家长参与到学校的管理中来，让他们更深入地了解了广东二师番禺附中的学校、广东二师番禺附中的老师，拓宽了家校共育的渠道。

5.提升育人环境，潜移默化润泽生命

推进校园绿化、美化、净化，彰显附中现代君子文化。提升环境教育力和空间领导力，规划艺术楼、实验楼、图书馆等可能的教育空间，完善教学楼楼层书吧、茶吧，重点打造竹园主题教育区，启动智慧图书馆和竹园开放式书吧，让书香飘溢校园，让文化润泽生命。

6.弘扬改革精神，积极探索附中方案

弘扬改革开放精神，积极应变，大胆创新，率先实行小班化教学、分层走班与分类编班。稳妥做好新高考改革政策下第一届学生的选科组班及走班教学工作，认真做好选科前的教师、学生、家长分层培训与指导，开展多次选科意向摸查，结合教师结构、学科优势、体艺高考及硬件设施等实际情况，妥善选择组班及走班方式。认真探索学生综合素质评价工作，加强交流，研判个案，做足培训，在实践中逐步完善学校综合评价实施方案和具体操作细则，以评价促进学校管理，促进师生发展。进一步丰富生涯教育体系，及时总结生涯教育的成果，沉淀经验，依托职业体验和职业访谈、生涯教育专题课、职业专业学科链接宣讲会及第三届校园模拟招聘会，不断完善生涯教育的内容和实施方式。

7. 加大培养力度，打造现代君子之师

以师德师风为第一标准，全面加强新时代教师队伍建设。深入学习《新时代中小学教师职业行为十项准则》，强化纪律教育，划清红线，立师表，守师道，铸师魂。搭建更广阔的平台，培养矢志于立德树人、业务精湛、使命感强烈的现代君子之师。

继续以课堂为根据地，做课堂的追梦人，推进参与式小组合作课堂的转型升级，以模式为起点，以风格为追求，以文化为内核，以夯实核心素养、践行深度教学为使命，以立德树人为根本遵循，努力提升课堂教学的实效。坚持"请进来"和"走出去"相结合，立足校本，借力专家，持续开展系统的、深度的校本研修与专题培训，立足当下，面向未来，开展新课标、新教材、新高考学习与研修活动，探索校级教师工作坊制度和定期主题沙龙制度，开展诸如同课异构、阅读分享、开放展示、教学比武、演讲比赛、三笔字比赛等活动，夯实教学内功，提升教学能力，开阔教育视野，打造优秀的君子之师，为办好人民满意的教育提供强有力的师资保障，在教师队伍中营造学习氛围和阅读氛围，建设学习型团队、研究型共同体。

大批教师快速成长为校、区、市级骨干。近四年中，文综、理综获广州市高考突出贡献奖。9个学科获得区优秀科组评比一等奖或二等奖。立项或结题的省级课题有5项、市级6项、区级27项。学校累计发表论文111篇，获奖137篇，在各级各类业务竞赛中获奖391项。有40多位教师成为市、区各类教研中心组核心成员或名师工作室主持人。科组实力日渐雄厚，不少品牌学科脱颖而出，历史、体育被评为广州市优秀科组，文综、理综备课组多次双双获得广州市高考突出贡献奖，其他科组多次斩获区优秀科组一等奖或二等奖。

8. 坚持学生为本，夯实素养立德树人

坚持以学生为本，以课堂为阵地，抓住必备品格和关键能力，整合教学内容，优化教学方式，推进课堂教学的全面升级，让开放、合作、探究、分享为核心的课堂文化生根发芽，滋润生命，助力成长。

应对新高考改革，重构"美丽人生"课程体系，以课程为载体，为学生搭建广阔的舞台，创造人生出彩的机会。完善普惠性的外教口语课程、硬笔书法课程以及通识课程、国际理解课程及创新课程，探索生涯课程、融合课程（STEAM课程）及家长、校友课程；完善立体的活动课程体系，为学生提供更加丰富的、更加多元的课程选择及优质的课程服务。学校定期开展校园文化艺术节、体育节、校园读书节、校园才艺大赛、学科活动等各类主题活动（比如：生态瓶、水仙花雕刻大赛、时事政治手抄报比赛、读书交流会、诵读经典大赛、中英文硬笔书法比赛……）。目前，"科技文化艺术节""读书节""体育节"三节互动、异彩纷呈的局面业已形成。目前，学校正在探索中的"女生节""教学艺术节""班主任节"等新的节日课程，将进一步丰富学校课程文化。这些活动为更好地张扬学生个性，释放学生潜能搭建了平台，各方面获奖硕果累累。例如，获得2018年广州市非物质文化遗产知识展示活动一等奖，多个发明创造作品斩获市、区一等奖等。学校推行的普惠性的外教口语课、国际教育课程、与香港姊妹学校间的交流活动拓宽了学生的国际视野教育。

2014年3月，"美丽人生"特色课程获得广州市重点特色课程立项，学校被授予广州市普通高中特色学校称号。2018年12月，"美丽人生"特色校本课程体系获省教育学会评比一等奖。

学校高度重视社团建设，将每周星期五下午的第8、9节作为固定的社团活动时间，并将参与社团活动的情况纳入学分制管理。目前，学校共有30个社团，其中，模拟联合国、辩论社、街舞社、话剧社、附中电台、电视台、二月风文学社已经发展成为学校的核心社团。其中，模拟联合国作为番禺区品牌社团，多次成功承办跨校、跨区域的大型模联活动，多名教师被评为区学生社团优秀指导老师，广东二师番禺附中校被评为区优秀组织单位。在番禺区首届中小学诗词大赛中，广东二师番禺附中校选手分别获得中学组二等奖、三等奖。在番禺区诗歌朗诵会上，广东二师番禺附中校再次荣获一等奖，实现了在该项活动中的"六连冠"。高一级辩论队获得2018年番禺区中学生辩论赛冠军。广东二师番禺附中校成功申报广州市仅三所的"新能源试点学校"，为学生的综合实践探索搭建了更好的平台。

9.加大宣传力度，扩大学校影响力

为让外界更全面、深入地了解学校，认可学校，学校加大了宣传力度。如：新建微信公众号，完善校园网，设计内容丰富的宣传手册、印有梅兰竹菊及学校标志的精美书签和明信片，精心设计承载学校精彩的笔记本与宣传笔，制作宣传短片视频等投放到公交车等，构建师生、家长宣传网，对学校进行了全方位、立体式的宣传。师生、家长齐心参与宣传活动，不仅扩大了学校品牌影响力，也提升了参与者的主人翁意识，增加了附中人对学校的归属感、认同感。

二、立足新平台，全面推动广东二师番禺附中新发展

改制十年，广东二师番禺附中以番禺区"上品教化"区域理念和"培育现代君子"办学理念为引领，紧扣"稳固地位，提升品位"的大目标，坚持立德树人，全面提升质量，实现了华丽转身。十年耕耘，收获满满。如莎士比亚所言，"凡是过去，皆为序章"，广东二师番禺附中不能舒适地醉倒在历史的功劳簿里。展望未来，全体附中人将继续立足于"国家级示范性普通高中"这一平台，以习近平新时代中国特色社会主义思想为指引，全面落实立德树人的根本任务，着力于提质铸品，以质量稳固地位，以内涵提升品位，以文化提升软实力，以"咬定青山不放松"的定力和韧劲，坚持协同式创新、内涵式发展、跨越式提升，精耕细作，开拓创新，接续奋斗，向着"兼具人文性、实验性与示范性的现代化学校"的目标努力奔跑。

（一）着力加强党建，构建从严治党机制

坚持党对教育事业的全面领导，深入学习贯彻习近平新时代中国特色社

会主义思想、党的十九大和十九届四中全会精神、习近平关于教育的重要论述等，深化"不忘初心、牢记使命"主题教育成果，增强"四个意识"、坚定"四个自信"、做到"两个维护"，扎实落实新时代党的建设总要求，坚持"为党育人、为国育才"，加强社会主义核心价值观教育，强化立德树人效果，不断提升学生的综合素质和附中人的教育获得感幸福感安全感，强化工作规范，强化责任担当，强化政治引领，强化理论武装，强化意识形态安全。建立从严治党长效机制，落实风险防控，健全问责机制，为推动附中新一轮优质发展提供坚强的思想、组织和人才保障。

（二）以行政文化为引擎，强化行政队伍建设

1.加强行政队伍建设

按照编制职数，选拔愿干事、能干事、能干成事的后备干部、骨干教师加入行政干部队伍。组建教研室，并依据新课程和新高考改革的需要，逐步推进组织机构变革。

建立理论学习中心组，健全学校行政干部队伍的定期集体学习制度，激励行政人员忠诚于教育、忠诚于学校，勤奋敬业、快乐工作，拒绝平庸，追求卓越，对所负责的工作保持一种热情和执着，自动自发，怀揣梦想，勇敢前行。

坚持以行政文化牵引学校文化，充分发挥行政人员的精神感召力和工作凝聚力，发挥行政人员的示范作用，塑造干部队伍的公信力，培养他们的执行力和领导力。

锤炼行政队伍的文化特质，以文化滋养能力，以文化提升领导力。具体包括以下六个方面：身先士卒的榜样；善断敢管的担当；相互支撑的协同；忠于流程的执行；精致上品的服务；海纳百川的包容。

2.加大对后备干部的培养力度

以"愿干事，能干事，能干成事"为标准，建立相应的评价机制和激励机制，加大对现有级长、干事及核心骨干教师的培养和培训。增强储备意识，物色一批有发展潜质、愿干事、能干事的骨干教师，形成后备干部库，以适应学校未来发展的需要。

（三）以君子之师为目标，加强新时代教师队伍

1.锻造潜心引路、立德树人的君子之师

依据广州市《全面深化新时代教师队伍建设改革的实施方案》，立足新时代、新高考、新教材、新课程、新课堂的教育背景，锻造一支潜心引路、立德树人的现代君子之师。坚持"师德"和"师能"两手抓，以文化涵养教师，让教师真正成为"大先生"，成为学生健康成长的四个"引路人"。

（1）为教师划定师德红线，做一个有底线、是师德过硬的教师

以习近平总书记提出的"有理想信念、有扎实学识、有道德情操、有仁爱之心"作为教师发展的底线目标，恪守"新时代中小学教师职业行为十项准则"，爱惜自己的每一根羽毛，底线清晰，师德过硬。君子之师，须心中有大爱，身上有正气，手里有本领，脚下有定力，力争成为塑造学生品格、品行、品位的"大先生"。

（2）做积极拥抱"五新"的君子之师

对于新时代、新课程、新课标、新教材、新高考，作为附中的君子之师，不但不能回避，还应积极拥抱，以课堂为主阵地，以校本研修为主渠道，以专题研读为主形式，主动学习，积极钻研，快速转型，方能真正站在时代的前沿，真正成为一名名副其实的大学附中教师，成为具有"六个要"（政治要强、情怀要深、思维要新、视野要广、自律要严、人格要正）学校君子之师。

2.立足"倾听、合作、善思、明辨"高品质课堂滋养教师

课堂，是教学质量的主阵地，是立德树人的主渠道，是培育现代君子的主战场。立足于原有的"参与式课堂"，促进转型升级，建设"倾听、合作、善思、明辨"的高品质课堂，以课堂为主阵地，驱动教师专业成长。

以"深度学习的教学设计""小组合作的课堂学习"和"师生互动的教学对话"为抓手，着力推进基于学生能力培养的参与式课堂教学改革的转型升

级，在内容上转型，以学案为载体，推动深度学习；在方式上转型，推行"小组合作，先学后导"的参与式学习；在文化上转型，凸显对话教学，课堂生态由秩序走向文化，努力培育倾听、合作、善思、明辨的高品质课堂文化。

3. 以青年教师团队为重点，进一步加强教师队伍建设

（1）坚持"需求侧和供给侧相结合"的思路，做好青年教师队伍的诊断，弄清楚青年教师队伍的现状和他们的迫切需求。

（2）尝试开展青年教师五年规划（2021—2025），以科学的五年规划和标志性的年度成果为压力和动力，助推青年教师的发展。

（3）开展青年教师专题培训，以课堂为主阵地，以高质量教学为突破口，力图帮助青年教师尽快掌握基本的教学技能，形成教学智慧。

4. 搭建支撑平台，着力教师发展

搭建促进君子之师专业成长的立体平台，助力教师修炼内功，为支持教师成名、成家的尽一切努力。

（1）组建教研室，成立教师发展中心，系统开展对全体教师的分类、分层培训和指导，高起点开展校本研修。

（2）充分利用省、市名教师工作室等教师成长平台，精心建设学校名教师、班主任工作坊，充分发挥各级各类名师、骨干的引领和辐射作用。

（3）强化"走出去"和"请进来"相结合的力度，按照相关制度要求，策划、组织开展系列培训工作。

（四）加强学科建设，以学科阵地助力教师发展

1. 加强学科建设，打造品牌学科

强化科组建设与备课组建设，真正将科组和备课组建设成为学习共同体、专业成长的摇篮和主阵地。根据优化科组、备课组的绩效考核办法，以良好的评价机制促进学科建设。强化科组学习、学科素质教育拓展活动；强化对备课组集体备课与教学工作的监督、检查与反馈。

（1）遴选优秀的学科带头人担任学科教研组长，尝试建立学科建设标准

和学科评价标准，规范学科建设，明细责、权、利，依托学院专业平台，加大培训力度，充分授权，发挥领袖教师的专业引领作用。

（2）凸显研究意识，各学科以核心素养的细化及落地为平台，开展课堂研讨、课题研究、学法指导等系列活动，力争有所突破。

（3）继续完善一科一品建设，优化既有的年度学科素质教育拓展活动，并纳入"美丽人生"特色课程框架体系，尝试在数学、物理、化学等学科建立校际竞赛平台，为选拔学科拔尖人才提供载体。

（4）明确建设目标，打造一批番禺区、广州市乃至广东省品牌学科。

2.保障教学质量，建立督导机制

强化质量意识，充分发挥外部专家和内部骨干的作用，研究课堂教学专项标准，细化教学过程管理，加强质量跟踪，增加质检和质监环节，堵塞质量漏洞，以课堂为主阵地，提升教师业务能力。

探索构建质量督导体系，建立质量督导机制，强化教学质量的监测检查监督环节，为提升课堂教学质量保驾护航。

（1）模式优化：打造附中"参与式课堂教学改革"升级版，在初步形成的课型与教学模式的基础上，建设"高品质"课堂。探索课堂教学的新走向，以学科核心素养的定位及落地为新使命，积极推进"深度课堂""高质量课堂""文化课堂"的构建。

（2）进一步做好学科竞赛工作，加强赛前辅导，不断提升参赛水平。

（3）定期举办教学节及对外教学开放周活动，邀请一批优秀的高级教师与广东二师番禺附中校骨干教师开展同课异构活动，邀请区、市、省教研机构学科专家来校指导、诊断课堂教学。

（4）建设教学督导团队，建章立制，强化学校处室、年级管理组和骨干教师对课堂教学的督导反馈。

3.提升研究意识，以研提质增效

树立教学质量意识，扎实开展常态教研活动，以规范化、标准化、高效益的常态教研活动夯实教师专业发展和教学质量稳步提升的根基。

（1）研究教学目标，整合教学内容

积极应对生源良性循环的新形势和高一年级小班化教学的新特点，管理层、学科组、备课组应加强研究，研究高考考纲、研究教学目标和学习目标，制定科学的教学标高，并对教学内容进行校本化的、有效的整合，探索出一条符合附中实际的、本科生、重点生有效突破的人才培养新模式。

（2）研究学生学法，落实差异教学

学为中心，以学定教。管理层、年级组、学科组、备课组应进一步加强对学生学习方法的研究，包括对初高中衔接教学的研究、有效教学指导的研究、学生互帮互学的研究、有效听课科学记笔记的研究、学科有效审题解题方法的研究等。

（3）研究教学模式

以课堂教学改革为载体，逐步形成具有附中特色的、成熟的、开放的分课型课堂教学范式，由范式到变式，由建模、学模、用模，最终走向脱模，走向深度课堂和文化课堂，逐渐形成自己的教学风格。

（4）研究作业内容

根据尊重差异、巩固知识、突出能力、关注实践的原则，开展对作业内容、作业形式的有效性研究；开展对分层作业、分组作业、"私人定制"套餐式作业的研究；结合移动学习、网络学习、翻转课堂的新趋势，开展对学生周末家庭作业形式、质量及其监控的研究；开展大数据背景下对教师作业量均衡性、有效性监控的研究。

4.加大对科研工作的指导与管理

坚持"以研促教、以研促学，科研兴校"的理念，加大对教学科研项目申报工作的指导力度，举办科研能力专题培训，尤其是对40岁以下的中青年教师的培训，努力做到"科科有课题、人人有研究"，逐步提升区级、市级、省级课题的比例，力争参加国家级课题的研究，申报省级及其以上的教学成果奖。做好研究中的课题中期检查、结题工作,规范过程管理和经费管理,转化并推广优异的研究成果。

尝试建立校际项目研究团队,开展对新合作学习、差异化教学、深度学习、核心素养、课堂文化、大数据与学生评价、新招考与走班教学、去行政班下的学校德育等问题的研究。

(五)搭建更加广阔的学生发展平台

全面贯彻党的教育方针,紧紧围绕"培养什么人、怎样培养人、为谁培养人"这个根本问题,坚持立德树人,培育社会主义核心价值观,培养德智体美劳全面发展的时代新人。以课程建设为抓手,为学生的全面发展搭建更加广阔的舞台,营造"鹰击长空,鱼翔浅底,万类霜天竞自由"的生长氛围,为培育能担当民族复兴大任的、愿干事、能干事、能干成事的现代君子和时代新人提供课程支持。

1.深入开展文化德育工作

以君子文化为抓手,以践行社会主义核心价值观、培育民族精神和时代精神、发展学生核心素养和提升学生关键能力为导向,通过人文德育、生活德育、风雅德育、幸福德育四大实施途径,有组织、有计划地开展君子文化特色德育活动,把思想教育融入具体活动中。

2.重构"美丽人生"特色课程体系

立足于"培育现代君子"的办学理念及"核心素养"的基本要素,进一步重构"美丽人生"特色课程体系,探索学校课程群和学科课程群的构建,培养具有"自强不息、勇于担当、开放包容、实践创新"品质的现代君子。

以学科组和备课组为单位,开展丰富多彩的学科素质教育拓展活动,如生物学科的生物细胞模型制作、水仙花生态瓶雕刻活动、高一年级的两会手抄报、高一年级化学的锂电池模型制作,高一年级英语的圣诞贺卡、英语之声歌唱比赛,等等。

优化课程资源的开发、实施渠道,充分发挥社区资源、家长资源、校友资源、大学资源以及网络资源的作用，提升课程实施的效果。以点带面，打造 3—5 门精品课程。

3.拓展素养的活动课程

（1）新生入学教育系列课程。围绕规则熟知、角色转换、学习指导、人际认同等四个维度，开展系统的新生入学教育，帮助学生尽快完成初高中学习生活的顺利衔接。

（2）"管好自己就能飞"系列教育。该系列教育安排在整个高一阶段，届届传承，并守正创新。

（3）学生发展指导教育。学校坚持以生涯通识课、职业体验、职业访谈、学科专业职业链接宣讲以及年度校园模拟招聘会为抓手，开展系统的生涯规划教育。

（4）校园读书节。学校借助新建的智慧图书馆、开放式书吧、班级图书角，以及番禺区新华书店的进校园系列活动，不断丰富读书节的形式，让学生更充分地沐浴书香。

（5）校园科技文化体育艺术节（君子文化会展周）。活动涵盖科技培训观摩及竞赛、学科系列活动、才艺展示、体育竞技、综艺会演、社团展演等，为学生全面而富于个性的发展搭建舞台。

（6）学科素质拓展活动。错时开展丰富多彩的素质拓展活动，或诵读、或合唱、或演讲、或故事、或雕刻水仙、或读书交流、或模型比赛、或手抄报大赛、或摄影比赛、或贺卡设计比赛，成为学生永不落幕的盛宴。

（7）专题教育活动。定期开展专题性教育活动，比如"星级学生"评选活动、美在校园专题活动、挑战争霸赛、好歌快闪、十八岁成人宣誓活动等。

（8）附中大讲堂。不定期开展附中大讲堂或附中论坛活动，邀请大学专家、知名企业家、各类明星人物、知名校友、优秀毕业生、家长代表、社区有关人士等为学生或教师做专题讲座。

4.加大科技创新教育，培养拔尖创新人才

（1）成立研究团队，着力于临界生由普通本科层次跨越至重点本科层次的有效策略研究，探索帮助学生从普通本科跨越重点本科的动力系统、支持系统和调控系统的研究，努力破除重点本科的瓶颈，努力提升高考重点本科总量。

（2）进一步加强对学科尖子生的培养，及早发现学科苗子，纳入参赛视野，规划长期的赛前培训，建立更加有效的支持系统，力求荣获更高水平的奖项。

（3）进一步加强对科技创新、综合创新人才的培养力度。争取上级支持，建设一批创新实验室，探索成立创客中心，找对人员，建立制度，固定场地，定位项目，设立发明创造、科技论文、3D打印等三个项目小组，加大培训力度，明确责、权、利，开展项目研究，达到培养人、出成果的目的。

（六）不遗余力推进物态文化建设，提升育人环境

进一步完善学校物态文化建设体系，提升环境教育力和空间领导力。根据"培育现代君子"的办学理念，从顶层设计入手，谋划物态文化的整体格局，以丰富的物态文化浸染君子气息，滋养君子气质。物态文化的未来规划如下：

1.打造文化餐厅。对师生食堂进行升级改造，更新厨具设备、购置餐桌椅、安装空调设备等，设计布置食堂室内文化。营造卫生、干净、舒适、高雅的就餐环境，达到A级食堂标准，打造充满君子气息的文化餐厅。

2.建设风雨连廊。因学校的教学楼、食堂和宿舍是独立建筑，没有连廊，一遇到下雨，学校地势高，风大雨大且地面湿滑，学生来回宿舍、教学楼和食堂之间存在较大的安全隐患。修建宿舍、食堂和教学楼之间的风雨走廊，方便师生安全来回宿舍、食堂和教学楼之间，避免发生安全事故。

3.建设文化宿舍。学生宿舍楼龄已超20年，不少门窗已坏，出现内墙壁脱落、外墙瓷片掉落、地面渗水等问题，存在较大的安全隐患，为改善学生的住宿、生活环境，确保学生安全，需对学生宿舍进行修缮，打造具有君子文化气息的宿舍。为了满足学生在宿舍区有自习的场所需求，在男女生宿舍一楼增设学生自习室。

4. 升级改造运动场。 运动场使用十多年，足球场凹凸不平、长草不均，塑胶跑道地胶较薄并多处修补，不利于体育教学、训练和运动，升级改造运动区，改善体育教学、训练和运动条件。

（七）立足优势，着眼未来，塑造学校品牌

1. 做大做强既有优势项目

（1）心理健康教育工作品牌

广东二师番禺附中校 2015 年被评为广州市心理特色校，心理健康教育工作以团体心理辅导为特色，备受师生欢迎，且两位专职心理老师均评为高级教师，在团体心理辅导方面有着丰富的经验，学校的心理健康教育工作在番禺区起到引领示范的作用。未来五年，结合广州市的课题《高中生学习自广东二师番禺附中效能感的干预研究》，将通过团体心理辅导等方式提升学生的学习自广东二师番禺附中效能感，同时，将通过开展心理工作坊活动，提升广东二师番禺附中校骨干教师团队的团体心理辅导能力，继续深化团体心理辅导的特色，打造全员心理健康教育的团体心理辅导模式。

（2）打造"君子品牌活动"

紧扣"培育现代君子"办学理念，开展多项有特色的主题教育（活动），打造多个品牌社团，为学生搭建了展示平台。学校的各项主题活动和社团活动成为学生发挥特长、发展个性、收获成功与快乐的校园乐土，未来五年将继续深化，努力成系列、成特色。

（3）打造"生涯规划"教育品牌

以生涯通识课、职业体验、职业访谈、学科专业职业链接宣讲以及年度校园模拟招聘会为抓手，开展系统的生涯规划教育，培养一批具有丰富经验的生涯规划课程教师队伍。

（4）强化"五有"标准，擦亮体艺美育品牌

依托现有的国家级篮球特色学校和广州市首批高水平美术团队的基础和优势，按照有"高考成绩"、有"竞赛奖杯"、有"技能素养"、有"声望口碑"、有"示范辐射"的标准，攻坚克难，找准突破口和切入口，做大、做强体艺学科，擦亮体育艺术品牌。

贯彻立德树人、五育并举的总方针，强化艺术教育，提升学生的艺术修养和艺术素养，以艺术驱动学校美育工作。

开源增效，做强体艺高考。加大体育艺术特长生招生宣传力度，挖掘种苗人才，研究新形势下的体艺高考训练教学和备考研究，力争在高水平、双一流体艺大学上有所突破。强化体艺领域课程和团队建设，为学生体育艺术素养的发展搭建更加广阔的舞台，助力部分学生实现自己的体育、艺术人生梦想。

2.立足现实，放眼未来，培植新优势，培育新品牌

对标作为公办大学附中和广东省国家级示范性高中的客观现实具有优势，放眼未来，对照广东省创建一百所特色高中的新航向，剖析短板，以学科建设、学校治理、师生发展的特色打造为突破口，培植新优势，定位新方向，培育新品牌。

（八）建设智慧校园，攀登未来"智"高点

坚持智慧强校，攀登广东二师番禺附中"智"高点。依托广东二师番禺附中校作为广州市第二批智慧校园实验校这一发展平台，大力推进教育信息化，着力构建基于信息技术的新型教育教学模式、教育服务供给方式以及教育治理新模式，逐步实现信息化教与学应用师生全覆盖，创新信息时代教育治理新模式，开展大数据支撑下的教育治理能力优化行动，推动以互联网等信息化手段服务教育教学全过程，实施人工智能助推教师队伍建设。

对照番禺区人民政府实现智慧校园的前瞻性战略目标，广东二师番禺附中校拟在未来五年通过综合应用物联网、云计算、移动互联网等智能化、信

息化、网络化技术手段，构建网络、技术、教学、管理为一体的智能个性化综合信息服务体系，最终实现广东二师番禺附中校在教育、科研和管理过程中全面智慧化，以更好地服务于"互联网+"时代的教与学及新一轮高考综合改革。

（九）推进家校共建，培育君子家长

1.系统梳理总结近五年家校合作的实践探索，形成经验，并对家校合作工作中存在的亟待解决的问题进行检视，列出清单，研究探索家校合作工作的发展空间，为下阶段的工作改进提供发展思路和具体策略。

2.以"君子家长"为奋斗目标，践行"积家长之善、聚家长之力，参家长之谋，应家长之需，成家长之美"的家校合育价值观，以增加互信，增进共识，努力建设家校合育共生体，基于"培育现代君子"的办学理念，根于组织，合于共治，成于共生，倡导以家长改变，带动孩子改变，成为一个"学习者、示范者、传播者、建设者和行动者"的君子家长。

3.厘清家校合作边界，推进家校深度合作，建设家校共生体。进一步健全学校家庭协同教育的工作机制，进一步完善家校共育网络及家长、社区人士观摩团进校工作制度。探索家长督学制度，挖掘家长课程资源，完善附中发展资源库。最大限度地争取社会各界支持，实现信息共通与资源共享，营造良好的学校发展环境，提升家校协同育人的质量。

（十）深化改革，以改革催生新发展

1.探索院校深度合作模式

立足于国家级示范性高中和大学附中的基础以及粤港澳大湾区建设的有利背景，深化开放办学和国际化教育的思维，积极提升合作办学的层次和水准。

（1）充分利用学院在专家、名师、培训、信息等方面的优势资源，创新体制机制，探索"双向聘任"模式，加强与学院及其他附属学校的交流、互动，探索大学中学一体化的"深度融合"紧密型合作机制，提升合作办学成效。

（2）在已有的香港明爱屯门马登基金中学这一间姊妹学校的基础上，再缔结1—2所港澳台姊妹学校。

（3）依托学院资源，与国内、省内的1—2所大学附中或其他名校建立友好学校关系。

（4）物色1—2所国外高中名校，建立长期交流合作关系。

（5）科学评估，在现有资源的基础上，进一步优化外教口语教学模式，提升学生的英语口语听说水平。

2. 深化现代学校制度建设

立足于基础教育现代学校制度建设示范项目的既有优势，立足当前推进"学校治理体系和治理能力现代化"的新目标，进一步深化现代学校制度建设，用更加科学、更加高效的制度体系服务，保障现代学校的可持续发展。

（1）系统梳理，优化已有制度体系

对标《广东二师番禺附中中长期发展规划（2010—2025）》，结合未来发展需要，对现有的制度体系和基本流程进行系统梳理、优化，以保障发展秩序；结合当前的党建及廉政需要，强化风控机制和问责机制，构建安全和廉洁预防机制；进一步优化协同机制，不断优化校长室、行政处室、年级、学科、班级、学校内部与外部环境等主体之间的协同协作，提升工作合力。

（2）探索评价机制和激励机制，优化学校发展的动力系统

立足于未来高中发展的新趋势以及新高考走班选课的新情况，坚持"多元评价、多维评价、增值评价以及质性与量化相结合"的评价思维，进一步探索、完善激励教师发展的、公正、合理的评价机制和激励机制，让"愿干事，能干事，能干成事"的优秀教师脱颖而出，充分调动教师工作的积极性，促进教师的专业发展。

（3）进一步探索、推进学校组织变革

根据普通高中教育发展的新趋势，立足于新课程和新高考的背景，重构职能处室与年级组的治理关系，充分发挥职能处室的专业领导及年级组的行

政管理的优势。进一步探索学校组织变革，对既有职能部门进行功能调整（教导处调整为课程教学中心，教研室调整为教师发展中心，总务处调整为后勤保障服务中心，德育处调整为学生发展指导中心等）。根据学校发展的新需要，尝试设立二级机构，比如，师德自律委员会、家校合育委员会，对外联络办公室，信息（大数据）中心，宣传办公室等。

3.加大对新高考的研究

根据广东省2018年实施的新高考改革政策，加大对选课走班制度、机制及管理策略的研究，加大对新高考模式下命题趋势及教学备考的研究，加大对新高考模式下招生录取办法及志愿填报指导的研究，加大对新高考模式下拔尖人才培养模式的研究，以适应普通高中的未来发展趋势。

德国诗人荷尔德林说："人充满劳绩，但还诗意地安居于这块大地之上"。2021—2025年，是《广东二师番禺附中中长期发展规划纲要（2010—2025)》的最后五年，也是附中能否实现发展转型的关键五年。全体附中人将以党的十九大精神、《中国教育现代化2035》《粤港澳大湾区发展规划》为指引，对标《中长期规划》，以自觉的使命感，严峻的危机感，只争朝夕的紧迫感，精耕细作，开拓创新，聚焦内涵，再攀高峰，用勤奋，用智慧，写好"奋进之笔"，让广东二师番禺附中诗意地栖居在广州地区优质高中的行列里。

第二章 现代学校制度创特色

校训：学为君子、兼善天下

校风：海纳百川、追求卓越

教风：有教无类、乐教善导

学风：立品乐学、善思明辨

建设依法办学、自主管理、民主监督、社会参与的现代学校制度，是《国家中长期教育改革和发展规划纲要（2010—2020）》提出的明确要求，是教育现代化的必由之路。广东二师番禺附中为改制后的学校发展，如何在规范办学行为中提升教育教学质量，是一个亟须解决的问题。从学校快速发展的关键要素：校长、制度和文化来看，改制后的学校既需要有一位正确的办学思想、丰富办学经验的校长，又需要强有力的现代学校制度的支持，也需要建立新的学校文化以支撑学校的长远发展。广东二师番禺附中通过建立现代学校制度，全面推进依法办学、自主管理，运用健全的内控制度实施民主监督，通过资源整合和扩大管理边界提升社会参与的力度。近年来，在现代学校制度建设和实践中，使学校冲破发展桎梏、走出现实困境，实现跨越式发展、内涵式发展。

第一节　管办分离　依法办学

依法办学是规范办学的保障，是现代学校制度建设的核心和法治基础。广东二师番禺附中坚持依法办学，建立了健全的管理机制，恪守宪法和教育基本法律、法规，以法律为准绳，在全体师生中树立法治理念，认真开展法制学习及宣传教育，依法保护学生和教师的合法权益。

一、推进管办分离

教育管办分离改革旨在形成政府依法管理、学校自主办学、社会组织参与教育的新局面。大学与地方政府合作，参与地方薄弱学校的改造，通过理念输出、管办分离、资源支持、双向互聘、文化改造等一系列举措，全面推动薄弱学校的转型。广东第二师范学院与广州市番禺区教育局本着"优势互补、合作共赢、共同发展"的原则，经友好平等协商，共同举办的附属中学，对现有办学管理体制进行了调整，实行管办分离的方式，使之更符合教育和社会发展的需要。"管"主要是由大学选派优秀校长在协议的框架下全面负责学校的管理和品牌的培育;"办"主要指由地方政府举办,学校的资金筹措、教师聘用、招生方式等由地方政府调配。(见附录2)

广东二师番禺附中的办学体制经过多年的实践,做到与《国家中长期教育改革和发展规划纲要(2010—2020)》的有机衔接。这种办学体制的改革,充分调动地方政府和大学改革的积极性、主动性、创造性;充分遵循了教育实践的运行规律、教育理论的科学规律、家长和社会需求的价值规律。这种合作办学体制机制改革的有效实践,为激发教育活力,优化教育布局,提升办学质量奠定了制度基础。

二、明确管理机制

学校管理机制是指在一定办学理念和价值的取向指导下,学校管理系统的结构及其运行机理,其本质是管理系统的内在联系、功能及运行原理,是决定管理功效的核心问题。[①] 为体现大学与地方政府合作办学的优势,根据广东第二师范学院与广州市番禺区教育局的合作办学协议内容,通过管理机制的创新,推动学校的自主、和谐、高效发展。(见附录3)

改制后学校管理体制的建立,明确了合作双方的权与责。从运行的结果来看,充分体现了自主办学、民主管理的优势,特别是在人才培养方面给予了中层干部充分的管理空间,激发了他们的积极性和主动性,取得了一定的实效,有近十位中层干部提拔为校级领导,一批教师被评为市级名师、骨干,学校高考成绩逐年提高。

三、制订学校章程

学校章程是学校的"宪法",是构建现代学校制度的基础性规范。2010

---

① 陈惠娟,万叶华:《实现"高原期"教师转型的学校管理机制再造》,同济大学出版社,2018第5页。

年发布的《国家中长期教育改革和发展规划纲要（2010—2020）》(中发〔2010〕12号)指出："大力推进依法治校，学校要建立完善符合法律规定、体现自身特色的学校章程和制度，依法办学，从严治校，认真履行教育教学和管理职责。"2012年推出的《全面推进依法治校实施纲要》(教政法〔2012〕9号)中突出强调"学校要牢固树立依法办事、尊重章程、法律规则面前人人平等的理念"，并提道："到2015年，全面形成一校一章程的格局"，学校章程作为学校的"宪法"，是学校依法自主办学的重要依据。针对我国中小学长期以来存在的无章办学、章程设计不规范、有章不依等现象，教育部要求各级各类学校要依法制定适合自身发展的学校章程，全面形成一校一章程的格局。坚持依法办学，学校应按照法定程序制定学校章程，并依据学校章程制定、完善学校的管理制度体系，实施学校的具体管理行为。广东二师番禺附中根据学校的实际情况和未来教育发展的趋势，在充分征求意见的基础上研制了《广东二师番禺附中章程》，2013年3月25日，广州市番禺区教育局批复了学校章程，要求学校遵章办学，优质发展，彰显个性。(见附录4)

广东二师番禺附中的学校章程包括总则、正则和附则等。其中，总则包括制定章程的依据、章程的地位与作用、修改条件与程序等。正则是主体内容，包括学校性质、任务、办学方针、目标、特色、规模、机构设置、管理体制、教师管理、德育和学生管理、教学科研、后勤财务等。附则明确章程的解释权、制定与修改权等。该章程充分体现了依法办学、按章办事的精神，做到"继承与发扬""稳定与创新"，实现了共性与个性的融合。

四、谋划学校发展

一所学校的生存和发展，取决于多种条件，而其中制定一个科学的、切实可行的学校发展规划是关键因素。学校发展规划是指一所学校根据国家教育方针、国家或地区教育发展规划，结合自身条件对学校未来一段时间要达到的主要目标和发展途径，如学校发展目标、发展规模与速度、组织结构、人力资源、办学条件、实施策略等方面所做的安排。

（一）学校发展规划的基本内涵

学校发展规划绝不是校长和领导班子成员冥思苦想的结果，也不是请人捉刀代笔的文案，它是由校长、教师、番禺区教育局领导、广东第二师范学院专家、学生家长、学校理事会等共同参与，立足于学校实际制定的学校发展的行动计划。

广东二师番禺附中学校发展规划的制定，立足过去，指向未来，既有对过去的诊断和分析，又有对未来的预测和憧憬。规划强调把握现在，他们不是"为规划而规划"，它强调的不仅仅是静态的结果，更关注动态的规划及其实施过程。从实质上讲，规划是一种过程，而不是一种结果。

广东二师番禺附中制定了十五年的发展远景规划。其意义在于通过学校发展设计，最终促进学生的全面发展和提高。学校发展规划是一种手段，而不是一种目的；学校发展规划是引领学校发展的美好蓝图，既是一种思想方法，也是一种管理模式。学校发展规划主要是应对教育改革和变化，提高学校教育的质量水平。因此，学校发展规划的中心主要放在满足学生的教育需求和提高学生的学业成绩上。与此同时，也重视教师的专业发展和专业技能的获得。

（二）学校发展规划的内容

1.学校的现状分析

一般包括学校历史和办学传统，学校发展中的特色和优势，学校发展中存在的问题，学校目前面临的挑战，学校招生范围内的群众及教职工对学校的期望等方面的分析。现状分析是学校规划制定的现实依据。

2.办学理念和办学指导思想

在不同学校的办学规划中，这一部分的表述存在差异，但以办学理念、办学思想、办学指导三种表述居多。它的主要内涵为："立德树人""依法治校""素质教育""创新教育"等，是制定学校发展规划的理论和政策依据。

3.学校发展目标定位

学校发展目标主要由学校的办学目标和培养目标两方面构成。办学目标是指学校准备在将来一定的时间内发展成一所什么样的学校，其中的重要内容是学校的办学特色；培养目标则是学校希望将本校学生培养成什么样的人，其中很多内容是由党和国家的教育方针和法律规定的。学校发展的总体目标分近期目标、中期目标和远期目标分时间段实施，其中近期目标与中期目标的时限一般是3—5年。

4.学校发展规划的实施系统

主要是针对学校选择的优先发展项目，分别确定具体目标、具体任务、实施步骤等。优先发展项目是从德育课程、课堂教学、教育科研等学校中心工作中选择的，是落实学校发展目标最重要的一项工作。

5.学校发展规划的保障系统

主要有以下内容：组织保障，即学校的组织体制和运行机制方面的保障；队伍保障，即师资队伍、科研队伍和管理队伍的保障；学校条件的保障，即学校的硬件建设的保障；制度保障，即管理制度、评价制度等方面的保障。

（三）学校发展规划的过程

1.学校现状的调查分析

广东二师番禺附中在对学校的原有基础、办学传统及教育需求进行分析的基础上，明确学校发展的优势和劣势，寻找学校进一步发展所面临的问题和亟待解决的问题，从而为确定学校的办学方向和发展目标提供依据。

这项工作由广东第二师范学院的专家、教授、本校的校长与学校所有人员一起商讨、共同分析，取得共识。学校以问卷调查的方式，广泛了解教职员工对学校现状的认识。向教职员工调查的内容有：我们有哪些优势？学校转制后我们有哪些亟待提高的地方？我们的短处是什么？我们有哪些担忧？我们情愿做的事情有哪些？我们需要什么？我们要抵制什么？学校目前的总体状况如何？学校的某些部门是否比另外一些部门更加有效？为什么？学校现在的成绩比以往如何？学校现在的成绩与同类型的学校比较如何？

在学校现状的分析中，尤其要重视学校的优势分析。每所学校都有自己的发展优势，不同学校有不同的发展优势，不同的校长和教师也有不同的专业发展优势。制定规划时，广东第二师范学院番禺附属中在内外人力资源的帮助下，对自己学校的发展优势有了充分的认识，并以此为依据对学校的特色目标进行定位。

学校发展优势的分析，包括学校物质层面、精神层面以及外部环境的分析，如学校的办学条件、教师队伍、社区环境、学生家长状况、学校文化等，其中学校文化的分析是重点。许多名牌学校在其悠久历史中积淀了深厚的文化底蕴，这是学校十分重要的教育资源和教育优势，充分利用这些优势，就能形成学校鲜明的特色。

2.对学校发展的目标进行定位

学校发展的目标一般包括三个维度：方向（办学特色）、程度、时间。其中最重要的是方向，方向往往和学校特色的定位相联系。

（1）学校发展特色的选择

学校特色是指管理者和教育者根据现代教育思想和本校独特的办学理念，从学校实际出发，在教育实践中努力挖掘、继承发扬并积极创造某一方面或某些方面的优势，形成有鲜明个性、独树一帜、成效显著的运行机制、办学风格和教育教学模式。学校的发展就如同一个人、一个国家、一个民族的发展一样，要有自己的个性，要有自己与众不同的内涵，要有把自己同他人区别开来的特点。学校特色是一所学校的标志和灵魂，是一所学校历史发展过程中最珍贵的、最值得珍惜和总结的东西。学校特色是立足于本校，从本校实际出发，密切结合学校实际的产物。学校特色必须具有鲜明的个性，是独树一帜、与众不同的，人无我有，人有我优，人优我特，人特我艺。学校特色化就是学校个性化，就是学校优质化。

（2）学校发展程度的定位

学校发展程度的定位，指学校在同类学校中所处地位的发展定位。如成为区域品牌学校，成为全省、全市同类学校中的首席；全国的领先校，乃至世界一流名校。成为全省、全市同类学校中的首席。广东二师番禺附中追求在薄弱学校优质化的过程中，实现跨越式发展，成为广东省乃至全国改薄提质的标杆学校。

（3）学校发展目标体系的形成

当学校的特色与程度准确定位后，可选择实现目标的时间范围，然后将方向、程度、时间有机组合起来，形成学校发展的总体目标。总体目标一般是抽象的，还需要将总体目标进步具体化，形成层次化的目标体系，从而有利于目标的实现。

规划中的众多目标纵横排列，形成了层级结构。反映目标系统的众多目标可按层级结构进行分解，从而使各级目标之间产生从属关系、递进关系，显现目标的不同层级。一般来说，高层级的目标往往从宏观角度出发，体现其战略性和概括性的特点；而低层级的目标，往往从微观或中观角度出发，反映出战术性和具体性的特点。就目标层级而言，有隶属层级（总体、部门、个体等目标）、时间层级（远期、中期、近期等目标）、要求层级（高级的和中级的、低级的目标）。总之，各种不同目标紧密相连，组成了有层次的目标系统，使目标具有某种秩序、策略并能发挥整合一致的作用。

在确定和表述各层级的目标时应注意：目标是明确的，经过努力是可以达成的；目标是可考核、可衡量的，可以估量成效的。即应当明确做什么，达到什么要求，应该在什么范围和什么时间内进行，应该如何估量目标成效。具体的目标应该具有以下特点：有达成的标识（或成功的标志）；有测评点；有测评标准；有达成度的测评办法；有明确的时间规定；有明确的责任人。

在学校发展规划的实施过程中，校长作为学校发展规划的主要执行者，要对实施的状况进行全方位的了解和掌握，结合发展规划本身的评估功能，组织协调参与者进行及时、有效的监测评估。

3.建立监控和评价机制

学校规划从本质上讲是一种过程，实施监控和评价有助于学校在这一过程中进一步完善和修订计划。规划过程是一个循环和持续的过程。在学年结束时，应当安排时间，让那些参与学校规划及其实施的有关人士正式检查和评价这一学年规划实施的效果。这样，一个评价活动会对下一个学年规划活动的实施和规划目标的实施产生积极的影响。所以，广东二师番禺附中重视建立学校发展规划的监控和评价机制监督，主要是进行日常检查以促进规划按时实施和完成，促进学校实现自己所定的目标。学校应当有一个指定的管理人员检查日常进展情况，通过口头或书面报告向校长和学校管理委员会汇报情况。管理人员在检查中需做到：检查行动计划和有关文件，如教学材料和备课木；详细检查学生的学习结果；进行课堂观察。

各部门应向校长提供计划实施的评价报告，评价报告内容应有事项包括：目标在多大程度上达到了？为什么说目标已经达到？超过了还是没有达到？行动在规定的日期内实施吗？时限真实吗？规划对学习/学习成果有什么影响？影响的证据是什么？量的还是质的？什么方面尤其成功，为什么？我们在这一过程中学到什么？对将来的规划有何启示？起初的工作有价值吗？

学校建立监管和评价机制，把监管和评价纳入学校发展规划中。学校还应当建立管理台历，包含规划活动的关键日期，以便校长和学校有关教师能够记录与学校发展规划有关的活动。在进行检查评估的过程中，要善于发现问题，寻找问题的原因，并及时地向有关各方反馈信息，以便相关各方根据发展现状中存在的问题调整计划，给执行者提供必要的支持与帮助。这样，学校发展规划的实施就不会失去自主发展、自主调整、自主完善和自我更新的功能，在实施过程中就会少走弯路，减少内耗，从而推动学校走上健康、积极的自我发展之路。

广东二师番禺附中在学校章程的框架下制订的学校中长期发展规划，做到了依法自主办学，规范办学行为，充分发挥了部门岗位的积极作用，提高了师职员工和学生的工作和学习的积极性，保障了各教育关系主体的合法权益。学校发展规划工作的有效落实，稳步推进了学校的现代化建设，促进了学校各项事业全面、协调、可持续发展，不断完善了现代学校制度建设，提升了办学水平。

第二节　理清关系自主管理

学校自主管理是现代管理的灵魂，是深化学校内部管理改革的核心。广东二师番禺附中通过制度创新，理清了政校关系，明确了政府、董事会和学校的责权。积极探索自主管理的新型组织结构，建立"公平、合理、竞争有序"的绩效考评管理体制，理清校内各职能部门的职责，积极探索"干部能上能下，教师能进能出，人人有事干，事事有人干"的人事管理体制。

一、构建新型政校关系，明确现代学校办管职责分离

广东二师番禺附中通过大学与地方政府的合作框架协议，明晰学校产权，重新构建学校与政府的关系，使学校成为真正的独立法人，是构建现代学校制度的前提。实行管办分离、政校分开，建立新型政校关系，应剥离学校与政府之间的直接隶属关系，使政府能够在公开、公正的前提下向所有教育者和学习者提供良好、公平的服务。重新定位政府在教育管理过程中的职能，使政府从办学主体转变为服务主体、宏观管理主体或投资主体，使政府的管理从指令性行政管理转变为宏观指导性调控管理。

在构建新型政校关系、创新管理模式方面，广东二师番禺附中积极探索理事会领导下的校长负责制。理事会设理事 11 人，校长为当然理事，其余10 人由广州市番禺区地方政府代表、广东第二师范学院代表及社会知名人士代表共同组成，人员的比例构成为 4：4：2. 理事会设主席 1 人，拟由番禺区政府派人担任，设常务副主席 1 人，由学院派人担任。该方案正处于不断

完善的阶段。理事会担负评议和监督、咨询和建议以及宣传和协调三大基本功能，汇聚学校、家庭、社会三方合力，推动了新型政校关系、社校关系的逐步形成。学校以"校长负责制"为中心，教代会侧重于协调学校内部关系，理事会侧重于协调学校内、外部各种关系，切实完善依法、开放、民主、高效的学校运作机制，使理事会真正成为学校各方主体利益的"平衡器"、校长权力的"制衡器"、教育资源的"整合器"和学校发展的"助推器"。

二、推进校长负责制度，规范现代学校权力运作机制

学校权力运行过程中存在行政权力受约束性小，或者说行政权力有滥用的倾向；专业权力的影响逐步增长，专业权力的地位需要提升；行政权力和专业权力之间存在着一定程度的冲突等问题。造成这种现象的基本原因有三方面：

一是学校行政权力结构具有典型的层级性。校长作为法人代表，全权行使管理学校的权力。校长是学校权利行使的最高层级，按照有关规定，校长有提名副校长的权力，学校除校长之外，一般学校都设有分管教学工作副校长 1 人、分管德育工作副校长 1 人和分管行政后勤副校长 1 人，就校长与各分管副校长的法律关系而言，可以说是一种领导与被领导的关系。各分管副校长的权力的来源主要是校长的授权。在分管教学副校长之下一般设有教务处和教科室正、副主任职位；在分管德育副校长之下设有政教处正、副主任职位；在分管行政后勤副校长之下设有总务处正、副主任职位，这些被任命（聘任）的正、副主任与校长及分管副校长之间是被领导与领导的关系，各正副主任的权力主要来源于校长或来源于相对应的分管副校长。学校行政权力结构具有典型的层级性。

二是行政权力体系和专业权力体系的工作动力不一样，二者的组织目标不一样。学校行政体系需要从宏观上整体把握协调学校事务，从行政管理的角度来思考解决学校里所遇到的事情，配置学校的各类资源，讲求统筹、秩

序。学校教学人员主要从专业教学、微观个人的角度来考虑问题，主要目的以及要达到的结果是自己教学任务的完成，具有非秩序性和随意性。这二者的区别导致了两种体系的冲突。

三是由专业自主权带来的专业人员的专业自信，使专业人员更愿意按照自己的安排去处理专业事务，而在学校这种半科层、半专业式的组织体系中，按专业分工的等级管理、强调规章制度的规范情况，会导致专业教学人员与行政管理人员之间的冲突。

实行校长负责制，明确校长作为法人代表地位的职责，把管理学校的责任及相应的职权集于校长一身，有利于学校行政工作的统一指挥，推动层层负责的岗位责任制建立，完善民主管理和决策制度体系，有助于缓解上述三种冲突，提高学校行政工作效能，助力学校工作目标的实现。

1. 推进校长负责制。广东二师番禺附中根据《国家中长期教育改革与发展纲要（2010—2020)》第十七条第三款明确规定："中等及中等以下各类学校实行校长负责制。校长要全面贯彻国家的教育方针和政策，依靠教职员工办好学校。"校长负责制是指学校工作由校长统一领导和全面负责、党支部（或总支）在学校的核心地位和监督保证作用、教代会民主参与管理的学校部的根本组织制度。校长受上级政府委托，以学校行政核心和最高领导人的地位，对学校行政实行统一领导和全面负责。

（1）校长负责制的基本内容。校长负责制是一个四位一体的结构概念：上级领导、校长全面负责、党支部监督保证、教代会民主管理。这四者缺一不可。

（2）校长负责制的职、权、责

①明确的职位：是指校长的工作岗位、担任的领导职务及其在学校行政权机构中的合法地位的统一。

校长是学校行政系统的最高决策者和指挥者，对外全权代表学校，向上级党委和教育行政部门负责；对内全面领导和负责学校各项行政工作，对教职工、学生和家长负责。

校长的职责：A. 管理的职责——主要是教学管理、管理艺术；B. 教育的职责——要有正确的教育思想，懂理论，全面执行政策法规；C. 表率的职责——尤其是要为人师表，具有校长的风范；D. 师资建设的职责——教师水平的提高和新师资的补充；E. 创造良好办学条件的职责——拓宽经费渠道，筹集足够资金，不断改善办学条件。

②应有的权力：是校长全权代表学校行使学校管理的权力。

校长是学校的法人代表，对政府主管部门承担学校管理的部分责任，对学校教育、教学、人事、财物等实行统一领导、全面负责，是学校行政核心和最高领导，能够行使决策权、指挥权、人事权和财务权。

③应负的责任：校长对行使权力的结果要承担责任。

校长在履行职责中应负的责任，主要有以下四种：政治责任、行政责任、经济责任和法律责任。

2. 合理分工授权。现代学校管理时空跨度大，信息流量大，需要处理的关系复杂，是一个多层次、多要素、多序列、复杂的动态和综合的过程，需要一个高效率的行以本统。因此，优化学校行政系统，使之适应校长负责制，是学校权力运行的组织基础。

校长负责制是校长负责领导学校的全面工作，承担学校总的领导责任，不对学校的每项具体工作负责。校长应把自己的主要精力放在战略决策、调节系统部门关系、学校和外部环境关系以及教职工思想动员等大问题上，把执行性的具体工作任务的责任和相应的职权逐级分解落实到学校的每个工作岗位上，在学校内部建立起层级授权、层级负责的机制。校长职权分解的理想目标应该是：学校的每项工作都有专人负责；每个工作人员都有自己的明确职责；每个人都明确自己的工作对谁负责；尽可能减少对校长直接负责的人数，从而形成自校长以下严密的职权结构体系，做到层层有人负责，事事有人管理，每个教职员工都承担责任。同时，要明确学校内部各部门的组织机构、各层级的上下之间和同层级相互之间的关系，做到分工明确，权限分明。机构内部的人员组成、工作制度等也要建立起相应的负责机制，从而使校长负责制从上到下形成一个纵横交错的立体管理网络。要实现这一目标，校长首先要明确，现代意义的校长负责制绝不是学校事无巨细都由校长来亲自管理，而是要集权和分权相结合，分工授权，实行层级管理。而且，校长授予下属一定的职权，只要不超出其职权范围，校长就不应干扰其工作，但应督促和检查其尽责的情况。其次，校长要善于发现人才，提拔人才，使用人才，并激励下属参与管理的意识，培养下属敢于负责的精神。只有这样，校长才能减少工作量，使自己的全面负责成为下属对校长的全面负责，才有可能提高系统效率，获得最大的整体效应，从而实现校长对学校的全面管理。

三、变革学校组织机构，完善现代学校主体运行结构

近年来，在健全学校理事会议事规则、发挥学校理事会决策作用的同时，广东二师番禺附中进一步变革学校组织机构，完善现代学校主体运行结构。例如，建立学校党政联席会议制度，逐步完善民主决策程序；树立开放民主、科学高效的管理观，按照"精简、效能、统一"的原则，积极开展中层机构设置与聘任的改革，进一步完善校内机构设置，提高管理效益和服务水平；探索实施岗位问责机制，进一步明确各岗位的职责和工作要求，避免"多头布置""重复布置"，实现教师工作的"轻负担、高效率"；充分发挥党总支的政治核心和监督作用，进一步发挥教代会、共青团、民主党派和学校工会在民主管理和民主监督中的积极作用；设立学校申诉委员会，依法保障师生员工的合法权益等。

广东二师番禺附中在现代学校制度建设中的重中之重，就是对学校行政管理架构尤其是中层机构设置与聘任进行改革创新，以调整结构促进功能的优化，成为番禺区基础教育学校中层机构设置的先河。

为优化结构，提升效能，根据改革试点方案，学校的组织结构发生了改变。组织结构便是人与人的关系、事与事的关系以及人与事的关系的总和。

组织结构可以说明这些问题：谁服从谁？谁配合谁？谁跟谁在一起？谁跟谁的关系更紧密？谁在做什么事（或什么事由谁来做）？谁能做什么事（或什么事能由谁做）？有哪些事要做？什么事更重要？什么事配合什么事？什么事依赖什么事等。学校组织围绕分化与整合的事实或需要而形成的学校内部正式的人、事关系的总和。广东二师番禺附中各处室正职主任由校长提名，经组织考察后，交由学校领导班子决定任命，报番禺区教育局批准后聘任。

四、强化学校制度建设，提升现代学校组织运行效能

学校制度是指学校在国家有关教育法律法规的基础上，为提升学校办学质量、加强学校管理、促进学校发展而制定的以学校章程为首的包括核心制度和外围制度在内的一系列规范性文件。一套好制度，才会造就一所好学校，学校制度是学校实现其育人功能的必要保障。广东二师番禺附中坚持以人为本，勇于面对制度建设中的现实困境，科学矫正制度建设中的认识偏差。

（一）人事管理体制。广东二师番禺附中结合学校办学定位，推出学校师资队伍建设规划，对服务于学校发展的师资队伍提出明确的方向和要求。更名改制以来，学校积极探索"公平、合理、竞争有序"的绩效考评管理体制，积极探索"干部能上能下，教师能进能出，人人有事干，事事有人干"的人事管理体制；学校积极稳妥地推进中层竞岗、公开招聘教师、教师岗位设置和奖励性绩效工资的实施工作，建立学校发展目标和个人努力方向紧密挂钩的岗位聘任制度。同时，建立有效的教师绩效考核与薪资制度，鼓励优秀，鞭策落后，从而进一步优化教师队伍，提高师资整体水平，形成学校文化的导向作用，谱写了广东二师番禺附中"民主、开放、科学、高效"管理特色的新篇章。

（二）常规管理体制。广东二师番禺附中加强科学管理、民主管理、依法管理和校本管理，建立包括德育、教研、教学、后勤等横向管理体制和"校长—驻级中层干部—年级级长—教师"的纵向管理体制，促进学校管理与运行制度化、规范化、程序化，各职能部门都有权力清单和工作流程图，各处

室和年级自主、规范化管理得到加强。

表 1 学校团委权力事项清单

岗位名称	团委书记	所属部门	学校团委	责任人姓名	
权力事项	1. 负责团委、学生会全面工作				
	2. 负责策划、制定校园文化活动的计划，并监督实施、推进素质教育				
	3. 协助政教处以及其他部门做好学生思想工作，及时掌握团员青年的思想动态，开展有针对性、实效性的教育				
	4. 组织学生开展学生社团、社会实践和志愿者服务活动				
	5. 负责团委、学生干部的培养教育，做好团员的发展及转接手续				
	6. 完成学校党总支、校长室和上级团组交办的任务。				
岗位责任人签字			主管领导签字		

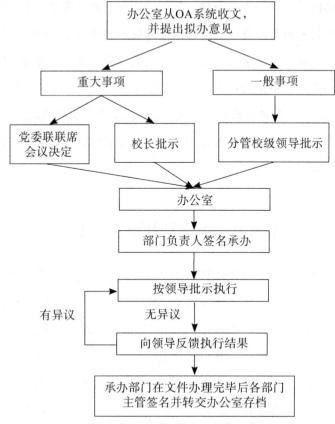

图 1 广东二师番禺附中公文办理流程图

（三）核心管理制度。核心制度是指最能体现学校的特性，直接涉及学校使命的制度，直接促进教师与学生充分、全面发展的制度。为此，广东二师番禺附属中制订了教学制度、考试制度、学生评价制度、校本教研制度、校本培训制度、教师评价制度、教师聘任制度等。

（四）外围管理制度。学校的外围制度是指从学校教育的内在需要出发，为学校核心工作服务的一系列制度的总称。学校制订了行政管理制度、学校产权制度、教育资金筹措制度、学校后勤管理制度、学校重大事故应急预案、社会参与制度等。学校外围制度为核心制度提供了坚实的保障。

（五）教师考核与激励制度。广东二师番禺附中注重完善教师考核与激励制度，建立重师德、重能力、重实绩、重贡献的考核与培养激励机制，为实现学校与教师的共同发展创造条件。学校并不断完善教师绩效工资制度，建立高层次学历培养机制，有计划地选派优秀教师攻读与专业岗位密切相关的高层次学位；建立名师、学科带头人培养机制，为有潜力、有能力的教师进入更高层次的发展提供机会；完善各类教学竞赛、科研成果奖励机制，鼓励教师开展教学研究，形成并推广研修成果；深化教师评价体系的改革与探索，构建区分性的教师评价标准，为处于不同发展阶段的教师提供自我诊断、自我发展设计的参照。

第三节　民主监督激发活力

加强民主建设，健全监督机制，是建设现代学校制度的重要内容。学校制度从产生的程序上，应体现学校精神，使师生从制度的被动接受者和袖手旁观者变成制度的积极参与者，制度设计最大限度地体现"民意"，尊重师生的合理诉求，让学生、教师、家长和其他成员都有权表达自己的感情、有权反映他们的观点和意见，让广大师生充分认识到，学校制度不但约束、规范师生行为，更多的是保护师生的权益，促进师生发展，增进师生之间的幸福感，尊重师生的知情权、话语权、参与权、表决权等。只有坚持民主管理、民主决策、民主监督、民主参与，才能激发活力。

一、加强民主建设，健全监督机制

加强民主建设，健全监督机制，是建设现代学校制度的重要内容。民主既包括学校决策的民主化，也包括学校的民主议政、参政机制，有畅通的渠道和适当的组织形式，保证教师员工和学生的诉求及时反馈到决策部门。只有坚持民主管理、民主决策、民主监督、民主参与，才能让广大教职员工和学生参与到学校的改革和发展中来，才能保证决策更加科学、更加合理，管理更加健康、更加有效，坚持民主监督是贯彻以人为本，建设幸福学校的必然要求。

在现代学校制度建设的实践中，无论是决策工作还是执行工作，学校坚持推行民主监督参与机制，充分发挥校长办公会议、行政扩大会议、教代会及党总支在决策中的民主监督作用，在最大程度上实现决策的科学性、民主性。我校坚持群众路线，为教师直接参与学校发展搭建平台，发挥了教师的主人翁精神。

2010 年 12 月，学校选举产生了新一届教代会代表，成立了广东二师番禺附中工会委员会，并召开了第一次代表大会，选举产生了工会。为加强党的领导，学校设专职党总支书记。党总支书记按照有关规定产生，配合校长做好学校全面工作，充分发挥学校党总支的政治核心、监督保证和战斗堡垒作用。学校充分发挥党政联席会议、校长办公会议、行政扩大会议、教代会及党总支在决策中的民主监督作用，以最大限度地实现决策的科学性、民主性。同时，学校还注重发挥教代会、家长委员会以及学生会等二级组织在学校管理中的民主监督功能，体现学校管理的开放性和民主性。例如，在实施学校建设和采购项目时，必须在教代会代表中随机抽取五位代表全程参与和监督项目的实施。学校一如既往地坚持校务公开，提升工作的透明度，使工作公开、公平、公正。

二、建立问责机制，提高自觉意识

建立学校问责机制，是学校良性发展的保证。独立和自治使学校真正成为责任主体，为自己的行为承担责任。广东二师番禺附中通过重新构造学校与政府、学校与社会，以及学校内部关系，在明确权、责、利的基础上，使得学校能够承担法人责任，在法律规定的范围内履行自己的义务和职责，从而实现学校评价发展机制的多元化和多向化。

（一）岗位问责的对象

不履行或不正确履行工作责任、造成不良影响和后果的负责人及全体教职工。

（二）岗位问责的原则

问责坚持权责统一、实事求是、公正公平和追究责任与改进工作相结合、教育与惩处相结合的原则。

（三）岗位问责的内容

1.教育、教学质量下降，或发生教育教学事故的。

2.不履行或不正确履行职责，造成不良影响的。

3.对属职责范围内的事项推诿不办理或拖延办理的。

4.无正当理由，在规定时限内未完成交办工作的。

5.无正当理由，对家长和学生推诿拒不接待或态度生硬的。

6.学生出现安全事故，或造成学校财产重大损失的。

（四）岗位问责的方式

1.诫勉谈话；2.取消当年评优树先资格；3.责令做出书面检查；4.责令公开道歉；5.通报批评；6.调整工作岗位；7.停职检查；8.劝其引咎辞职；9.建议免职。

（五）岗位问责的办法

1.通讯问责。全体教职工应 24 小时保持通讯畅通（上课时间除外）。若不能保证及时联系的，应对责任人进行问责。

2.安全责任问责。各安全责任人、班主任，应随时掌握本校、本班或校园安全情况。若有违反安全责任制度的，对相关部门责任人进行问责：瞒报安全事故，未造成严重后果的，责令做出书面检查、通报批评；造成严重后果的，停职检查、劝其引咎辞职、责令辞职直至免职。

3.工作作风、行为问责。教师在职期间应恪尽职守，积极、大胆地创新工作方法，提高工作效率。若工作平庸，无所作为，引起教职工或群众不满的，对有关负责人进行问责。

4.违规收费问责。各班应严格按照相关规定收费，若违规收费则对责任人进行问责：自下文之日起，出现违规收费者，立即免职。违规收取的费用必须在一周内全部清退。

5.完成任务问责。对未能按时按质完成学校交办工作的部门负责人进行问责：第一次由分管的校级领导诚勉谈话；第二次责令做出书面检查；第三次通报批评。

6.班主任要认真履行班主任工作职责，对不认真履行工作的，第一次由政教处诚勉谈话；第二次取消当月考核优秀等级；第三次取消当年评优资格、做出书面检查、通报批评直至调整工作岗位，有重大失责的停职。

7.班主任和教师在管理学生过程中，遇到重大问题的要及时汇报，由政教处协助处理，没有和政教处协助处理并出现重大失误的任何教师将承担责任。

8.班主任要认真管理好本班的校产，每学期由总务处清理交给教务处，学期结束由总务处清点，人为损坏的则由各班承担维修费。

9.各班应认真负责本班所属的卫生管理，不认真清理的由学校值班教师通知班主任，并对责任人进行问责。

10.在各级各类检查中发现管理漏洞的（脱岗，校园、学校宿舍脏、乱、差，食品卫生不合格，有不文明不道德行为等），对责任人进行问责。

11.教学质量问责。教务处应制定相应的提高教学质量的措施，充分调动教职员工的工作积极性，努力完成市局下达的教学目标，对未完成教学质量的教师进行问责。

12.食堂后勤工作人员应认真履行好岗位职责，严把食品安全质量关，做到防患于未然，若因个人工作失职造成的损失由个人承担主要责任。

13.有下列情形之一的，应当从重问责：（1）一年内出现两次以上被问责的；（2）在问责过程中，干扰、阻碍、不配合调查的；（3）打击、报复、陷害有关人员的。

14.有下列情形之一的可免予问责：（1）因下级以及有关人员弄虚作假，致使难以做出正确判断，造成未能正确履行职责的；（2）因适用的法律、法规、规章和学校内部管理制度未做出具体、详细、明确规定或要求，无法认定责任的；（3）因不可抗力因素难以履行职责的。

（六）岗位问责的程序

1.经初步核实，反映的情况存在，向学校提出书面建议，由学校决定启动问责程序。重大问题由学校及有关部门组成调查组进行调查，被调查的责任人应当配合调查，阻挠或干预调查工作的，调查组可以按照有关规定，提请学校暂停其工作。

2.调查组应当听取被调查的责任人的陈述和申辩，并进行核实，如属实则采纳，不得因被调查人申辩而从重问责。调查组一般应在10个工作日内完成调查工作，并向学校提交书面调查报告。情况复杂的，经过批准后可延长5个工作日。调查报告包括问责情形的具体事实、基本结论和问责建议。

3.调查终结后，由学校做出行政问责决定。问责决定书应当自做出决定后5个工作日内送出，并告知被问责人享有的权利，对不服学校问责的人员可向上级教育主管部门申诉，申诉期间不停止执行。

三、优化监督模式，激发监督活力

管理学认为，质量形成与生产全过程，必须使影响产品质量的全部因素在生产的全过程始终处于受控状态。随着国家对基础教育的日益重视和教育投入的不断增加，中学办学规模迅速扩大，对学校管理形成了较大的压力，在新形势下，为了全面保证人才培养质量，实现规模、质量、结构和效益协调发展，学校必须构建科学、规范、高效的现代学校监督体系，实行有效层级监督模式，优化监督系统职能。

广东二师番禺附中设立的办学理事会作为学校的决策机构，其成员由举办者、学校、社区、学生家长等各方人士的代表组成，理事长由理事会选举产生，作为学校的法定代表人。理事会执行国家的教育方针和政府的决议决定，对学校的教育、教学、生产、科研、人事、行政、财务、经营管理进行决策和聘任校长等。理事会是各方利益的代表，主要代表政府、社区、教师和学生的利益，同时也是学校与政府、社会的中枢纽带。理事会实行集体决策和过半数的原则。理事会的建立可以改变目前政府或教育行政部门直接任命校长的做法，改由理事会遴选，报政府审核任命。这一做法从组织上决定了校长对理事会负责，对教师和学生负责，对学生家长及社会负责。

四、校外参与监督，增强监督力度

（一）建立家长委员会。《国家中长期教育改革与发展规划纲要（2010—2020）》要求建立中小学家长委员会，以推进现代学校制度建设。《纲要》第十三章内容为"建设现代学校制度"。其中提出："我国的现代学校制度要适应中国国情和时代要求，建设依法办学、自主管理、民主监督、社会参与的现代学校制度，构建政府、学校、社会之间的新型关系。"在该章第四十一条"完善中小学学校管理制度"中，专门提出"建立中小学家长委员会"。家长委员会，顾名思义就是由家长代表成立的组织，作为与学校沟通的桥梁，关注学生的教育。家长委员会代表全体家长参与学校民主管理，支持和监督学校做好教育工作的群众性自治组织，是学校联系广大学生家长的桥梁和纽带，其宗旨是：坚持家校沟通与合作，让家长充分参与学校管理，有效体现家长对学校教育教学工作的知情权、评议权、参与权和监督权；完善学校、家庭、社会三位一体的教育体系，营造良好的教育环境；深入推进素质教育，促进中小学生的全面发展。

（二）学校、社区、家长联席会议。加强青少年的思想道德建设是个系统工程，也是学校、社区、家长三方联手的综合工程。学校、社区、家长三方定期或不定期的、三方或其中两方召开联席会议，是加强合作教育的重要途径之一。学校领导向各方汇报学校教育教学各方面情况，并郑重向社区、家长承诺，主动接受社区、家长对学校工作的监督，真诚听取社区、家长们的真知灼见，这有利于进一步促进学校的可持续发展。

第四节　民主参与提升品位

与社会的互动机制是现代学校制度的重要组成部分，旨在建立有公众参与的学校管理和学校服务机制，使学校回归社会。现代学校制度应当把现代基础教育的学校视为国民终身教育体系中一个有机的、上下衔接的重要阶段，而不是孤立于国民终身教育的"文化孤岛"。因而，现代学校回归社会，不仅为了培养本校的学生，还为了社会大教育的发展。

社会参与是指现代学校与社会各种组织和个人的相互支持，主要表现在学校和社区的互动上：社区或中小学利用自己的可用于教育的各种资源给予对方必要的支持、援助、监督，或根据对方的合理建议对自己所实施的教育进行必要的调整。家庭对学校教育有知情权、选择权和参与权。现代学校制度的框架下，社区中的组织和个人参与学校的管理，绝不是"点缀"或形式，而是真正的有效参与，这一机制的建立，将有利于构建学校与社区相互支持的学习型社会体系。学校推倒自己的"围墙",进一步向社会(社区)开放,为学习者和社会(社区)提供多层次、多样化的教育服务,使教育资源得到充分运用。而与此同时,学校也得到社区的大力支持,将社区资源为我所用,降低学校成本,推动学校发展。探索家庭、学校、社区的三方有效互动机制,将是现代学校制度建设的永恒课题。

一、民主参与,集体决策

民主参与理论也称受众参与理论,是在 20 世纪 70 年代以后随着社会信息化的发展和媒介集中垄断程度达到新的高度,在美国、欧洲和日本等一些发达国家出现的一种新的媒介规范理论。民主参与理论要求大众传播媒介向一般民众开放,允许民众个人和群体的自主参与。[①]现代学校制度的民主参与,就是要确保所有学校成员的基本民主权利,如知情权、表达权、参与权、表决权等,学生、教师、家长和其他成员有权表达自己的感情,有权反映他们的观点和意见,有权获得相关的知识和信息,有权参与学校决策过程。

(一)建立教职工代表大会制度

为依法保障教职工参与学校民主管理和监督,完善现代学校制度,促进学校依法治校,现代学校应当建立教职工代表大会制度,保证教职工参与学校管理的权利。(见附录 5)

(二)建立校务公开制度

校务公开是一项加强学校民主建设、贯彻依法治校的重要举措。为进一步推进学校发展,不断提高学校的民主决策、民主管理、民主监督的水平,使广大师生及家长的知情权、参与权与监督权落到实处,现代学校管理实行校务公开制度。

推行校务公开制度,有利于促进学校党风廉政建设,密切干群关系,保持学校的稳定;有利于促进学校管理科学化、政策化,促进学校的改

---

① 郭庆光:《传播学教程》,中国人民大学出版社,2011。

革和发展。

推进校务公开的根本目的，就是建立健全学校内部监督约束机制，完善学校内部管理制度，建立充满生机和活力的新的运行机制，强化民主管理和民主监督，促进依法治校和廉洁治校，密切党群、干群关系，加强学校领导班子建设和党风廉政建设，调动广大教职工的积极性和创造性，提高教育质量和办学效益。

二、社区参与，互动合作

近年来，广东二师番禺附中积极拓展家校沟通渠道，班级、年级、学校均有健全的三级家长委员会架构，并能有序运作，家校合作由原来的仅仅参与学校教育事务的表层合作逐步向参与学校管理事务的深度合作迈进，进一步深化家校、社校关系，完善家庭、学校、社区的三方有效互动机制。

（一）建立机制。学校组建成立了第一届社区人士和家长观摩团，由4位社区人士和17位家长代表组成，观摩团的主要工作为：学校定期向社区人士和家长观摩团通报学校发展的重大举措，邀请观摩团成员为学校的发展献计献策；观摩团成员可以随时进入课堂听课和参与教育活动，了解学校的教学改革动态、教师的教学水平和学生的学习状态，并参与评教活动；为学校提供能促进学校持续发展、有利于学生健康成长的社会资源。

（二）善听民意。为更好地推动社会参与，实现家庭、社区和学校的良性互动，广东二师番禺附中定期召开全体家长会、家长委员会例行会议，耐心听取家长对学校及教师的诚恳意见，定期向家长通报学校发展的重大举措，请家长为学校的发展建言献策，为家长提供参与学校管理和监督的平台，还不定期邀请家庭教育专家为学生家长做专题报告。

（三）对外开放。广东二师番禺附中不定期对外开放校园和课堂，社区人士和家长可进入课堂随堂听课，了解学校的教学教改动态、教师的教学水平和孩子的学习状态，并参与评教活动。德育、教学部门以及多任级还经常组织各类教育活动或主题班会，邀请社区人士和学生家长参与。俗话说"金杯银杯，不如老百姓的口碑"，通过参与活动和学校的互动，社区人士和学生家长逐步熟悉学校的办学理念、办学举措，对学校的办学方向、办学特色和各项制度逐步了解，由不解走向理解，由旁观走向参与，由抵触走向认同，进而走向支持和传播。

三、资源共享，相互支持

2012 年教育部颁布的《全面推进依法治校实施纲要》，对校内关系和校外关系做出了具体规定，以协调和整合影响学生发展的各种力量。学校充分扩大社会参与，资源共享的范围，积极向社区开放体育场馆，积极参加社区的志愿活动，部分学校教师发挥专业优势，积极服务社区。公安、交警尽职尽责，誓保校园周边安全，街道、城管、社区、村委竭尽所能，为学校的发展保驾护航。部分企业、家长代表关心学校发展，积极支持学校的教师健康保障和学生奖学工作。多年的互动、支持与配合，凝聚成学校、家庭、社区三位一体的教育合力，培养了一批又一批谦谦君子。

四、形成合力，共育新人

为推进现代学校制度建设，广东二师番禺附中根据 2012 年教育部发布的《关于建立中小学幼儿园家长委员会的指导意见》成立了包括大学教授、一线名师、优秀校友在内的附中发展资源库，推进家校深度合作，合力建设育人共同体。成立学校家委基金，挖掘家长课程资源；探索家长督学制度，推出家长专题讲座，由家长委员会牵头先后组织了大型模拟招聘会、南海亲子游、走进贫困山区献爱心、走进大学放飞梦想等活动。这些活动不仅密切了亲子关系，开拓了学生的视野，也让更多的家长参与到学校的管理中来，让他们更深入地了解了我们的学校、我们的老师，拓宽了家校共育的渠道。

广东二师番禺附中作为广东省基础教育综合改革试点单位，经过多年的实践探索，初步彰显出"民主开放，科学高效"的管理特色和健康的舆论氛围，现代学校制度的雏形已具。而最大的收获在于，学校已步入良性循环，进入了快速发展的轨道，社会声誉和社会认同度显著提高，一个崭新的、充满无限生机的大学附中和国家级示范性高中已经扬帆远航。

第三章　君子文化铸灵魂

现时代要特别突出自强不息、勇于担当、开放合作、实践创新的品格，以彰显现代君子的文化认同、文化自信及其价值追求。

对于学校文化体系的构成要素，不同的研究主体和实践主体，都可能有着不同的理解，即使是同一个实践主体，在实践的不同阶段，对学校文化体系的感悟及构建方式也会发生变化。正如，美国皮特逊教授认为"学校文化是一组规范、价值和信念、典礼和仪式、象征和事迹。这些因素构成了一所学校不同于其他学校的个性，而正是因为这些不成文的要素随着时间的流逝促使教师、管理者、家长和学生一起工作，一起解决问题，共同面对挑战和面对失败"。[①] 而我国学者郑金洲教授认为"学校文化是学校中全体成员和部分成员习得且共同具有的思想观念和行为方式等。"[②] 我们基于相关文献分析，并结合学校文化建设实践体悟认为，学校文化主要包括理念文化、制度文化、行为文化、物态文化等方面。

广东二师番禺附中从"培育现代君子"理念入手，提炼"现代君子"的核心素养，围绕"培育现代君子"的理念文化、制度文化、物态文化、行为文化等方面展开实践研究，构建基于"培育现代君子"理念的学校文化体系。我们在深入推进"培育现代君子"学校文化的建设过程中，让学校办学理念内化为师生的价值追求，外显为师生的行为，在校园的景观中处处感受现代君子的文化气息。在学校文化体系的构建上力求创新，力求实现"现代君子"理念、社会主义核心价值观与理念文化、制度文化、物态文化和行为文化的深度融合；构建学校文化的实践操作体系，从硬件、软件两个层面，德育、教学两个线条，教职工、学生两个主体入手来构建培育现代君子文化的操作体系，将其落到实处，力求为区域学校的文化立校提供借鉴；将新时代的党建文化引入君子文化体系，让红色的感恩文化、自强文化与担当文化融入"现代君子"的血脉。学校基于"培育现代君子"的办学理念，以课程建设为引领，努力构建学校文化体系，围绕理念文化、制度文化、物态文化、行为文

---

① 刘建：《论反庸俗的学校文化取向》，《南京师范大学报（社会科学版）》，2016 年第 2 期，第 87—93 页。

② 郑金洲：《教育文化学》，人民教育出版社，2000。

化等领域，开展了系统而持续的实践探索，并根据学校年度发展的具体实际，根据新时代的新发展理念，始终保持文化体系构建的开放性，不断地对学校文化的体系结构进行解构、重构。本章将从理念文化、制度文化、物态文化、行为文化等四个方面总结广东二师番禺附中的学校文化建设经验。

第一节　理念文化

"培育现代君子"办学理念，是广东二师番禺附中学校文化体系的魂魄和基点。学校的文化体系包括办学理念、校训、校风、教风、学风等在内的基本理念体系。

一、办学理念

培育现代君子是广东二师番禺附中的使命，它意味着广东二师番禺附中的人格追求是"现代君子"。

（一）现代君子人格素养的德性表征

1.**重道**。《论语》有言："君子有三畏，畏天命，畏大人，畏圣人言。"即君子对天地大道会自觉保持敬畏之心，对有掌握天地大道的圣贤保持敬畏之心，对他们说过的话保持敬畏之心。简而言之就是重道，因为重道所以尊敬而崇尚君子。这样的人就不会轻浮、不会狂妄，所以能真诚生活着，踏踏实实地为学以及做人做事。

2.**明理**。明理就是明白物理和事理，明白物理就是明白客观事物的道理，古人所谓"格物致知"，现代所谓"科学研究"都是为明白物理。明白事理就是明白为人处世的道理，父子之间如何相处，师生之间如何相处，同辈之间如何相处，都了然于胸；同时，也知道怎样去做好一件事，态度和方式都可取，这就是明白事理。明白物理和明白事理是相通的，明白物理最终为明白事理，华夏文化"推天道以明人事"就是通过格物明白世间万物的道理以让人能够明白社会的伦理和一切社会中事，也就是将"天道"贯彻到"人道"中来。这是明物理与明事理的贯通。

3. **知礼**。天道要贯彻到人道，必须要通过"礼"来落实。而"礼"的第一层含义就是秩序，包括公共秩序和社会伦理（包括家庭伦理），就是说，作为君子，必须树立公共意识，关注公共秩序、遵守公共秩序和改善公共秩序，做一个优秀的社会公民；同时也要明白如何为人儿女、为人父母、为人兄弟、为人姐妹、为人师长、为人学生，为人儿女者知孝，为人父母者知慈，为人兄姐者知爱，为人弟妹者知悌，为人师长者知教，为人学生者知敬，这就把第一层含义做好了。"礼"的第二层含义是礼仪和礼貌，也就是在言行举止上文明优雅，待人接物上得体得当；见面打招呼时要以礼仪以示礼貌，朋友来做客要妥当招待等，这就把第二层含义做好了。

4. **仁爱**。《论语》云："克己复礼为仁。""礼"最终是要培养仁心的，也是"仁心"的外在体现。《论语》有言："君子无终食之间违仁，造次必于是，颠沛必于是。"又言："君子去仁，恶乎成名？"就是说君子一定是秉持仁心的，如果没有这份仁心，那就配不上"君子"这个名分。那什么是仁呢？简单来讲，"仁"是一种由近及远的爱和感通，就是踏踏实实从关爱身边的人和事做起，逐渐扩充到他人、社会乃至天下的一种情怀。它会表现为"成己成人成物"之心，"己欲立则立人，己欲达则达人"的忠恕之道，乃至是兼善天下的品质和情怀，东林书院的一副对联"风声雨声读书声声声入耳，家事国事天下事事事关心"就是对"仁"字最充分的解释。"君子"有一份仁爱之心，关注他人的生活，关注社会秩序，并乐于帮助他人和拥有一份改善社会的心。

5. **诚信**。《论语·卫灵公》云："君子义以为质，礼以行之，孙以出之，信以成之。君子哉！"君子必有"诚信"之德。《论语·为政》又云："人而无信，不知其可也！大车无輗，小车无軏，其何以行之哉。"就是说，一个人如果不讲信用，真不知道他怎么处世，这就像牛车没輗，马车没有軏一样，那车怎么能走呢？对于现代社会而言，诚信变得越来越重要，这一点，西方文化以其契约精神为基础确立了现代社会的"商业伦理"，契约精神的核心就是诚信，这是中国传统品格与西方优秀精神之间的相通处。作为现代君子的重要精神，基于华夏文化传统的诚信与西方的契约精神可以互为解释。

6. 自强。《周易》云："天行健，君子以自强不息。地势坤，君子以厚德载物。"凡为君子，自当自强不息，应当遵循"明理""知礼""仁爱""诚信"的方向，主动创造、积极进取、强身健体，自觉自发地不断完善自我。以明理、知礼、仁爱、诚信的精神品格立身处世，成就内心之自强；同时，又以自强精神积极锻炼身体来强身健体，成就体格之自强。

（二）现代君子人格素养的才情表征

1. 博学。《中庸》有云："博学之，审问之，慎思之，明辨之，笃行之。""博学"是成就德性的基础，也体现一个人才情。博学的人往往博览群书、海纳百川，故而见多识广，发展更为全面。就广东二师番禺附中而言，具体表现为中西兼容、古今贯通。

2. 高能。君子不是不会辨别是非善恶的老好人，更不是只会高谈阔论而不会做实事的轻浮之人，而应该是"愿干事、能干事、能成事"的有能力的人。从基本的层次来讲是能够"修身齐家"的人，也就是有足够的能力立足于社会，能让家人放心，长大以后能够照顾好自己的家庭并且管理好自己的事业；从更高的层次来讲是"治国平天下"，也就是通过"立德、立功、立言"等方式，为社会奉献一分力量。

（三）"现代君子"的核心品格

"现代君子"是指具备中华传统文化中君子的优秀风范和体现与时俱进的时代气息的人，要特别突出自强不息、勇于担当、开放合作、实践创新的品格，以彰显现代君子的文化认同、文化自信及其价值追求。经多年实践及探索，广东二师番禺附中"现代君子"的核心品格提炼为四个关键词：

1. 自强不息。具备主动创造、积极进取、强身健体，不断完善自我的精神，努力培养明理、知礼、仁爱、诚信的精神品格。

2. 勇于担当。学校培育的是具有强烈公共意识和主人翁意识的现代公民，以践行"学为君子，兼善天下"的责任感、使命感。

3. 开放合作。"开放"即能以开放的胸怀永葆求知之心，能以包容之心容忍他人的错误，能以平和的心态面对人生的逆境，能以辩证的眼光看待新鲜的事物。"合作"即个人与个人、群体与群体之间为达到共同目的，彼此遵守契约，相互配合的一种联合行动。

4. 实践创新。在教育教学过程中，注重以学生为主体，创设情境，拓展活动空间，提倡跨学科学习，给学生提供动手实践和实现其创意的平台、机会，激发学生尝试动手创造的潜力，以适应我国"大众创业，万众创新"和21世纪全球经济的要求。

（四）培育现代君子的办学理念体现广东二师番禺附中四大教育观

1. "培育现代君子"蕴含着人格高于知识的教育观。"君子"是一种人格，一种"兼具天下之善"和"有兼善天下的情怀和使命感"的人格，一种德智体美兼具的人格。人格不是游离于生命质量之外的纯粹知识，而是指人通过修炼使自身生命内生某种德性、思想和精神等，以及呈现出的一种生命状态，如处事能力、言行举止、形象气质等。

2. "培育现代君子"蕴含着素养高于技能的教育观。这里的素养就是君子人格所应具有的品质，素养是人格的精神内涵，它应高于技能，也即高于方法技巧，当下教育注重方法技巧，以应付考试，而缺失了人文的熏染，故而素养不高，素养不高则视野不宽、精神不高、思想不通透，故缺失情怀、难成大器。

3. "培育现代君子"蕴含着能力高于分数的教育观。能力是一种综合素质，包括个人的道德、智慧、知识、技能、方法、经验等，综合呈现出一个人思考问题的高度、处理问题的方式方法以及整个人的魅力等。

4. "培育现代君子"蕴含着现代寓于传统的教育观。现代君子根在传统，用在现代。现代君子意味着君子品质在现代中焕发新生命，意味着现代观念植根于华夏文化传统。现代君子既有传统君子的品质，同时也因时而变，富含现代精神，如自由独立的精神和现代公民意识等。

"培育现代君子"的办学理念回答了广东二师番禺附中的办学理由和教育使命，广东二师番禺附中为何而存在，就是为培育现代君子而存在；广东二师番禺附中以何为使命，就是以培育现代君子为使命。广东二师番禺附中深知自己的社会使命，洞悉"现代君子"于当代社会和未来社会的意义和价值，高举人文主义精神，站在大时代的高度向无视道德和人格素养的分数教育说不，向社会上的功利主义、拜金主义、实用主义说不，昭示着广东二师番禺附中教育人君子般的胆识和高贵的气质。

二、校训与校风

（一）校训：学为君子 兼善天下

"学为君子，兼善天下"，是广东二师番禺附中的校训，其核心思想及意义的阐述包含以下两个层面：

1. 现代君子是广东二师番禺附中师生共同的人格追求

兼善天下的品质就是君子人格的核心内容，其有两层含义，一是兼天下之善，也即兼具中国与西方、传统与现代、人文与科学的基本素养，在德、情、智、体上协同发展；二是有兼善天下的情怀和使命感，即不仅对自己，还应对他人、对社会、对天下都充满热情和关怀，两者兼具即是君子式的现代公民。

2. 兼善天下是广东二师番禺附中师生追求的生命境界

首先，兼善天下是君子的博雅素养。兼善天下的第一重含义是兼天下之善，也即善纳天下精华，包括自然天地之精华，中西文化之精华，传统与现代之精华，人文与科学之精华等。

其次，兼善天下是君子的淑世情怀。兼善天下的第二重含义是以自己的心力使天下归于善。"兼善天下"的本义就是"使天下人皆归于善"，体现着儒家君子的淑世情怀，即孟子所言之"穷则独善其身，达则兼济天下"。

（二）校风：海纳百川 追求卓越

学校有"兼善天下"的核心价值，则有包容的气度，故而有"海纳百川"的校风；学校有"学为君子"的人格理想，则有君子的不凡气质，故而有"追求卓越"的校风。"海纳百川"的校风寓喻广东二师番禺附中包容和承认不同个性的教师和学生，兼容各式各样的才情、能力、智慧和品质，兼容中西文化，以包容的气度孕育丰富多样的"君子群"。学校所言的卓越就是具备君子的品质，就是君子之卓尔不凡，就是君子之德性、品格、气质和能力的合一。广东二师番禺附中人自觉追求卓越，就是自觉追求君子之品。

三、教风与学风

（一）教风：有教无类 乐教善导

"兼善天下"的价值表现在教师中重在"有教无类，乐教善导"。

1."有教无类"出自《论语·卫灵公》，"子曰：'有教无类。'""有教无类"是指不管怎样的人都应该受到教育，而不应因其智、愚、贤、不肖等不同而排除在教育对象之外，这是广东二师番禺附中教师"兼善天下"的君子情怀。以这种情怀来教育学生，承认学生不同的个性，一视同仁、因材施教。

2."乐教善导"即乐于教书育人，善于引导学生。孔子云："知之者不如好之者，好之者不如乐之者。"乐教者，君子之教也！乐教基于三点，一在于艺术的教、智慧的教；二在于教师对学科学问有哲学意义上的认知，能够从学科的知识技能上升到学科哲学；三在于有教育使命感，即认同自己所做的是充满价值和意义的。"善导"是指教学的方法技能上善于引导，引发学生思考和探索，使之养成思考和探索的习惯，而非单向的传授知识或获取现成知识。

（二）学风：立品乐学 善思明辨

"学为君子，兼善天下"，于学生而言，在于"立品"，立品在于"乐学"，乐学在于"善思明辨"。

1. 立品乐学——立现代君子之品，就是传统君子人格与现代公民人格的合一。立品的关键在于"乐学"。

2. 善思明辨——君子应有正确而清晰的认知、有正确而鲜明的主张，善于思考，以明辨真假、是非、善恶，知识学问必须由自身参与思考体悟和理解，而不能停留于死记或纯粹接受他人的意见和说法上。

四、理念文化的扎根与创新

（一）理念文化的扎根

理念文化作为一种观念新、价值性的文化样态，需要由"虚"入"实"，不断固化。在学校文化建设与发展的实践中，我们始终将理念文化融入制度建设、环境建设以及师生行为、家校合作等领域，努力实现理念文化与制度文化、物态文化、行为文化、共生文化及课程文化的深度融合。

学校打造了梅兰竹菊四个具有君子文化意象的主题园区，定期开展咏梅咏兰咏竹咏菊系列主题活动；每年举行君子文化会展周（科技文化体育艺术节）；开展梅兰竹菊主题班级命名与建设活动；以"君子文化"为主题词的班名、班歌，班旗设计活动；集思广益，开展学校楼宇、道路命名活动等，总之，竭力让理念文化落地生根，并逐步内化为附中师生的文化认同与文化自信，形成附中人共同的价值追求。

（二）理念文化的创新

学校理念文化不断与时俱进，在君子教育理念中融入"立己达人"的教育思想，把"立己"和"达人"作为一个整体来看，吻合了学校"兼善天下"的校训，与"德才兼备，兼善天下"一脉相承，相互契合。

立己：德才兼备，兼天下之善。立己，就是"善自己"，修炼自己，兼天下之善，意味着"养天地之正气，法古今之完人"，也即兼具中国与西方、传统与现代、人文与科学的基本素养，在德、情、智、体上协同发展。

达人：兼济天下，担天下之责。达人，就是帮助他人，成就他人，要有兼善天下的情怀和使命感，不仅对自己，还应对他人、对社会、对天下都充满热情和关怀，并用切实的行动去改善它们。

立己是达人的前提和基础。"立己"方可"达人"，一个人只有"立己"，修炼了自己，完善了自己，才能具备"达人"的条件，才能帮助他人，成就他人，进而兼济天下。

达人本身即是立己。为人也是为己，"达人"的过程本身就是"立己"的过程，本身就是修炼自己、完善自己的过程，无论是对于德性还是才情，都是很好的促进和提升。

立己达人是君子的修为之道。立己达人当为君子的人格追求，是君子教育的主要抓手，而君子就是"立己"和"达人"两种品性的体现，真正的"现代君子"应以学立己，以善达人。

第二节　制度文化

一套好制度，可以成就一所好学校。由规则意义上的制度升级到文化意义上的制度，进而形成制度文化，是一所学校治理水平和治理能力现代化的重要标志之一。广东二师番禺附中作为广东省为数不多的基础教育综合改革试点学校，在实践探索中取得的经验，已成为番禺区乃至广州市、广东省基础教育现代学校制度建设的成功典范，尤其是创设的部门权力清单及流程管理，除举办区域现场会，还形成了诸多文本成果，出版了《基础教育现代学校制度的实践与思考》《现代学校权力运行中的流程管理》两个成果。

一、制度文化建设的价值取向

理念是灵魂，制度是骨骼，文化是血脉。理想的制度建设，应使学校成为一个"严格而自由、有压力无压抑、师生永远留恋的精神家园"。学校制度文化建设的精髓可归纳为四个方面：

（一）公正导向

制度的设计和运行追求公平、正义、民主的价值导向，坚持"注重伦理，充分激励"的原则，促成负责、协作、高效、激励、和谐的组织文化，力求让"好人"得到红利，让"坏人"付出代价。

（二）科学设计

制度设计、执行、操作、监督等环节坚持科学性的原则，不搞形式主义，不搞瞎折腾。

决策环节：坚持科学、民主、集体决策的原则，充分发挥党政联席会议、领导班子会议以及教代会在科学决策中的作用。

执行环节：职能处室和各年级严格执行学校决策和制度规范，遵章守纪，依据学校及部门的权力清单和流程管理，确保执行、落实到位。

监督环节：让权力在阳光下运作，依据校务公开及有关制度，充分发挥教代会、工会、校务监督委员会以及教师代表的作用，最大限度地保障教师的知情权、表达权、参与权和监督权。

问责环节：学校坚持权责统一、追求责任与改进工作相结合、教育与惩处相结合的原则，制定问责条例，划定问责项目，拟定问责方式和问责办法，依照程序开展问责工作。

（三）人本情怀

坚持刚性与弹性之间的动态平衡，坚持原则性和灵活性之间的动态平衡，使刚性的制度与弹性的制度相得益彰，使量化与质化、过程性评价与终结性评价之间实现动态平衡。比如：对教师考勤和请假制度的规定，可以延迟至8：30回校、弹性坐班等，体现了刚性与弹性的统一。

（四）与时俱进

坚持时代性，根据学校发展的新情况和新需要，边破边立，适时对制度做出调整，并约定或重建一些新的制度、规范。比如：教师考勤制度的调整；作息时间的调整；评优评先、骨干名师遴选推荐的协议书制度等。学校制度建设由之前的侧重刚性规范的管人立意，逐步过渡到今天的刚柔相济的文化浸润立意，制度建设在突出程序性、评价性和导向性的同时，文化气息变得更加浓厚。制度文化逐步形成。作为学校制度建设的一项重要成果，2019 年学校编制完成各部门、各年级工作宝典。

二、学校制度文化建设的策略

学校制度是指学校根据国家有关教育法律法规，为提升学校办学质量、加强学校管理、促进学校发展而制定的以学校章程为首的，包括核心制度和外围制度在内的一系列规范性文件。一套好制度，才会造就一所好学校，学校制度是学校实现育人功能的必要保障。坚持以人为本，勇于面对制度建设中的现实困境，科学矫正制度建设中的认识偏差，是我们进行现代学校制度建设的必然选择。

（一）建章立制，以章为行：学校制度文化建设的根本保障

1. 优化学校制度设计，完善学校制度体系建设

完整的现代学校制度体系应该包括学校章程、学校核心制度和学校外围制度这三个缺一不可的组成部分。

首先，重视学校章程的制定，坚决杜绝"无章办学"现象。学校章程是指为保证学校正常运行，主要就办学宗旨、内部管理体制及财务制度等重大基本的问题做出全面规范的文件。学校章程是学校的"母法"，是学校自主管理、自律及政府监督管理的基本依据。

其次，高度关注核心制度建设。核心制度是指最能体现学校的特性，直接涉及学校使命的制度，直接促进教师与学生充分、全面发展的制度。如教学制度、考试制度、学生评价制度、校本教研制度、校本培训制度、教师评价制度、教师聘任制度等。

再次，发挥外围制度的保障功能。学校的外围制度是指从学校教育的内在需要出发，为学校核心工作服务的一系列制度的总称，比如学校行政管理

制度、学校产权制度、教育资金筹措制度、学校后勤管理制度、学校重大事故紧急预案、社区参与制度等，外围制度为核心制度提供坚实的保障。

最后，强化岗位责任机制。岗位责任机制是现代学校制度的重要机制之一，学校应厘清各部门、各岗位职能，让每个岗位可操作、可监控、可问责，确保各负其责，沟通顺畅，运转协调。为解决学校改革发展中遇到的年级与部门的权力交叉与职责衔接等问题，学校召开闭门务实会议，切实理顺三处两室职能部门正副主任的工作职责，明确职、权、责的边界，厘清各年级组的管理权限，在发挥年级管理优势的同时，强化学校职能部门对年级工作的指导、监督和管理力度，最大限度地发挥部门和年级的工作积极性。会议明确，各年级、各职能部门在思考问题及做出决策时，必须坚持系统、全面的"一盘棋"思想，防止部门利益侵蚀学校利益，规避短视行为。

2. 遵循制度设计的基本原则

制度设计应遵循以下几个基本原则：民主程序，应由全体教职员工按照民主程序制订规章制度，校长只是一个起草人和解释人；公开宣传，一边制订，一边公开宣传，以各种方式听取、收集来自各个方各面的意见；规章制度通俗易懂，便于理解；可操作，可监控，可问责；在制度设计中，应多写"底线"，杜绝让人望尘莫及、根本无法做到的"神仙条例"，使人们只可仰视而无法实行；保持稳定性，对实施不久的规章制度不做改动，以体现制度的严肃性和权威性，"朝令夕改"只会加重人们的不安全感，影响制度的执行力。

制度设计时不仅要考虑规范性制度、还要考虑程序性制度、评价性制度和奖惩性制度；制度设计还应充分考虑到制度的执行成本及可操作性，比如为执行制度所耗费的时间、人力、物力、财力等，防止出现执行疲劳、执行压力大甚至无法执行等现象。

3. 建立有效的制度运行、监督机制

学校管理者要想增强现代学校制度的执行力，就要确立良好的制度执行机制，一套完整的制度执行机制应该包括以下几个方面。

纵向互动机制。这是针对制度制定者与制度执行者而言的。对于制度的制定者来说，在制度制定之前，要把握校情，充分了解制度对象的实际情况，提高制度的针对性和可操作性；在制度实施的过程中，要密切关注随时出现的各种问题，对其进行归因，并研究解决的策略；定期对制度运行的状态和效果进行评估和反馈，必要时，对制度进行调整和完善。对于制度的执行者而言，要积极配合制定者开展前期调研和搜集信息工作，提供可靠的信息来源；在制度的执行过程中，要认真领会制度的精神实质，高效执行，并及时反映制度执行中出现的问题。

横向合作机制。这是对该制度与既有制度之间的关系以及制度执行主体之间的关系而言的。首先，要处理好现代学校制度与既有的其他学校制度之间的关系，实现协调、有序运作；其次，要处理好制度的执行主体之间的关系，各执行主体（含部门、年级、责任人）应相互沟通，加强合作与交流。

运行监控机制。有效的制度运行监督机制大致包括三个步骤：运行前监控、运行中监控、运行后监控。这三个步骤是相互衔接、密不可分的整体。缺乏科学、有力的监督设计，制度的执行将大打折扣，因此，制度一旦制订，应加强督办环节的落实，同时必须推行问责制，赏罚分明，让制度非人格化执行，实现制度面前人人平等。学校监督机制既要对制度的执行者加以监督，也要对执行机构加以监督，使他们维护制度的权威性，杜绝随意性，更要防止制度执行中根据个人的爱好、恩怨自行正义。

4.建立信息沟通机制

这是针对制度执行者与制度接受者的信息传递而言的，旨在克服制度运行中的信息不对称以及信息失真现象，以期实现上情下达和下情上陈。全面、及时、主动沟通是现代管理制度的重要原则，是现代学校制度得以有效运行的重要保障。

5.制定权力清单，推行管理流程

以学校章程为依据，制定和完善权力清单。制定权力清单目的在于明确责任主体、权力分配和界定职权范围。简单来讲就是明确谁为负责人（部门），负责这一项工作需要怎样的权力，然后赋予负责人（部门）怎样的职权。以流程管理让教职员工不仅明确职责，更清楚地知道什么时候应当完成哪些工作，不再有借口造成延误、误会或疏忽。

（二）目中有人，以人为本：学校制度文化建设的思想基石

以人为本是科学发展观的核心，也是学校制度建设的思想基石。传统的管理模式，较多地表现为管制、监控、指令和命令，这在一定程度上束缚了人的个性和创造才能，也扼杀了制度的生命力和文化气息。学校应树立以"三个为本"为核心的制度设计思想，即："教育以人为本"——尊重学生人性人格，发展个性特长；"教师以生为本"——一切为了学生的发展，一切都着眼于调动和依靠学生内在的积极性；"校长以教师为本"——尊重知识，尊重教师，真正关心、爱护教师，营造民主、和谐、高度信任的管理氛围。总之，学校的制度建设应以促进师生发展，增进师生幸福，学校最大限度地多方位增强美誉度和影响力为宗旨。

（三）注重伦理，充分激励：提升学校制度文化建设的伦理价值

1.民主精神。从制度产生的程序上，体现民主精神，使师生从制度的被动接受者和袖手旁观者变成制度设计的积极参与者，制度设计最大限度地体现"民意"，尊重师生的合理利益诉求，让学生、教师、家长和其他成员都有权表达自己的感情、有权反映他们的观点和意见。让广大师生充分认识到，学校制度不但约束、规范师生的行为，更多的是保护师生的权益，促进师生发展，增进师生幸福。尊重师生的知情权、话语权、参与权、表决权等。只有这样，才能提升广大师生对学校制度的认同度，减少离心力，增强执行力。

2.科学精神。从制度的内容上，体现科学精神，不搞形式主义、瞎折腾，也不凭空想象或盲目复制，杜绝"花瓶制度"，实事求是，尊重教育规律和个体成长规律，从学校的具体情况出发，制订体现学校发展历史、特色和风格的制度。

3.公平正义。公正是现代学校制度的首要特性，好的制度是正义的制度，是制度本身公正和制度运行公正的有效统一。公正的制度能自发、自动地促成高效的、有道德的和有未来的好学校。学校制度设计应让那些"好人得到好报"，使那些工作量大的、工作质优的、工作责任大的、工作贡献突出的以及那些不可替代的稀缺人才得到实惠和好处，让他们感到自豪和骄傲，制度的设计让老师们想优、敢优、愿优、能优；同时，学校制度设计还应让"坏人得到坏报"，让那些习惯于敷衍了事、习惯于惹是生非、唯恐天下不乱的人、那些有好处便搭便车，没好处便躲到一边去的看客教师付出一定的代价，达到营造舆论健康的目的。有时，宽容比惩罚更加美丽，适度的尊重与充分的信任也能使人热情迸发，好的制度设计还应凸显宽容、尊重和信任的伦理价值。

（四）动态平衡，开放包容：让制度充满适度的张力

1.保持各种制度之间的动态平衡

这种平衡要求各种制度之间不能有逻辑矛盾，规则之间不能有冲突的条款；重新修订某一制度时应考虑相关制度的配套改革；应保持各项制度的适用范围和对象的科学性、准确性、有效性。比如，为提高教师专业能力，学校德育部门定期组织德育能力培训及班主任技能比赛，教学部门也定期开展教学业务培训及教学基本功比赛，两个部门之间的培训时间、培训内容与培训密度应彼此协调、衔接，保持平衡；再如，学校的绩效奖励方案与既有制度之间应保持配套，相互支撑，避免冲突。

2.保持制度刚性与弹性之间的动态平衡

刚性制度与弹性制度相得益彰，在量化与质化、过程性评价与终结性评价之间实现动态平衡，各自发挥应有的作用，使刚性的硬制度实现软着陆，以制度引领"负责、协力、多元、务实、进取的"教师文化。比如，教师基本的上下班制度与个别教师弹性上班、弹性休息的平衡等。

3.某些环节推行模糊管理，让制度留白，为制度变迁留下空间

实现"有问题找制度，制度不能解决时，让文化发挥作用"的管理境界。

比如，每所学校都有自己的教师评优评先制度，有的老师工作负责、专业扎实、教学有效、富有个性但人缘不好，不善于处理人际关系导致票数不高。是否应该被评为优秀教师呢，值得学校领导班子深思。在评优工作中，如何处理民主与集中的关系，如何在部门投票与行政研究之间获取平衡点，如何使老师们的抱怨降到最低点，使评优制度充满张力，这就是制度建设亟待解决的问题。

（五）拒绝灰色，拓宽视角：关注制度建设的盲区和雷区

1.照亮制度建设的盲区。学校在进行制度建设的过程中，应充分考虑制度建设的盲区，这些盲区是管理者很容易忽视而问题多发的地方，必须擦亮眼睛，用望远镜和显微镜，凸显这些盲点，例如，学校的图书馆管理制度、学校教学事故应急预案等。

2.规避制度建设的雷区。学校在进行制度建设的过程中，还应尽力规避制度的雷区，远离法律和政策的高压线，例如，招生制度、收费制度、经费使用制度、学籍管理制度等。

（六）文化引领：彰显制度的伦理精神

在建设学校制度的过程中，必须关注制度背后的伦理精神、道德趋向和价值基础，用现代学校文化建设统筹现代学校制度的方向，发挥文化的引领作用。学校文化是一所学校的灵魂，是学校的"软实力"，对于学校风格、特色的形成，对于校长的管理思想，对于教师的教和学生的学，都具有深远的、潜移默化的巨大影响。学校文化的功能主要表现在价值导向、事业凝聚、精神激励和行为约束等方面。如果说规章制度是一种刚性约束，那么精神文化则是一种柔性管理。

在现代学校制度的探索实践中，广东二师番禺附中坚持"以人为本，以章为行"的理念，不遗余力地加强学校文化建设，营造健康舆论，在"刚性"制度和"柔性"管理的平衡中，实现对教师的价值引领和文化浸染。

1.构建紧张、有序、务实、高效的行政运作模式，打造责任意识和服务意识为核心的行政文化，以行政文化引领学校文化。学校每年召开为期三天的行政、级长闭门会议，认真研究学校工作中存在的问题，统一思想，明晰各部门、年级沟通的渠道和方式，明确了每位行政的岗位职责。学校要求每位行政管理人员蹲科、驻级，沉下去，以系统、全面的视野，多听多看多思考，真抓实干比奉献，主动沟通、及时沟通、全面沟通，致力于解决实质性问题。学校的每位行政管理人员应定期开展批评和自我批评，弘扬奉献、合作精神，创先争优，身先士卒，敢抓善管，雷厉风行，精于执行，做到"没有任何借口"，成为团队的表率、示范和精神领袖。

2.以制度设计和制度重建营造公正的文化环境。无论是从无到有的制度设计，还是臻于完善的制度重建，无论是程序性制度还是评价性方案，都坚持"以人为本，利于发展"的原则，彰显公平公正的价值取向。

3.践行严谨踏实的治学态度，营造宽松的学术氛围。更名改制以来，学校注重教师的职业意识渗透和研究氛围营造，以严谨的治学态度和宽松的学术氛围作为学校治校和治教的行动指南。

4.为教师直接参与学校发展搭建平台。无论是奖励性绩效工作方案的拟定修改、监督运行，还是学校办学理念、发展规划的提炼、润色，学校都坚持走群众路线，让一线教师广泛参与、充分讨论，吸纳教师的意见和建议，充分酝酿，反复修改，发挥教师的主人翁精神，增强决策的科学性、民主性，集思广益，共谋发展。学校岗位设置和奖励性绩效方案的制订和施行，至今零投诉。

第三节　物态文化

物态文化，也是视觉文化，是以建筑、景观、实物装饰、墙面墙饰等方式呈现的、直接映入学生眼帘的文化样态，因为它具有可视化的特点，直接冲击学生的视觉，让学生身浸目染，在常态的环境熏陶中产生潜移默化的文化浸润作用。广东二师番禺附中确立了"传统与现代交融，中国与世界相彰，体现学校的兼善气质"学校物态文化建设目标。

一、物态文化建设的思路

学校物态文化是学校文化建设的组成部分，直接或间接地影响着学校教育教学的成效。学校物态文化，一方面表现为学校内看得见、摸得着的物化的文化形态，是学校文化的"外壳"，奠定了学校文化存在和发展的物质基础；另一方面，也是学校文化理念文化载体。[1]

国内不同的研究者基于不同的学术观点或实际经验，对于物态文化建设的思路提出了不同的建设原则。有研究者提出物态文化建设的人本性原则、思想性原则、艺术性原则、地域性原则和"一校一品"原则[2]；也有研究者提出物态文化建设的学生主体性原则、发展性原则、可"解读"原则、实用性原则、艺术性原则[3]；还有研究者提出，物态文化建设要让学校的每一个角落活起来，让学校建筑说出教育的语言，让师生走到每一个活动场所，让学校还原人类经典与未来。[4]我们认为学校物态文化建设的最关键的是坚持"一校一品"原则，要做到学校物质文化风貌与学校的精神价值契合，遵循"先摸底、后规划、再建设"的思路，体现学校自身的特色，注重物质文化建设的细节，做到自然景观人文化、人文景观精致化；牢牢把握学校物态文化建设不是单向度的学校硬件建设，而是与物态文化、理念文化、制度文化、行为文化等方面相互交融为一体的教育场，最终实现物质与精神、制度与行为浑然一体。

---

① 牛世红：《学校物质文化建设的教育意蕴》，《创新人才研究》2015 年第 2 期，第 67—70 页
② 李敏、彭冰：《学校物质文化环境建设之思考》，《基础教育参考》2011 年第 12 期，第 31—34 页
③ 李峻、刘玉杰：《学校物质文化初探》，《现代教育科学》2004 年第 5 期，第 41—43 页
④ 李新生：《学校物态文化的课程取向与统筹》，《学校观察》2019 年第 8 期，第 48—49 页

二、物态文化建设的举措

近几年来，学校高度重视物态文化建设，利用财政预算或自有资金，根据"培育现代君子"的办学理念，从顶层设计入手，谋划物态文化的整体格局，到目前，已经建成了如下的典型物态文化景观或者园区：一塔、一石、一像、一池、一花、一家、二馆、二吧、四园等。

（一）**文峰塔**。在学校男生宿舍 C 栋附近的西门外，矗立着一座近三百年历史的文峰塔，这是学校文脉绵延的见证。学校创校历史不长，但从文峰塔上，我们能寻觅到附中的文化之根。

（二）**泰山石**。在升旗广场右侧的盆架子景观树之下，一座巨大的泰山石巍然屹立，"培育现代君子"六个鲜红而苍劲有力的隶书，清晰地镌刻其上，昭告全体附中人，"培育现代君子"是学校的办学理念，是学校的培养目标，也是学校不变的初心和永远铭记的使命。

主题景观——《勉君子文》石刻

将《勉君子文》刻于石上，放置在学校入门广场左侧的花圃上。文化石要求大气厚重，有文化冲击力和震撼力。《勉君子文》内容如下：

古人论人，每以君子为尊，称之美之，亲之友之。众之所慕也！《大学》云"自天子以致庶民，一是以修身为本"，何以以修身为本？志君子者也！《诗》云"有匪君子，如切如磋，如琢如磨"，君子之美如玉，不修无以成矣！故古者以物附德，寄君子之志而习之，此梅兰竹菊所以为四君子者。

故有寄于梅者曰：梅，苍劲挺秀，其疏影横斜，别有姿态；不惧高寒，偏敢冰里育蕾，雪里怒放，君子谓之"万花敢向雪中出，一树独先天下春"。其至善之德，所以独步早春，从容潇洒。君子莫不爱之！

寄于兰者曰：夫兰，君子所慕也。其生于幽谷，悬于绝壁；其气清雅，遗世独立；其香幽幽，高洁独芳；孔子美之曰"芝兰生于深林，不以无人而不芳；君子修道立德，不谓困厄而改节"，又叹曰"夫兰为王者香"；则后世赞兰不绝。君子莫不效之！

寄于竹者曰：夫竹，君子之良朋也。其坚劲挺拔，节节高升，正直刚毅，毫不含糊；不惧寒暑，故历四时而容常茂；不惧摧打，故经风雨而气更幽。苏轼爱之云"宁可食无肉，不可居无竹。无肉令人瘦，无竹令人俗"，斯竹也，与君子之德合；板桥犹有甚之，其曰"衙斋卧听萧萧竹，疑是民间疾苦声；些小吾曹州县吏，一枝一叶总关情"。则竹亦有关怀天下之德矣。

寄于菊者曰：夫菊，君子之益友也；其生于晚秋，时凡花凋尽，而菊从容来迟，瘦影强骨；严霜不惧，寂寞不忧！悠悠然自得其乐。其清雅淡远之气无以甚之，故谓其淡远与独立兼得也。陶潜尤爱之："结庐在人境，而无车马喧。问君何能尔？心远地自偏。采菊东篱下，悠然见南山。山气日夕佳，飞鸟相与还。此中有真意，欲辩已忘言"，则足见菊之独立淡远者。

故谓君子者，天地之精化，人间之恒范也。古人不敢弃之，故鲜肆意之念，无妄为之举。然今之人异乎是，每每狂妄自我，德不思尊崇，行不思廉耻，唯以钱权至上，身无所立。世风使然也！其谓道德虚而不实，而唯权钱是从，乐粗野而甘堕落，讥崇高而随波流。则人不必怀君子之志，教育亦不必育成君子！此谓之不知其宗而无所守也，终致妄思妄行不知所向。则糊糊涂涂，十六年读书无非谋食谋住，八十载人生不能立命安身。斯人也，以君子视之，其不足甚矣！

夫君子者，虽历千年而不失其尊，于吾国吾民，影响至远。吾谓君子之德，民族之宗也，华夏之根也！君子之于现世，犹当为世范！虽今人鲜识其贵，然则吾校尤尊之矣。故二附之师生，处淤泥而举洁身，尚君品而淳世风。植根道统而博览世界；固执人文而善纳科学。四者全而学问兴，文昌明而王道举。则"修身齐家治国平天下"者可成矣，故劝诫师生曰："学为君子，兼善天下"！

（三）一像一池。一像，指的是孔墨园的汉白玉孔子塑像。一池，指的是孔墨园南侧的静莲池。这是较早期建成的物态文化景观，学校的"学为君子，兼善天下"的校训，皆与孔墨有关，在孔墨园区，还分别选取了孔子和墨子的四段言论，以彰显其价值立场。静莲池内，假山栩栩如生，红鲤在池内逍遥畅游，仿佛在尽情地呼吸着君子养分。

（四）一花一家。一花，指的是紫荆花。秋冬季节，在附中校园，大片的紫荆花争相怒放，染红了校园，染红了君子，犹如学校的文化图腾，无论花开花落，都成为一道亮丽的风景。一家，指的是学校正门口入门左手边的"附中人家"，也被称为亲子园。广东第二师范学院曾小龙副校长亲笔手书对联，上联为：亲情师情友情上善恩情；下联为：诲人育人为人立德树人；横批为：附中人家。与其说是"亲子园"，不如说是"感恩园"，常有学生家长把自己亲手烹制的美味佳肴带过来，在园内与孩子一起分享，既分享了美味，更分享了教育，分享了学校生活，浓浓的恩情闪烁其间。

（五）二馆二吧。二馆，指的是校史馆和智慧图书馆。大气磅礴的附中校史馆建成于 2017 年 5 月，学校的办学历史、发展沿革均以生动的图片形式尽显其中，各项荣誉展示其中，这是附中历史的缩影，是附中荣光的见证，是附中物态文化的经典之作。与传统图书馆相呼应，为营造更加浓郁的书香，学校于 2018 年底建设了两个高端的智慧图书馆，在两个图书馆之间，建设了一个宽敞大气的开放式阅览区。同时，教学楼各楼层的开放式书吧也于 2018 年下半年建成并投入使用，让学生置身于书海之中，好书随手拈来，书香扑面而来。忙碌出成绩，闲暇出思想。为便于教师在繁忙的工作之余，感受教育的慢生活，学校在教学楼各楼层的拐角处，建设了若干教师茶吧，可悠然沏茶，可磨泡咖啡，可烹制诱人可口的早餐，可三五群聊，可师生同座，把"酒"话桑麻。在这里，教育的思想和智慧，伴着香浓的美茶，氤氲的咖啡一并产生。

开放的校史馆

广东二师番禺附中的校史馆是开放的，体现开放包容的精神。我们认为，学校无须太刻意地去建设校史馆，但需要有意地把学校的历史痕迹留在学校的整个环境中，也即校园本身就是校史馆。

1. 理念墙。理念墙采用岭南建筑风格，将学校的理念体系刻于墙上，并介绍其来龙去脉。

2. 校友林及柱文。学生毕业之后每一个班级种一棵树在校园内，立柱文以记之。

3. 大事记柱林。学校把每一件学校发生的每一件重大事件都记录在大事记柱上，每根柱子记录一件大事，日积月累，就逐渐丰富起来。

4.《我的故事》纪念册（广东二师番禺附中人的自述）。《我的故事》纪念册叙述学校、教师和学生的典型故事，将其置于主楼大厅，凭人观看。

开放的图书馆

图书馆分为两个区域，一是图书存放及阅读区，二是文化博览馆区。

1. 图书存放及阅读区。图书馆的设计可采用新古典风格，以古书画及花格、屏风等物品点缀和装饰，将传统与现代结合起来，使图书馆即具有现代功能，又具备典雅的文化气息。

2. 文化博览馆区。建立学校的文化博览馆，汇聚中西文化精粹于一堂，内容包含思想（哲学）、文学、艺术、科学、技术以及世界各地的风土人情（地理）等方面的成果。在文化博览馆中，可以看到各国不同的历史和文化，使文化博览馆既具有可观赏性，也有教育性，开拓师生的视野。文化博览馆由学生执行管理，师生共同决策和监督。文化博览馆还可成为讲座或师生文化沙龙（如诸君谈）的场地，成为学校的文化中心。

（六）梅兰竹菊文化意向主题园区。 梅、兰、竹、菊是广东二师番禺附中君子文化的意象，以此呼应学校的"培育现代君子"办学理念，并以悦纳、包容的襟怀和辩证、开放的思维，站在"传统君子"的肩膀上，探寻"现代君子"的精髓和要义。

1. 傲梅苑：取其意为"君子如梅，意志坚韧"。梅花傲骨独立。梅花有苍劲挺秀，疏影横斜，清雅宜人的神韵，而且还有"冰里育蕾、雪里怒放"的特点，它那"万花敢向雪中出，一树独先天下春"的性格，它不畏严寒，不与凡花竞逐而独步早春，坚守自我独立的精神，不作媚俗之态。

2. 兰悦园：取其意为"君子如兰，举止优雅"。兰花坚守良知，"芝兰生于深谷，不以无人而不芳，君子修道之德不为困穷而改节"。兰生长在深山幽谷无人之处，只为心中良知而芳香，不因名利的诱惑而动情。

3. 清竹坊：取其意为"君子如竹，自强不息"。竹的高风亮节，坚劲挺拔，节节高升，正直刚毅，毫不含糊。竹遭霜雪而不凋，历四时而常茂；风来自成清籁，雨打更发幽韵。郑板桥有"衙斋卧听萧萧竹，疑是民间疾苦声；些小吾曹州县吏，一枝一叶总关情"之句，于是，竹又有了"关怀天下"的意味。

4. 淡菊坛：取其意为"君子如菊，淡薄谦逊"。菊清雅淡远，最具清雅淡远的意味。菊生于晚秋时节，此时凡花早已凋零，而黄菊傲然开放，不畏严霜，不辞寂寞，悠然自得的绽放，可见其独立之精神，高洁之情怀。

（七）办公室文化。为配合教师的师德建设和专业发展，结合习近平教育思想以及教育部关于教师职业行为的相关准则，学校开展了办公室文化专项设计，以鲜活的办公室文化，引领教师的健康、智慧成长。

（八）党建基地红色文化。2019年，学校在实验楼一楼的架空层区域及清竹坊一带，投资建设了党建基地，打造红色文化。一条长廊，党的历史，党的知识，党的理论，党的主张，党的故事，深入浅出，生动活泼。饮水思源的感恩，立党为公执政为民的担当，永远跟党走的信念，办好人民满意的教育的决心，充盈期间，满满的正能量，无论是对于教师，还是学生，都富有极深的教育意义。

（九）传承与感恩文化。 在傲梅苑的西侧空地上，有一颗硕大的榕树，被誉为"心愿树"。围绕着榕树，一块块的酱紫色瓷砖铺设在地面上，每一届学生毕业后，该届的届徽、届歌、口号都将刻印在其中的一块瓷砖上，以此方式届届传承。每年的高考前夕，学生们都将自己写满祝福的红色丝带，小心翼翼地系在树枝上，以表达自己的心愿。每一届的家长委员会，都将本届家长的家校共建情，浓缩在这片区域上。

（十）师生作品长廊及其活动。 师生作品长廊展示师生的书画、美文和各类创意设计。师生作品长廊最显眼处设置"擂台"，上擂台的作品只有一个，它是所有作品中最精美的、最经典的作品，从每月师生的优秀作品中精心挑选出来，学生作品长廊中设置一个点评栏，师生均可参与点评，得分最高者上擂台。上擂台的作品继续与下个月的最优作品进行评比，优者上擂台。

第四节　行为文化

行为文化是人们在日常生产生活中表现出来的特定行为方式和行为结果的积淀，体现着人们的价值观念，受理念文化的引领、物态文化的熏染以及制度文化的约束和导向。校园生活中，师生的举手投足、课堂教学、德育活动，无不外露出文化的蛛丝马迹。"培育现代君子"的办学理念，犹如糖、盐，融解、外化于附中人的行为之中。

在学校实践中，行为文化涵盖诸多领域，重点关注与理念文化密切相关的行政文化、教师文化、课堂文化以及德育文化等四个方面。

一、行政文化

行政文化是学校发展的引擎。无论是师德、境界还是教学业务，行政人员普遍都是学校的精英，是领头雁，是火车头。他们忠诚于教育、忠诚于学校，勤奋敬业、快乐工作，拒绝平庸，追求卓越，对所负责的工作保持一种狂热和执着，自动自发，自我加压，怀揣梦想，勇敢前行。

同时，他们觉悟高、责任重，一言一行在教师群体中产生重要的影响。因此，学校历来重视行政文化建设，提出"以行政文化牵引学校文化"的观点，充分发挥行政人员的精神感召力和工作凝聚力，发挥他们的示范作用，塑造干部队伍的公信力，培植他们的执行力和领导力。例如，行政人员上午回校上班时间比一般教师早 30 分钟，参与周末假期以及行政夜值制度，不少部门周末假期几乎难得休息几天。

经过多年的管理实践，广东二师番禺附中行政文化的特性逐步变得清晰起来，具体表现在以下几个方面：

（一）身先士卒的榜样。以"向我看齐"为口号，无论是师德还是业务，时时处处走在教师前面，成为君子之师效仿的楷模。

（二）善断敢管的担当。行政人员能谋善断，有思路，有魄力，维护舆论健康，敢于批评，敢于斗争，一身正气，乐于担当。

（三）相互支撑的协同。摒弃"割裂式"思维，破除"二亩三分地"思想，服从顶层设计，坚持系统思考，处室、年级之间相互支持，相互配合，相互补位，高质量地完成校长室交代的各项任务。

（四）忠于流程的执行。遵照学校制度、权力清单和流程管理，保障不偏不倚的执行力。

（五）精致上品的服务。各部门用心为全体师生、家长及学校利益相关方提供细致入微、品质优良的服务。

（六）海纳百川的包容。行政人员应该成为"兼善天下"的人格表率，培养自己的大格局、大境界，以乐观、负责、奉献、包容的品格成为广大教师的榜样。

为锻造一支忠诚、负责、担当的行政队伍，学校坚持"八个转变"的工作导向，为行政文化的培育指明了新的方向：从集权型行政文化向参与型行政文化转变；从管制型行政文化向服务型行政文化转变；从人治型行政文化向法治型行政文化转变；从低效型行政文化向高效型行政文化转变；从经验型行政文化向学习型行政文化转变；从割裂型行政文化向聚合型行政文化转变；从功利型行政文化向道德型行政文化转变；从被动型行政文化向自动型行政文化转变。

二、教师文化

教师的理想信念、道德情操、仁爱之心与专业素养，直接影响到"培育现代君子"这一办学理念的践行效果。近几年，学校坚持"师德"和"师能"两手抓，为锻造一支又红又专、潜心引路、立德树人的君子之师，培育浓厚的教师文化，让教师真正成为"大先生"，成为学生健康成长的"引路人"。

（一）为教师划定师德红线，做一个有底线、师德过硬的教师

君子不立于危墙之下。学校以习近平总书记提出的"有理想信念、有扎实学识、有道德情操、有仁爱之心"作为教师发展的底线目标，鼓励教师做学生锤炼品格的引路人，做学生学习知识的引路人，做学生创新思维的引路人，做学生奉献祖国的引路人。

作为君子之师，须恪守"新时代中小学教师职业行为十项准则"，爱惜自己的每一根羽毛，底线清晰，师德过硬。君子之师，须心中有大爱，身上有正气，手里有本领，脚下有定力，力争成为塑造学生品格、品行、品位的"大先生"。

（二）搭建促进君子之师专业成长的立体平台

《论语·学而》有云："君子务本，本立而道生。"作为君子之师，应务专业之本，课堂教学之本，精湛的业务，应成为永恒的追求。近几年，学校帮助教师修炼内功，秉持"每一位教师都可以成为学校的骄傲"的理念，努力为君子之师的专业发展搭建更多的立体平台，支持教师成名、成家的一切努力。

在修炼内功上，学校通过八大平台，助力教师在专业上砥砺自我，更快

地成为一名君子之师。

1. 扎根参与式课堂教学改革的实践。

2. 专业阅读和经典阅读相结合。

3. 科研攻关，将教学实践中的问题上升为课题。

4. 课程开发，在课程开发中提升专业水平。

5. 培训和管理。学校依托广东第二师范学院这一平台，采取专家讲座、专家诊断、专项培训、委托培训、名师骨干同课异构、校本专题聚焦式培训等方式，提升教师的专业能力。

6. 自我反思，鼓励、指导广大教师开展自我反思活动，并以教育叙事、教学随笔或教学论文的形式将实践反思上升到理论层面。

7. 以备课组为单元，构建专业发展共同体，广泛开展基于问题解决的主题式案例研修。

8. 年轻教师和骨干教师、高级教师在专业发展上结成对子，以实现快速"立己"，尽早站稳三尺讲坛；开设学校班主任、名教师工作坊，以骨干引领、辐射青年教师群体的快速成长。

此外，学校还定期举办教师演讲、三笔字等基本功比赛，常开展"学科微论坛""教师主题沙龙"等活动，分享各类教师专业发展的"山海经"，这是教师队伍内部相响以湿、相濡以沫的"达人"之道。

（三）涵养君子之师文化

务实、理性的思维方式。渗透"愿干事、能干事、能干成事"的目标导向和行为导向；营造说公道话、树正能量的舆论氛围；追求务实、踏实、爱生、奉献的师德品性；培养讲求大局、遵章守纪、服从流程、管控情绪的理性思维。

协作、共生的教研文化。弘扬良性竞争、协作共赢的教研组文化，相互支撑，同伴互助，结成专业共生体，在教学任务、教学研究和专业成长等方面实现同舟共济，共同发展。

励新、多元的学习之道。营造浓郁的学习之风，为教师的发展拟定清晰的目标追求（四有教师：有理想信念，有道德情操，有扎实学识，有仁爱之心；三好教师：成绩好，聚同度好，满意度好）；开拓创新，建设学习型组织，花大力气，采取"走出去、走进来"等多种渠道，为教师的专业学习、业务培训和素养提升搭建广阔的平台。

（四）做积极拥抱"四新"的君子之师

对于新时代、新课标、新教材、新高考，作为附中的君子之师，不但不能回避，还应积极拥抱，以课堂为主阵地，以校本研修为主渠道，以专题研读为主形式，主动学习，积极钻研，快速转型，方能真正站在时代的前沿，真正成为一名名副其实的君子之师。

2019年3月，习近平总书记提出了思想政治理论课教师要做到"六个要"，即：政治要强、情怀要深、思维要新、视野要广、自律要严、人格要正。之后，学校立即将此"六个要"作为学校君子之师（不仅仅是思想政治理论课）立德树人的总要求。

截至目前，近30名教师加入广州市教育专家及名师工作室，张校长成功遴选广州市教育家培养对象，刘副主任成为广州市名教师工作室主持人，张校长、吴主任、刘副主任、林老师、艾老师、谭老师成功遴选为广州市百千万名教师培养对象，宋老师、谭老师、陈老师、杨老师、区老师、范老师、辛老师、温老师、石老师等教师被遴选为广州市骨干教师，学校班主任、名教师工作室陆续启动。教研科研之风浓郁，多位教师晒课荣获省级部级优课，2016年至今，立项、在研或结题的国家级课题1项，省级课题5项，市级课题10项，区级课题27项，累计有111篇论文在各级各类刊物发表。

三、课堂文化

课堂，是教学质量的主阵地，是立德树人的主渠道，是培育现代君子的主战场。如今的课堂教学，已经走过了强调秩序和纪律、被动地授受知识的阶段，向着"倾听、合作、善思、明辨"的文化课堂迈进。

为更好地培育现代君子，学校着力推进基于学生能力培养的参与式课堂教学改革，在内容上转型，以学案为载体，推动深度学习；在方式上转型，推行"小组合作，先学后导"的参与式学习；在文化上转型，凸显对话教学，课堂生态由秩序走向文化，努力培育倾听、合作、善思、明辨的课堂文化。

广东二师番禺附中开展的"基于学生能力培养的参与式课堂教学模式"研究，从建立教学模式起步，成效显著，荣获番禺区"研学后教"课堂教学改革先进单位。但我们不唯模式论，不以建构模式为最终追求，而是臻于风格，引领更多的骨干教师凝练自己的教学风格；进而转型升级，开展对课堂文化的重建，整个课堂由秩序导向转向文化导向，实现了对学生生命和文化的双重成全，一个倾听、对话、欣赏、合作、善思、明辨的课堂文化生态和参与自觉正在形成。

（一）深度学习的教学设计。"基于学生能力培养的参与式课堂教学"模式，在程序上分为"课前参与""课中参与"和"课后参与"三个部分。在课堂教学改革的实践中，这一模式不断完善，形成了"233"操作范式：

1. 课前参与（课前预习）

学生在课前完成"学案"中的预习案。学科备课组提前准备好"学案"，在"学案"的第一部分将学习目标、预习提纲或预习思考题呈现出来，把学习目标分解为阶梯式的情境化问题和学习任务，让学生初步感知文本、罗列问题，为学生"带着问题走向课堂"做准备。

2. 课中参与（课堂教学）

把"互动"作为主要概念。参与式教学把教学过程阐释为一种互动结构，以"学"为中心，以"学"定"教"，实现"教"与"学"的对立统一，在师生和学生之间互动中实现知识、能力的生成和情感态度价值观的内化。

参与式教学的课堂结构包括"三个环节"：预习检查，交流展示；释疑解惑，互动生成；达标测评，小结提升。

3. 课后参与（课后延伸）

课后参与是课堂教学的延伸，教师根据教学目标，编制好高质量的课后作业题，促进学生知识的巩固和能力的提升。

这一教学改革模式凸显深度学习，以提升参与度和学习力为宗旨，以"学案"研制为载体，引领广大教师树立"深度教学"观念，以布鲁姆的认知目标分类学为指导，树立新的知识观和教学观。

（二）小组合作的课堂学习。在改革中，学校着力规范小组建设、管理和评价机制，逐步形成小组文化。学生以小组为学习单位，围桌而坐，自主、合作、探究，互相帮助、相互激励、互相提醒、相互监督、互相尊重、彼此欣赏、取长补短、彼此分享，在积极参与和用心展示中实现着自我的价值，在相互支持和思维碰撞中体验学习的真谛。

在小组合作中，小组成员围绕教师提出的研学问题开展合作、探究、展示、表达、评价、创造等活动，是"立己"的过程，更是"达人"的过程，小组成员在互相点拨、启发、评价、质疑、欣赏以及批判中实现自我提升和共同进步。

（三）师生互动的教学对话。真正的学习是逐渐走向自我完善的一种对话性实践活动。要在课堂形成一种师生之间合作、对话和倾听的文化氛围，教师要学会去倾听学生的思想、情感，给予学生足够的关注。师生在平等信任的基础上，进行双向沟通，使得师生关系更为和谐。在教学生态上，课堂教学由秩序逐步走向文化，"倾听、合作、善思、明辨"的课堂文化逐步得以形成。

1. 有内涵的表达。具体表现在教师的表达有内涵和学生的提问有内涵两个方面。一方面教师凭丰厚的文化底蕴在课堂的"教"中呈现其睿智、博识，并做出富有正义感的价值判断；另一方面，在教师长期的熏陶下，学生的提问能更有条理、有深度、有温度。

2. 存诚敬的倾听。善思明辨课堂同样需要诚敬的倾听，教师真诚地倾听学生的心声，学生诚敬地倾听教师的讲授，在课堂构建了师生的诚与敬的关系。形成这种关系必须基于教师丰厚的文化底蕴，形成鲜明的价值判断，并能够在课堂中表现出这种文化底蕴和人格魅力，这样就能自然真实地引发学生诚敬地倾听。

有文化的课堂，能滋养学生，滋养教师，涵养君子，而且师生之间也能实现相互滋养。面对新时代、新课标、新教材、新高考，广东二师番禺附中提出了对参与式课堂教学改革转型升级的新要求，着力建设有质量、有效能、有思维、有素养的高品质课堂。

四、德育文化

（一）构建现代君子基本素养模型

"现代君子"是指具备传统君子的优秀风范和体现与时俱进的时代气息的人，现时代要特别突出自强不息、勇于担当、开放合作、实践创新的品格。根据这一目标定位，结合2018正式发布的中国学生发展核心素养的总体框架，我们对现代君子的素养模型进行了重构（见图1）。

图1 "现代君子"的基本素养模型

（二）德育活动创新，为学生搭建释放潜能的广阔舞台

在广东二师番禺附中。除丰富多彩的普修、选修和专修课程之外，还有各类多姿多彩的活动，为学生搭建舞台，锤炼能力，圆未来君子的美丽人生之梦。莘莘学子在活动中"立己"，不断提升自身的素养，为实现"达人"的目标储备能量。

平台1：新生入学教育系列课程。时间安排在每年高一开学前夕的八月份，围绕规则熟知、角色转换、学习指导、人际认同等四个维度，开展系统的新生入学教育，帮助学生尽快完成初高中学习生活的顺利衔接。

平台2："管好自己就能飞"系列教育。时间安排在整个高一阶段，届届传承，并守正创新。

平台3：学生发展指导平台（生涯规划及选科指导系列）。自2018年新高考改革以来，学校坚持以生涯通识课、职业体验、职业访谈、学科专业职业链接宣讲以及年度校园模拟招聘会为抓手，开展系统的生涯规划教育。每年一度的校园模拟招聘会，一届比一届成熟，一届比一届影响深远，而且充分调动了各年级家长资源，深刻改变了学生的认知，提升了学生的综合素养。

平台4：校园读书节。每年4—6月定期举行，周期为45天左右，至今已经举办了八届，届届主题鲜明，届届形式多样，深受学生喜爱。近两年，学校努力建设大阅读体系，借助新建的智慧图书馆、开放式书吧、班级图书角，以及番禺区新华书店的进校园系列活动，不断丰富读书节的形式，让学生更充分地沐浴书香。

平台5：校园科技文化体育艺术节（君子文化会展周）。每年11月份举办，为期一周，至今已经举办了九届。活动涵盖科技培训观摩及竞赛、学科系列活动、才艺展示、体育竞技、综艺会演、社团展演等，为学生全面而富于个性的发展搭建舞台。

平台6：学科素质拓展活动。学校每个学科组均错时开展丰富多彩的素质拓展活动，或诵读、或合唱、或演讲、或故事、或雕刻水仙、或读书交流、或模型比赛、或手抄报大赛、或摄影比赛、或贺卡设计比赛，成为学生永不落幕的盛宴。

平台 7：学校或年级专题教育活动。学生定期开展专题性教育活动，比如"星级学生"评选活动、美在校园专题活动、挑战争霸赛、好歌快闪、十八岁成人宣誓活动等。

平台 8：附中大讲堂（论坛）。不定期开展附中大讲堂或附中论坛活动，邀请大学专家、知名企业家、各类明星人物、知名校友、优秀毕业生、家长代表、社区有关人士等为学生或教师做专题讲座。

近年来，在培育现代君子的办学实践中，理念文化、物态文化、制度文化、行为文化协同推进，并在实践探索中力求深度融合。全体师生包括部分家长普遍形成了"培育现代君子"的文化认同、文化自信，进而产生行为自觉，自强不息、勇于担当、开放合作、实践创新的君子品格深入人心。学校的美誉度进一步提升，影响力进一步增强，附中经验成为典范，附中故事咏为流传。

第四章　课堂教学改革提质量

教学质量是学校的生命线，是立校之本、发展之基。而课堂教学又是质量之本，只有深入开展课堂教学改革，不断创新教育教学方法，真正坚持学生的主体地位，才能提高教学效率，提升教学质量。

教学质量是学校的生命线，是立校之本、发展之基。而课堂教学又是质量之本，只有深入开展课堂教学改革，不断创新教育教学方法，真正坚持学生的主体地位，才能提高教学效率，提升教学质量。因此，千方百计提升教学质量，实现学校发展的快速优质化，深入开展课堂教学改革成为必然的选择。在各地中小学课堂教学改革与创新的浪潮中，传统封闭固化的教育教学理念，陈旧单一的教学方式、教学方法、教学手段，已经越来越难以适应时代发展的要求，阻碍了教育教学质量的提升。随着脑科学、心理科学、信息技术等学科的发展，学习的建构本质、社会协商本质和参与本质越来越清晰地显现出来。正是在这样一个背景之下，作为一种教育教学理念和一种基本的教学模式，广东二师番禺附中整合全体教师力量，以区域开展的"研学后教"课堂教学改革行动为契机，基于"把时间还给学生，让问题成为中心，让过程走向成功"的改革理念，通过持续的实践探索，建构起富有本校特征的参与式教学模式，并在此基础上拓展出了一系列体现学科和课型特点的教学变式，以及极具教师个性化特点的教学风格。

第一节　参与式教学模式的诠释

基于学生能力培养的参与式课堂教学，是一种以学生为中心，以学案为载体，以核心知识和关键问题为抓手，以"小组合作""先学后导"为基本原则，以积极参与、有效参与为价值追求，以六人小组围桌而坐、互助合作为主要形式，以有效达成学习目标为根本宗旨的教学模式。这种模式注重学思结合，倡导以学生自主、合作、互助、探究等方式主动建构知识，培养学生多方面的能力。

一、参与式教学模式的基本内涵

（一）关键词释义

参与式课堂：参与式教学既是一种理念的、价值的内在追求，也是一种课堂教与学行为的外显，更是一种评价的标准。参与的标准包括"积极参与"和"有效参与"两个维度。其中，"积极参与"主要是指"学生愿参与、想参与、敢参与"，构成了参与式教学的前提，指向学生良好情感、态度和人际关系能力的培养；而"有效参与"主要是指"学生能参与、会参与"，构成了参与式教学的保证，指向学生知识和技能、过程和方法的培养。

教学模式：是指一种相对稳定的教学操作程序。结合本校的课堂教学改革经验，它主要包括了一种适用于所有课堂、发挥规范作用的统一"范式"，以及一种因课型、学科或教师以及学生特征而延伸出的"变式"。

基于学生能力培养：是课堂教学改革的最终落脚点和归宿。学生通过自主、合作、互助、探究等积极参与、主动参与的途径，主动建构知识，并逐步内化生成能力。这些能力包括了诸如合作能力、沟通能力、表达能力、学习能力、教育能力、批判思维能力等。

（二）基本流程

参与式教学模式在整个流程中，融入了"先学后导"和"小组合作"的原则，包含课前参与、课中参与和课后参与三个环节。

1.课前参与（课前预习）

学生在课前完成"学案"中的预习提纲的过程。学科备课组提前准备好"学案"，在"学案"的第一部分将学习目标、预习提纲或预习思考题呈现出来，把学习目标分解为阶梯式的情境化问题和学习任务，让学生初步感知文本、罗列问题，为学生"带着问题走向课堂"做准备。

2.课中参与（课堂教学）

把"互动"作为主要概念。参与式教学把教学过程阐释为一种互动结构，以"学"为中心，以"学"论"教"，实现"教"与"学"的对立统一。师生和学生之间在互动中实现知识、能力的生成和情感态度价值观的内化。

参与式教学的课堂结构包括"三个环节"：

（1）预习检查，交流展示：教师可对上节课所学的知识进行检测，或对学习小组的课前预习情况进行检查，或者由各小组展示自己课前的预习成果；

（2）释疑解惑，互动生成：围绕学习目标，针对检测展示环节暴露的问题，教师"淡出"，坚持"任务驱动"和"问题导向"，让学习小组充分互动，开展自主学习、合作学习、探究学习，把未知问题解决，解决不了的问题，教师再参与进来，进行启发点拨；

第二环节是课堂的主轴，利用自主、合作、探究等方式，使方法的获得、能力的提升、新疑问的产生成为这一环节的主要任务。

（3）达标测评，小结提升：就是让学生自己评价自己的学习收获，反馈存在的疑惑，形式可以是当堂检测、变式训练，以随时反馈并矫正，也可以是小组总结反思，验证学习目标，还可以是小组之间交互评价。

3.课后参与（课后延伸）

课后参与是课堂教学的延伸，教师根据教学目标，编制好高质量的课后作业题，促进学生知识的巩固和能力的提升。

（三）过程特点

"小组合作""先学后导"是广东二师番禺附中建构"参与式教学模式"的基本原则，联系整个教学模式的基本流程，在实施的过程中体现如下特点。

1.小组建设是前提

学生以小组为学习单位，按照"组间同质，组内异质"原则建组。每个小组由6位学生组成，各小组设大组长（常务组长）1人，各学科可由科任教师分设小组长，以便发挥小组长的学科指导优势。

各小组围桌而坐，自主、合作、探究，互相帮助、相互激励、互相提醒、相互监督、互相尊重、彼此欣赏、取长补短、彼此分享，形成一个联系紧密、凝聚力强的小型学习共同体，在相互支持和思维碰撞中体验着学习的真谛。

年级组、各班级有规范的小组管理制度，各小组可在年级、班级管理方针的基础上，制定个性化的小组契约。同时，教导处、年级组定期对小组长进行系统的专题培训，明确组长的职责。各年级还定期开展优秀小组和优秀小组长评选活动。班级、学科对小组实行捆绑评价。

为增强凝聚力，各小组有体现小组共同愿景或价值观的口号。为加强自律和他律，各小组在年级、班级小组管理规范的基础上，订立小组契约，共同遵守。组内以合作为主，兼有竞争；组间以竞争为主，兼有合作。小组以捆绑评价为原始手段，以求从捆绑到松绑的跨越，从有形捆绑到无形"共同体"的转变，从形式捆绑到心灵契合的飞跃。

2.学案研制是关键

学案是参与式课堂教学模式的学习文本，是学生课前自主、课中合作、探究的平台和载体，是引导学生学习的路线图。学案不等于传统的练习卷、测试卷，是教师备课、授课、学生学习必不可少的基本资料。

学案研制必须遵循教育学、认知心理学基本规律，面向学生，以生为本，各环节均指向教学目标和重点知识，为学生提供必要的情境，将学习目标化为学习任务，将学习任务化为关键问题。学案设计应体现简单、简约的思想，少而精，选题典型，与高考接轨，追求举一反三，触类旁通之效，利于知识和能力的迁移。学案的课前预习（先学）部分不宜仅停留在机械抄写、简单记忆环节，应体现一定的思维含量。学案设计应紧贴教材，依纲靠本，并与课堂教学相匹配，在此基础上，设计与学案、课堂教学相匹配的教学课件，规避游离于课堂教学之外的低劣学案。此外，还要注意充分发挥学案对每个学生的引导作用，坚持差异化教学理念，积极探索学案内容的差别化设计与实施。

3.作业研究是助力

通过规范化的作业研究，探索作业本、学案和教辅的有机整合渠道，使学生的作业成为"典型的习题集"，帮助学生形成主干知识，巩固学习成果，助力整个教学活动质效的提升。

具体而言，作业研究可以围绕如下内容开展。一是探索以学案为主，以辅助练习、典型作业本为辅的作业体系。根据学科特点，为学生建立典型习题集，帮助学生形成主干知识、核心知识，整理错题资源。逐步减少教辅征订数量，努力探索学案、典型作业本与教辅资料的有机整合渠道。二是加大对作业效果的监控力度。教师应探索作业批改、检查的创新机制，提高作业批改尤其是面批的比例，培养学生良好的作业习惯。加大作业效果的监督、检查和反馈力度，实现学科核心知识的课过关、单元过关，为未能达成学习目标的学生建立补救机制。三是探索差别化、个性化的选择性作业和套餐式作业，尝试学生自行设计拓展性作业。

二、参与式教学模式的核心理念

教学理念是对教学认识的集中体现，同时也是一位教师对教学活动的看法和持有的基本态度和观念，是教师从事教学活动的信念，明确的教学理念对教学活动有着极其重要的指导意义。"参与式教学"的核心理念是：坚持学生立场，把时间还给学生；坚持问题立场，让问题成为中心；坚持生命立场，教天地人事，育生命自觉。

（一）坚持学生立场，把时空还给学生

受传统教育模式的影响，广东二师番禺附中一贯坚持教育教学就是教师施"教"，学生勤"学"，教学互进，教学相重，但实际上却是在教学过程中却是"教为主动、教师权威，学为被动、学生服从"。当前，课堂教学中缺乏学生立场的现象仍然存在，剥夺了本属于学生的时间和空间，这必然造成学生在学习中缺乏主体性和主动性，抑制了学生的积极性和创造性的发挥。

坚持学生立场，把时间、空间和主动权还给学生，可以从以下几个方面转变观念，改进教师的围观课堂。

第一，让学生成为课堂的真正主人，促使学生学会学习。让学生成为课堂的主人，教育教学活动就要以学生为起点和归宿，必须强调学生的自主性、主动性。课堂上须为每一个学生服务，为学生的一切需要服务，满足不同学生的不同需要，教师不能也不应该为学生完全设定学习的内容和方法，教师与学生不再是"演员"与"观众"的划分，教师与学生都应该同时既是"导演""演员"又是"观众"，共同策划、同台表演，师生关系是平等、民主、互助的关系，教师成为学生的帮助者、引导者和合作者，激发学生探索求知的责任感，使学生从内部产生一种自动的力量；学生通过不同的"角色表演"不断领会知识的内涵，努力获取自己所需要的东西，并且逐步掌握学习知识的方法和技能。

第二，让学生成为知识的真正主人，促进学生学会思考。知识的真正主人就会把知识作为目标去追求。广东二师番禺附中只有让学生认识到他们所要了解的信息、掌握的知识的来源、功能、内涵和效用，才能使学生明确为什么要学习；广东二师番禺附中只有让学生进入到知识情景中去，才能使学生找到学习的路径，促进学生多途径去探求新的知识；广东二师番禺附中只有创设更多的机会让学生参与社会实践活动，让学生在活动中去感受知识的功效，才能激发他们追求知识的热情。学生成为知识的真正主人，他们就懂得知识的力量，就会千方百计去追求知识，从课堂上间接获得人类优秀文化知识，从社会实践中直接获取各种社会技术信息，把这些信息、知识内化为自己的东西，并善于运用所掌握的知识去分析观察社会现实问题，能够做出适当的判断，提出各种符合时代潮流的观点、意见、认识。社会是不断发展的，客观实际也不断出现新的状况，知识也需要不断更新、发展的，学生成为知识的真正主人，使学生能够适应不断变化的实际，能够不断吸收各种新知识、新信息，不断增强自身的整体素质，提高认识世界和改造世界的水平。

第三，让学生成为思维的真正主人，促进学生学会创造。素质教育就是要培养学生的科学思维方法，也即是促进学生形成创新思维，促进学生学会创造。苏霍姆林斯基说过:"一个人到学校上学,不仅是为了取得一份知识的行囊,而主要是为了变得更聪明,真正的学校,应是一个积极思考的王国,必须让学生生活在思考的世界里,教会学生善于思考是学校教师的首要任务。"① 所以,教师不仅是科学知识的传播者,更重要的应该是思维能力的培养者,在教育教学实践中,要让学生成为思维的真正主人,促进学生学会创造。教师不要包办一切,不要把自己的思维趋向强加给学生,不要为学生刻意铺设一条平坦的思维之路,不要强求群体思维的同化,也不要追求发散思维的归一,这样,学生就能够在广阔的思维空间中自由驰骋。学生成为思维的真正主人,多角度、多层次把握事实,敢于提出新问题,勇于解决新问题,知识越丰富,思维越深刻,认识越充分,实践的程度和能力越强。

第四,让学生成为教育教学活动的真正主体,促进学生学会主动实践。素质教育在于培养学生的实践能力,只有让学生成为教育教学活动的真正主体,才能推动学生积极主动参与到教育教学活动中去。学生是最重要的教育实践主体,学生应该主动平等参与教育教学过程,当广东二师番禺附中把教育教学内容、手段、过程、评价交给学生,让学生讨论与选择时,学生必定积极主动参与,并经常有惊喜的"表演";当学生参与信息的提取、知识的共同认知、激烈争论中情感的碰撞、理论知识与实际的结合功效体现等方面感受到成功体验,就可以增强学生的主体意识,促进学生主动实践,不断提高学生的实践能力。

(二)坚持问题立场,让问题成为中心

孔子说:"疑是思之始,学之端。"朱熹也曾说:"学贵有疑。"哲学家亚里士多德也说:"思维从疑问和惊奇开始。"可见疑问在学习中的重要性。疑问往往是研究的开始,正如教育家陶行知所说:"发明千千万,起点是一问。"如果说教学就是解决问题,那么问题的质量决定着教学的质量。课堂教学历来重视问题的设计与解答,但传统课堂中的问题产生一般由教师预设,问题分析

---

① [苏] 苏霍姆林斯基:《给教师的建议》,教育科学出版社,1984。

与解决一般由教师讲授，学生被动参与，被动接受问题的答案。这样的问题教学使学生问题意识日渐淡化，分析和解决问题的能力日渐退化，以"以问题为中心"为核心理念的研学课堂，提倡以知识问题化为指引；以文本知识结构化学习为原则；凸显问题的多元来源，既可由教师预设，又可由学生提供，还可在师生间或生生间的思维碰撞中生成；重视问题分析与解决中学生的主体参与，希望培养学生问题发现、问题生成、问题分析和问题解决的能力，培养学生创新意识、合作能力、交往能力、实践能力和创造能力，使学生学会终身学习和持续发展。

学科研学问题是根据学科核心知识和难点内容设计成适合学生学习的教学问题，或根据学生在学习中存在的共同疑惑生成可供探究的教学问题，是学生通过探究活动建构出有意义和有价值的答案的教学问题。学生解决"研学问题"的过程就是启迪智慧、能力提升的过程。不是所有的教学问题都是研学问题，研学问题是教学内容中的核心问题，如同凸透镜，应聚焦最有价值的知识与技能。研学问题是有思维深广度的问题，必须深入思考、广泛交流才能解决的问题。研学问题是有价值的问题，要能凸显"研学味"，不仅引发学生对未知世界的好奇感，还要引发他们对研究的热情与兴趣；不仅能培养学生解决研学问题的能力，还要能培养他们发现和创造性解决研学问题的能力。

（三）坚持生命立场，教天地人事，育生命自觉

按照著名哲学家、人民大学教授黄克剑先生的表述，生命立场就是"生命的在场"，即教育者和被教育者都作为一个个具体的、无法被任何一个人所代替的人而存在，教育行为始终指向具体的每一个人，无论"知识的授受，智慧的开启"最终都是为了"点化或润泽生命"，也是为了"立人"和对人生命的成全。教育始终不能遗忘和忽略人生命的存在，也因为人生命的独特、丰富、多样，使教育变得富有魅力、费心和困难，任何教育的探索都永无止境。因而，所有的教育行为都需要反躬自问，需要进行价值审视，教育因为对人的肯定和成全才真正成为人的教育，学校才成为人的学校。也正因为指向一个个具体的人，生命化教育才变得既迫切又具有可能性，它本质上又是智慧性和反思性的，它重在实践，是不断生成不断超越自己的，生命化教育永远都在生命的路途之中。

"生命化教育"有以下五个方面的基本内涵：

首先，生命化教育是以生命为教育的基点，要遵循生命的特性、不断地为生命的成长创造条件、促进生命的完善、提升生命的价值的教育，它的使命在于对人整体发展的一种成全。生命化教育须培养人对生命的珍爱，对幸福生活的期待。

第二，生命化教育是随顺人的生命自然的教育。广东二师番禺附中对教育的理解是：勤未必能补拙，扬长远胜于补短。生命化教育是教师要针对生命个体，采用开放、生动、因人而异的方法，把学生的禀赋中属于他个人的、别人不可替代的、有他独特性的、内在而真实的力量培育出来。这需要教师的智慧，这种智慧来自教师对工作不断深入的反思，来自教师基于责任的持久而专注的思考。

第三，生命化教育是个性化的教育。它肯定人的天性，肯定人的独特性，在每一个人身上寻找最佳突破口。在强调个性的背后，其实就意味着教育需要尊重人的不同特性。这种尊重落实到具体的教育活动中，确实是一件艰难的、费力的、复杂的工作。教育本身也只能是"慢的"，操之过急与妄下断论都可能使之变得粗糙、生硬与武断。所以对每个生命的耐心、包容、理解、成全，其实也是教育所应有的最基本的立场。

第四，生命化教育是人的心灵觉悟的教育，它不只是一个简单的教学策略和方法，更重要的是心灵的觉悟，是人生意义的觉悟，使人从混沌未开、浑然未觉的状态里逐渐地看到人生的方向，看到人生的可能性，看到追寻的目标之所在。在自觉的追寻与实践中充实、提升自己，收获幸福。

也正因为如此，在生命化教育课题实验中，广东二师番禺附中重点不在于给教师作具体的教学指导，而主要是传播理念，鼓励教师进行实验与反思，用完整的生命观来看待课堂，看待每一个学生，不断在生命相遇的过程中提升自己的教育智慧与境界。

第五，生命化教育是一种范本教育。范本教育强调直面生活，直面经典。"所谓直面生活，是用他自己最情愿的方式把亲历亲记的生活感受说出来。所谓直面经典，就是直接去读古今中外的经典作品，读这些作品就是跟一个又一个范本照面，跟提供这些范本的一个又一个活生生的灵魂照面，照面是无言（道理上的那种言）的，却是神交的，神交的过程就是接受范本教育的过程。这种直面生活，直面经典的教育是受教育者的生命始终在场的教育，换句话说，是生命化的教育。"①

三、参与式教学模式的主要特征

参与式教学模式是在反思传统教学模式的基础上，通过全体教师的共同探索而逐步建构的。其特征即体现改变传统的知识本位，着力能力本位的教育追求，同时也反映在改变传统的教师角色，致力学生参与的过程特征。

（一）能力本位

传统的"知识本位"教学模式以传授基础知识、专业知识和专业技能为主，多采用老师讲、学生听；老师写、学生记的"填鸭式"教学方法。与传统教育模式相比，能力本位教育具有其自身的优势。通过参与式课堂教学模式的实施，将学生多方面能力的培养落实在整个教学活动过程中。

1.能力本位教育的优势

（1）满足不同学习能力学生的不同学习要求

参与式教学，以能力作为教学基础，按照教师根据课标要求制作的学科学习能力分析表所列专项能力，由易到难安排教学和学习计划，强调学生的自我学习和以能力标准为参照的自我评价，通常以灵活多样的教学方式开展

---

① 张文质：《教育的价值向度与终极使命——访黄克剑先生》，《教育评论》1993年第4期。

个别化、差异化教学。这有利于激励在传统课堂上学习不好的、基础较为薄弱的学生通过自己努力实现最近发展区的突破，也能让优秀学生根据能力分析表提前修习课程，不至于在教师为兼顾薄弱学生进行的讲解中对学习产生厌倦。

（2）为学生的大学学业做更好的准备

当前的经济和社会对学生的要求越来越高，毕业生必须能够证明自己具有批判性分析的能力以及解决问题的技能，这样才能为大学学习或参加职业工作做好准备。所以，只是简单地通过考试升入高一年级，不再是学生的单一选择和目的，他们反而可以通过能力本位教育的方式实现提前修习与准备，而且能力本位教育也能教会学生如何学习，如何学习一门终身需要的技能。

（3）能够帮助教师提高教育效果

首先，相比于传统教育模式，能力本位教育给教师传递知识提供了更大的灵活性，以解决学生不同学习风格与方式的问题。其次，能力本位教育给教师配套提供最大化满足个体学生需求的资源。再次，通过能力本位教育培训，可以让教师变得更加擅长营造分层的学习环境，这会使全体学生受益。最后，在保持学生学习成就标准不变的同时，能力本位教育能够帮助教师成功教育更多的学生，而更多成功的学生会给整个社会的发展带来更多的生力军。

2. 致力培养学生多方面的能力

广东二师番禺附中校基于学生能力培养的参与式课堂教学模式与能力本位教育是相互契合的，旨在培养学生的以下几种能力：

（1）自主学习能力

自主学习能力是学生持续发展的前提，学校应注重知识培养和能力培养的统一，以提高学生的认知能力和自主学习能力。在教学实践中，要重视基本原理和规律的教学，既要遵循学生掌握基本知识的一般规律，通过感性认识上升到理性认识，又要发挥教师的主导作用，引导学生自主探寻基本概念、基本观点的实质；还要有意识地引导学生按照认识的规律去自主学习基本理论和观点，提高学生加工、储存和提取信息的能力以及元认知水平，强化主动学习的意识和积极性。

（2）思辨能力

辩证思维是人们通过概念判断、推理等思维，形式对客观事物辩证发展过程的正确反映。这是人类认识能力发展的一个重要阶段，具备了辩证思维能力、辩证思维方法才能得到正确的理解和运用，而辩证思维规律也必须通过辩证思维方法才能体现其作用。所以必须加强对辩证思维方法的研究和对学生进行应用辩证思维方法的训练，以提高学生的辩证思维能力。要使学生明白准确把握客观事物的辩证本性，需要对各个矛盾及矛盾的各个方面进行深入细致的分析研究，而且还要对客观事物的矛盾进行综合研究。同时，在教学中要有意识地积极创设条件，训练学生的辩证思维，进而培养他们的辩证思维能力。

（3）质疑能力

学习贵在提出问题，学生学习的创造力来自问题与质疑，因此在课堂教学中，教师创设问题情景，启发与引导学生积极思考是十分重要的。让学生敢于并善于在学习的过程中提出自己不同的看法和见解，使教学过程成为"学生有目的、有意识的生疑、质疑、解疑，再生疑、再质疑、解疑的过程"。

（4）探究能力

新课程改革倡导自主化、探究性学习，在内容、教法上赋予学生更多自主探究的时间与空间新课标对开展研究性学习方式提出了这些要求：明确基本标准的前提下，要结合相关内容鼓励学生独立思考、合作探究。为学生提供足够的选择空间和交流机会，能够从各自的特长和关切出发，主动经历观察、操作、讨论、质疑、探究的过程，富有个性地发表自己的见解，利于培养求真务实的态度和创新精神。

（5）创新能力

在社会快速发展变迁的时代背景下，创新能力成为一个民族兴衰存亡的关键。激起学生的创造意识，培养学生的创新能力，这既是课程改革的需要，也是学生成长的要求。

在广东二师番禺附中参与式教学的课堂结构中，包括"三个环节"：第一环节是预习检查，交流展示；第二环节是释疑解惑，互动生成；第三环节是达标测评，小结提升。学生能力的培养渗透在每一个环节中，同时又所侧重。比如预习检查，交流展示这一环节中，既包括学生课前自主学习能力的培养，同时也通过教师在学案中设置的关键问题来培养学生质疑的能力、思维的能力，并鼓励学生将思考质疑的问题提出来，在课堂上和同学进行探究。

在"释疑解惑，互动生成"这一环节中，围绕学习目标，针对检测展示环节暴露的问题，教师"淡出"，坚持"任务驱动"和"问题导向"，让学习小组充分互动，开展自主学习、合作学习、探究学习，把未知问题解决，解决不了的问题，教师再参与进来，进行启发点拨，这充分培养了学生的自主学习，合作探究的能力。第二环节是课堂的主轴，利用自主、合作、探究等方式，获得方法、提升能力、产生新疑问是这一环节的主要任务。

在"达标测评，小结提升"这一环节中，让学生评价自己的学习收获，反馈存在的疑惑，形式可以是当堂检测、变式训练，以随时反馈并矫正。这不仅培养了学生自主学习能力，同时让学生在变式训练当中培养迁移、创新能力。因此，这些能力的培养是渗透在参与式课堂教学中的每一个环节当中的；通过参与式课堂，让学生的自主学习能力、思维能力、质疑能力、探究能力和创新能力得以提升。

（二）致力参与

在基于能力培养的参与式课堂教学模式中，学生参与的特征主要有两个，即积极参与和有效参与。教学过程既是认知过程，又是情感过程。在这个过程中，认知与情感相伴相随、相辅相成。积极参与是参与式教学的前提，旨在培养学生良好的情感、态度与人际关系智力；而有效参与则是参与式教学的保证，它侧重于知识与技能、过程与方法维度。也就是说，积极参与指向的是情意问题，侧重解决愿不愿学习的问题；而有效参与指向的是认知问题，侧重解决能不能学习、会不会学习的问题。

1. 积极参与

（1）积极参与的内涵

学生在课堂中的积极参与，主要是指学生呈现出愿参与、想参与、敢参与的状态。这是参与式教学的前提，学生从情感上愿意不愿意参与教学，可以说是衡量自主学习的标准。从情感上愿意学习就是积极学习，积极的情绪状态下的学习效果最佳。由此，也可以说，积极参与是学生自主学习的前提。

（2）积极参与的表现

①情绪饱满。学生的参与应该是积极的、活跃的、主动的，而不是被迫的参与。学生在课堂教学中的这种积极的情绪状态主要表现为浓厚的学习兴趣与高昂的学习热情。在这个过程中学生的情绪是积极的、主动的，学生的自主性能充分发挥出来，所以学生情绪饱满的学习是保证自主学习的一个重要因素。

②交往互动。要让学生积极参与就应该为学生提供更广阔的交往空间，使学生在主动的交往中获得知识和体验。这种交往应该是多向式、交互式的，既有师生的交往，又有生生的交往。这种师生与生生间的多向交往既能满足学生的求知欲，又能发挥学生的主观能动性，还能提高学生的智力活动水平。

③参与面广。让绝大多数学生都能参与教学，而不是少数学生，这一点非常重要。素质教育强调面向全体，如果课堂教学只有少数学生参与，那就不是素质教育。

（3）如何实现学生的积极参与

如何做到让学生愿参与、想参与、敢参与呢？参与式课堂教学从以下几个方面确保学生的积极参与。

①以学生的知识起点为触发点。参与式课堂以学生的知识起点为触发点，这样就为学生的积极参与搭建了一个很好的桥梁，让学生通过这个桥梁自然

进入到课堂学习中来，并积极参与其中。所以要求备课组认真编写与小组参与式学习相匹配的科学有效的"学案"，突出预习提纲，以问题为中心，围绕核心知识和主干知识，将学习目标任务化、学习任务问题化，这样就为学生的积极参与做好了准备，让学生愿意参与。

②开展多种形式的交流活动。学生有了参与的兴趣，还必须有参与机会，否则一切都成了"无本之木"。教师要善于根据教材内容特点和学生实际，创造条件，为学生提供更多的参与机会。在广东二师番禺附中的基于能力培养的参与式课堂中，通过开展多种形式的交流活动，让学生在"欣赏"中积极参与。比如在"预习检查，交流展示"，教师可对上节课所学的知识进行检测，或对学习小组的课前预习情况进行检查，或者由各小组展示自己课前的预习成果。

③民主和谐课堂氛围的营造。课堂教学是学校教育教学的主阵地，也是学生学习的主阵地，所以在课堂当中，师生之间应该营造一种民主、平等、愉快、积极的教学氛围，构建一种以尊重学生的人格为前提，以培养学生的主体性和创造性为目标的和谐向上的课堂氛围。只有在这个前提下，学生才能树立自尊、自信、自强的信念，才敢于表现独特见解。

基于学生能力培养的参与式课堂，要求师生转变观念：一方面是学为中心，先学后教；一方面是要求教师要有学生利益至上的思想，允许学生参与，为学生参与提供机会。同时通过小组合作的形式，积极开展小组合作学习，为营造互帮互助、团结和谐的学习氛围提供必要的条件。

④留给学生充分的参与时间。在课堂中，教师还应该给学生留有充分的思考和交流谈论时间，这是学生积极参与的重要保障，如果连思考的时间都没有，学生就会失去参与的积极性。所以，在参与式课堂教学中，教师要少讲精讲，留给学生思考、交流和展示的机会，这是学生积极参与的一个重要保障。

总之，积极参与就是让学生愿参与、想参与、敢参与，充分调动学生参与的积极性，培养学生良好的情感、态度和人际关系智力。

2. 有效参与

（1）有效参与的内涵

有效参与是指课堂上全体学生积极主动、愉快地把更多的时间投入学习，使思维达到最大限度的拓展，在特定时间内取得最好的学习效果。有效参与是教师根据中学生有较强的好奇心和参与愿望，不满足于被动安排、灌输，乐于和教师共同参与学习（教学）的特点来组织教学。实践证明，学生参与课堂教学的积极性、参与课堂教学的深度和广度，会直接影响教学过程的优化，关系到素质教育能否在课堂教学上真正落实到位。因而，学生有效地参与课堂教学是提高教学质量、提升学生综合素质的关键。教师的参与影响着教学模式的建构、学生实际参与课堂教学的时间与空间的设置、学生参与的引导、教学目标的落实，因此提高课堂教学的有效参与已成为实际教学中实现主体性教育目标一个重要切入点。

有效参与是学生能参与、会参与，这是参与式教学的保证，注重于知识和技能、过程和方法维度。有效参与旨在开发学生智力，培养学生创新能力与实践能力。有效参与首先是思维的参与，思维活动是认知的核心，思维的真正参与，就能开发智力，培养创新能力，离开学生的参与不可能有真正的学习效果，有效参与也是学生自主学习的保证。

（2）有效参与的表现

①活跃思维。学生有效参与教学的关键在于活跃思维。学生在学习中动脑思考，积极探求，深入钻研，才能启发思维、开发智力、培养能力，否则学生的学习不会有真正的收获。教师要让学生在具体的问题中发现矛盾，产生冲突，引起进一步探索的求知欲。通过提问、追问，反问，引导学生积极参与，使学生的思维更加活跃，学习情绪始终处于亢奋状态。从这里可以看出，有效参与是教学的关键，只有学生有效参与，学生的思维才能活跃起来，才能实现自主学习。

②获得学习策略。获得学习策略是有效参与的重要体现。学生掌握了学习策略就是学会了学习。

③培养学生能力。通过课堂中的有效参与，可以培养学生的各种能力，如果学生的能力无法得到提升，即使学生的参与非常积极，那也是无效的参与。

（3）如何实现学生的有效参与

首先，要让学生拥有更多的独立学习时间。独立学习的时间就是学生自由支配的时间。自由支配的时间是学生主体参与的必要条件，也是个性发展的必要条件。在基于能力培养的参与式课堂教学中，教师要千方百计地让每一个学生有更多的时间，把自由支配的时间还给学生。例如，广东二师番禺附中提出的"233"模式，就为给予学生足够自主学习的时间提供了保障。只有经过充分的独立学习和思考，学生才能真正做到积极参与、有效参与。这是学生有效参与的重要前提。

其次，要培养学生良好的参与习惯和参与规范。基于学生能力培养的参与式课堂通过小组合作的形式，让学生自主制定小组课堂参与规则，让组员自行遵守。同时以小组加减分的形式作为激励，让他们形成参与的习惯，遵守参与的规范，从而做到课堂中乱中求治，动静相宜，确保学生在课堂参与的有效性。

再次，要解决学习的实际问题，让学生"学在当下"。参与式课堂的中心任务就是解决学习中的实际问题。由教师创设问题情境，通过发现、探究和解决问题来激发学生求知欲和主体意识，培养学生的实践和创新能力。其中，教师创设问题情境是教学设计的中心环节。在问题情景的引导下，学生收集素材、资料，深思酝酿，提出假设，引发争论，进行批判性思考和实验探究，得出结论，通过应用又产生新的问题，使学生思维不断发展、升华。

"解决问题"是一种高效和发展性的教学。第一，思维活动产生于问题；第二，解决问题的教学能使学习者的思维具有明确的目的性；第三，解决问题的学习能使学习者在已知知识和未知知识、旧知识和新知识之间找出联系，建立自己的知识系统；第四，学生不仅掌握了科学结论，更为重要的是学生通过亲身探究和实践，参与知识的产生、形成和发展过程，"像科学家一样工作"地学习，培养了创新精神和创造能力。这是学生有效参与极为重要的保障。

最后，要注重学生个体差异。有效参与必须是每个学生都能够取得进步，获得能力培养，所以应该注重学生的个体差异。基于能力培养的参与式课堂就注意到了这一点，例如，在学案的编制上，广东二师番禺附中校要求教师在学案上体现分层和差异，务必让不同层次的学生都能够找到自己能够参与进来的问题，并且在参与中提升自己的能力。

总之，积极参与是情感问题，有效参与是认知问题。教学过程既是认知过程，又是情感过程，在这个过程中，认知与情感相伴相随，相辅相成。因此说，积极参与和有效参与二者都缺一不可。

第二节　参与式教学模式的实施要点

《易经》有句名言："穷则变，变则通，通则久。"自新一轮基础教育课程改革实施以来，广东二师番禺附中在基础教育取得了丰硕的成果，同时也进入了改革发展的关键期。为全面贯彻素质教育，落实立德树人的根本任务，广东二师番禺附中在番禺区"研学后教"理念的引领下，实施基于学生能力培养的参与式课堂教学改革试验。经过持续几年的探索，围绕参与式课堂教学模式，在实践中生成了包含小组合作、学案研制、研学后教、导师制在内的一整套教育改革经验。

一、小组合作

参与式教学是以课堂中的小组学习为主要形式，根据一定的程序和方法，利用合作性人际交往促进学生认知、情感和能力方面的发展的学习方式。构建学习小组是开展合作学习的前提，是落实参与式教学的重要基础。

（一）分组与小组文化

1. 分组原则及座位设计

分组坚持"组内异质，组间同质"策略。所谓"异质"分组就是把学习水平、学习能力、学习需求等方面不同的学生分在一个合作小组内，而"同质"则是使不同小组整体结构基本平衡。依据"组内异质，组间同质"的策略，使每个小组成为全班的缩影或截面。组内异质为互助合作奠定了基础，而组间同质又为小组间展开公平竞争创造了条件。

广东二师番禺附中为大班教学，大部分班级有学生 50 人左右，分组也要坚持一切从实际出发。社会心理学的研究也表明，当群体规模适宜时，社会惰化现象会削弱，合作效率会提高。小组规模要考虑班额规模和教室空间大小，4—6 名成员组成学习小组是比较适宜的。小组座位的排列即要以方便小组讨论学习又要兼顾便于看黑板，常见的排列形式有方阵式、"上"字形、倒 T 形（见图 1）。

（上字形）　　　　（方阵形）　　　　（倒 T 形）

方阵形：一般用于 4 人或 6 人小组，学生分两列，相对而坐。

上字形：1、2 号同学面对 5 号同学而坐，3、4、5 号同学面朝黑板而坐。

倒 T 形：1、2、5、6 号同学相对而坐，3、4 号同学面朝黑板而坐。

图 1　小组座位排列形式

2. 小组文化建设

小组成立之初，各组根据班主任分组的指导理念，开展组名、组牌、组徽、小组口号的设计，制定小组公约等。此外，小组文化建设可以与教室文化建设相融合，班级内可以开辟专门的小组风采栏（见表1）。

表 1　小组文化建设

序号	组名	口号	组员
1	Cat	Run,Run,Run!	陈子林、梁希、林铭恩、邱清、邹志伟、谢卓琳
2	DIE	Victory is belong to us forever!	邓佳伶、范楚茵、黄永津、吴泳琳、钟怡珊、朱焯辉、邓思敏
3	隔离组	蓦然回首，这组就在隔离处。	白宗平、陈梓晴、梁苇如、梁裕俊、吴洛奇、刘嘉慧
4	灭世组	灭绝尘世，毁绝众生。	陈凯晴、李志权、廖茜、林洛铭、穆春江、王思敏
5	就是组	广东二师番禺附中就是"救世主"。	杜特、关炜、何灏轩、吕婉婷、苏佩莹、王犁、谢楚旖、杨博远
6	哈哈哈	Let's set the world on fire,we can burn brighter than the sun.	黄宇琪、李冠鸿、梁晓慧、林子君、杨昊、李丹
7	哪个组	保卫钓鱼岛！	冯慧琪、林文菁、潘紫昕、许嘉泽、杨嘉睿、张正杰
8	勇往直前组	让广东二师番禺附中用广东二师番禺附中无限的智慧在险峻的前路上披荆斩棘，勇往直前吧！	陈宣惠、丁滔、梁纬、陆威丞、罗懿淳、潘健洪
9	解散第九组	广东二师番禺附中和你，心连心，相会在北京。U and me, from one world, we are family.	陈家璧、梁厦贤、夏昕、杨柳颂、张敏欢、陈东贤

（二）小组公约与评价

1. 小组公约

制定小组规范，对小组成员形成约束，减少不良行为对小组的影响。小组公约要成员共同讨论决定，其过程越民主，公约的认同度就越高，约束力也就越高。小组合作公约遵从以下几个规则：

①总则

A. 服从组长的合理安排，维护秩序，维护小组荣誉；

B. 组员之间有互相帮助、互相监督的义务和责任；

C. 自觉承担作为独立学习者的个人角色和作为协作学习者的小组角色功能。

②自主学习规则

A. 独自完成任务，不讨论，不询问，不抄袭他人自主学习成果；

B. 不干扰他人自学，不得做出与自学无关的事情；

C. 自主钻研，完成不了的问题可暂时搁置。

③合作学习规则

A. 每位组员都有权利和义务参与小组讨论，发表自己的观点，为小组讨论做贡献；

B. 协助同组成员或其他小组完成学习任务，有需要时能接受帮助；

C. 互相尊重，当有不同的观点时，只发表观点，而不针对个人。

④探究学习规则

A. 能掌握重点知识内容，对难点问题有独到的见解；

B. 提出有创意的观点或见解，对其他同学解决问题有启发；

C. 学习主动性强，学习能力不断提升。

2. 小组评价

评价方式和评价内容要符合实际，具有较强的操作性，评价结果让学生接受和理解；要遵循小组规则，落实自主学习、合作学习和探究学习，体现激励功能。小组评价包括过程评价、终结评价、定量评价、定性评价四个方面。

①过程评价。过程性评价是贯穿于整个学习过程的评价，课堂中对学生学习的参与度、有效度进行评定，对成员进行小组规范和完成学习情况进行周期性评定。

②终结评价。根据学业成绩和学习水平的进步情况对学习小组进行评价，包括对小组的整体评价和对成员的个性评价。可以评出最佳学习小组、进步最快小组和最佳汇报员、最佳联络员等。

③定量评价。课堂上小组之间是合作和竞争的关系，根据学生参与学习的积极性和有效度，结合学科特点，以适当的形式，通过量化内容对小组（或成员）的评价。加分奖励能激发学生的积极性和主动性。

④定性评价。小组合作学习使学生能够选择适合自己的学习需求参与课堂活动，在体验中获得发展，通过对小组及成员的学习水平和效益的评价，增强小组成员的责任感，提升竞争力，激发学生的潜能。

（三）日常管理与分类培训

1. 日常分工与职责

根据小组运转的需要，小组内部分工必须明确，既要有学生统筹全局，又要人人能参与到小组的管理当中来，因此，日常分工主要包括以下几个角色（以 6 人小组为例）：

组　长　主持活动，协调进程，鼓励组员积极参与。

资料员　学习资料的搜集与整理。

记录员　记录学习过程发现的问题与形成的成果。

汇报员　代表小组汇报学习成果。

联络员　与其他小组交流学习方法和心得。

监督员　监督组员的学习情况，防止不利于合作学习的行为发生。

说明：小组成员的角色有学科属性，是由教师和学生共同确定的，不同学科同一学生的角色可以不同。小组成员在参与学习中发挥不同角色的功能，担当主角色的成员必需履行相应的职责。小组成员的角色进行周期性互换，增强角色体验，提高合作的有效性。

2.分类培训

（1）集中培训

教师层面：通过学校德育会、全校教师大会等方式，指导班主任、科任老师对小组合作的进行指导，并通过大量的案例，让老师们增加感性认识，然后通过案例评比、论文评比等方式促进老师们对小组合作的深入认识。

学生层面：年级通过定期召开班干部的培训会议，主要对小组长、科代表如何落实工作进行指导。此外，班级利用班会课的契机，在班级内学习小组合作的相关要求，明确每个角色的分工与职责。

（2）分散指导

每个学习小组有一位指导教师负责指导跟进。指导教师的具体职责如下：

第一，教导教师每周至少对学习小组指导一次，并在《小组建设记录本》上签名。

第二，指导教师应围绕下列问题对学习小组进行指导：①小组合作学习的学习方式；②提出问题的方法；③《勤思博学录》及《小组建设记录本》的使用及检查；④学科学习方法。

二、学案研制

学案的质量关乎到课堂改革的方向，广东二师番禺附中尤其注重编制与参与式教学相匹配的学案设计，要求教师设计的学案，可以指导预习、用于课堂教学，学案系统化使其能成为学生一份好的学习资料。

（一）"学案"的内涵

"学案"又称"研学案"，顾名思义，学案是指导学生学习的方案，是教师在一定的教育教学思想指导下，对教材、学情深入研究后，精心指导学生自主学习、自主探究和自主创新的材料依据，它是建立在教案基础上针对学生学习而开发的一种学习方案。因此，学案是经教师集体研究、个人备课、再集体研讨制定的，以新课程标准为指导、以素质教育要求为目标编写的，用于指导学生自主学习、主动参与、合作探究、优化发展的学习方案。它以学生为本，以"学科核心素养"的达成为出发点和落脚点，是学生参与"研学后教"课堂的学习文本，是学生学会学习、学会创新、自主发展的路线图。学案突出教师对学习目标、学习内容和学习方式的研究，针对教学的重点、难点规划出清晰的学习路线图，为学生学习提供有效的学习路径。

（二）学案研制的基本原则

学案遵循学生的学习规律，按照学生的学习全过程设计，将学生的重心前移，充分体现课前、课中、课后的发展和联系。学习全过程主要有五大环节：课前预习导学→课堂学习研讨→课内训练巩固→当堂检测评估→课后拓展延伸。在先学后教的基础上实现教与学的最佳结合。

一般情况下，学案设计应遵循以下原则：

1. 课时化原则，分课时处理学习内容，便于学生掌握知识点；

2. 参与化原则，通过学案创造人人参与的机会，激励人人参与的热情，让学生在参与中体验学习；

3. 方法化原则，强化学法指导，注意学法指导的基础性和发展性；

4. 问题化原则，将知识点转化为探索性问题，巧妙设计问题，培养学生解决问题的能力和素质；

5. 层次化原则，注意将学习内容处理成有序的、阶梯式的、符合学生认知规律的学习方案。

同时，学案设计应注意陷入误区，如学案开发缺乏科学性和有效性，认为学案设计等同于同步练习，问题设计随意且缺乏启发性和层次性，缺乏方法指导和能力培养等。生本状态下的参与式教学模式要求学案中应强调"突出预习""突出展示""突出检测"三部分，在充分尊重学生主体地位的前提下，积极发挥教师的主导作用，通过科学有效的训练，达到课堂教学效益的最大化，实现真正意义上的高效课堂。

（三）学案研制的主要内容

学案是学生自主学习的方案，也是教师指导学生学习的方案。以学生能力培养为价值取向的学案将知识问题化，能力过程化，情感、态度价值观的培养潜移化，使每一名学生获得成功生活、适应个人终生发展和社会发展都需要的、不可或缺的共同素养。一般情况下，一份完整的学案应包括以下主要内容：

1. 学习目标。主要包括学科中一切适应学生终身发展的必备品格和关键能力的培养，能让学生知道应掌握的学科内容及其掌握程度，增强学习的主动性和针对性。

2. 重点难点。教学重点是课堂要求掌握的知识要点。教学难点是在教学过程中，学生难以理解和掌握的知识要点。学案中教学重难点的设置，能使学生明确学习的方向，提醒着重需掌握的问题。

3. 知识结构。把学习内容进行整理并制成比较系统完整的知识结构图示，用结构图的形式展现知识系统，便于学生更加宏观、直观地理解。

4. 学法指导。主要包括两方面：一是在具体的学习情境中引导学生掌握不同的学习方法；二是引导学生认识具体学习方法的适用范围，使学生能够针对具体的学习内容选择并运用恰当的学习方法。使学生掌握科学的学习方法并能主动地运用于自己的学习实践，进而形成自主学习的能力。

5. 学习过程。包括相关知识链接、预习、学习探究、反馈和展示、启发点拨、做作业等。本部分是学案的重要组成部分，可以强化学生对基础知识的落实，培养基本技能，详尽完整地把握学习内容。

6. 考题例析。让学生了解所学内容在考试中的考查方式，以什么样的形式、题材、材料来设计问题，呈现出的难度如何，从而启发学生思维，规范学生解题思路。

7. 热点聚焦。结合社会热点、焦点问题，帮助学生进一步把握知识与知识、知识与热点、热点与热点间的内在联系，多方位、多角度分析相关问题，培养理论联系的能力和创新能力。

8. 巩固练习。巩固练习是学案中的基本因素，包含识记类、理解类、应用类、创新型、讨论型等多种题目，穿插在教学过程中，也可作为课堂内容及例题讲解后的巩固训练。

9. 课堂小结。学生自主总结所学主要内容和学习感受、心得、收获、体会或提出疑难问题等，以便及时总结得失，弥补知识缺漏。

当然，每份学案不一定都包含以上因素，可以根据学科的具体实际适当增删，不同课型的学案也应有所不同。学案就是一份引导学生探索求知的自学提纲，因此，在基于学生能力培养的参与式课堂教学改革背景下，学案的问题设计要根据学生的认知水平、思维状况、心理特点等进行设计，要考虑好难度、跨度、梯度、广度、密度等，考虑好是否能最大限度地调动起学生的主动性、积极性、创造性，考虑好设计什么样的情境来激发学生的学习兴趣。最后，学案还要经过备课组的集体备课，教师集体商讨、修改和确定后再发到学生手中。学生通过学案能清晰地知道老师的授课目标、意图和教学重难点，学生在学习中享有知情权、参与权，学习就能有备而来。

案例：人教版历史必修一《鸦片战争》学案

第 10 课 鸦片战争 学案

★学习目标

1. 基本知识

①知道两次鸦片战争的基本过程，了解鸦片战争后签订条约的内容；

②理解两次鸦片战争爆发的背景及对社会的影响，理解中国战败的根本原因；

③掌握半殖民地半封建社会的概念，理解中国近代社会性质的变化。

2. 能力与方法

①通过材料培养学生阅读地图和历史资料的能力，以及分析问题的能力；

②通过开展合作探究活动，培养学生的合作精神和探究能力；

③培养学生自主学习和思维表达能力。

3.情感、态度、价值观

①通过对鸦片战争造成中国损失的学习，引导学生痛则思恨、激发爱国情感，使学生树立正确价值观，同时强化学生的国家主权和国土资源意识；

②通过了解火烧圆明园事件，使学生了解落后就要挨打的道理；

③联系香港地区割失和今天重回祖国怀抱的历史，让学生明白"发展才是硬道理"，使学生从历史的教训中得到警策，认识改革开放的伟大意义，激发振兴中华的历史责任感。

★学习重点与难点

学习重点：两次鸦片战争的起因，鸦片战争对中国近代社会的影响。

学习难点：理解鸦片战争后中国社会性质的变化。

★学习方式：合作探究为主

每小组均须通过课前预习合作完成必做题，每小组可凭兴趣选一道选做题。

★课前预习提纲

1.必做题

探究一：两次鸦片战争爆发的原因。（P50"虎门销烟"第一、四自然段、P52"战火再燃"第一自然段）

探究二：两次鸦片战争的过程及结果。（P51"鸦片战争"部分、P52"战火再燃"第二至四自然段）

探究三：两次鸦片战争的影响。（P52"鸦片战争"最后一段、P53"战火再燃"最后一段）

2.选做题

△中国调查组：结合课本第50页，探究中国在鸦片战争之前在政治、经济、军事、外交方面的情况，用一段话加以阐述。（50字以内）

△英国调查组：结合课本第49—50页，探究英国在鸦片战争之前在政治、

经济、军事、外交方面的情况，用一段话加以阐述。（50字以内）

△情境探究组：请根据剧本，选拔人才，完成表演。

★**难点突破：如何理解"半殖民地半封建国家"？**

含义：半殖民地国家——介于独立国家与殖民地之间；半封建社会——介于封建社会与资本主义社会之间。

①政治上：独立国家（或主权国家）→半殖民地国家→殖民地国家（沉沦）

依据：四权开始丧失——主权、主权、主权、主权

②经济上：封建国家→半封建国家→资本主义国家（进步）

依据：自给自足的封建自然经济开始解体或中国产生民族资本主义。

③思想上：向西方学习思潮萌发。

△合作探究：鸦片战争后中国近代社会在政治、经济、思想、外交、社会生活方面发生了很大变化，请结合图片，依据材料简要概括中国近代社会发生了哪些变化？

政治：鸦片战争以前，中国是一个独立自主的封建国家，清政府行使全部主权；鸦片战争之后《南京条约》的签订，使中国部分主权遭到严重的破坏，鸦片战争开启了之后百年受到西方帝国主义侵略的历史。

经济：鸦片战争后，商品经济的日益发展意味着自然经济的日益瓦解和破坏，客观上又为资本主义的发展创造了条件，如中国洋务派开始发展洋务企业，资产阶级也开始发展民族资本主义经济。正如毛泽东同志所说："不仅对封建经济的基础起了解体作用，同时又给中国资本主义生产的发展造成了某些客观的条件和可能。"

思想：鸦片战争后出现了极少数人物如林则徐、魏源等，提出向西方学习的观点，魏源著有《海国图志》，提出了"师夷长技以制夷"；由于五口通商使得口岸买办的商人，反而较一般知识分子更先开始接触学习西方事物。

外交：鸦片战争前，清朝统治者自认为天朝物产丰富，无所不有，无需同外国进行经济交流，因此推行"闭关锁国"政策；鸦片战争后，清政府成立了总理衙门，专门处理外国事务，被迫对外开放。

社会生活：鸦片战争以后，中国的通商口岸外商云集，西方文化传入了中国，中国在物质生活和社会习俗方面发生了很大变化。如掀起了"剪辫易服""文明婚礼"等风潮。

△合作探究：为什么说第二次鸦片战争是第一次鸦片战争的继续与扩大？

比 较		鸦片战争	第二次鸦片战争
继续	根本原因		
	性 质		
扩大	侵略国家		
	侵略时间		
	侵略范围		
	主权破坏		
	社会性质		

★本课总结

下列词语中，你能找到本课的 5 个关键词吗？请在关键词下面划线，并用自己的话总结。

自给自足经济　茶叶　虎门销烟　鸦片战争　海龄

《南京条约》第二次鸦片战争　圆明园　半殖民地半封建社会

★巩固练习（略）

★本课涉及的学法指导

①巧记条约：《南京条约》内容用谐音法记为"哥哥赔五（双）鞋"，五口为"（快）关门，扶您上（车）"；

《天津条约》用数字排比法记为"一开二赔三外"；《北京条约》用字头法和谐音法记为"天天陪酒"。

②分析历史事件影响的方法

分项分析：政治、经济、文化等

全面分析：积极、消极

时空法：对当时、对后世；对当地、对世界

③分析一场革命运动或一个历史事件的成败原因时，可从内外因、主客

观因素来全面剖析，全面理解。

★布置作业

学习本课后，你从中得到哪些启发？作为二十一世纪的中学生，面对某些大国的霸权主义，你打算怎样去做？试以"以史为鉴，发奋学习"为主题，写一篇150字左右的小论文。

★拓展研究

http://ypzz.china1840-1949.net.cn/ 鸦片战争纪念馆

http://movie.mtime.com/12365 时光网《鸦片战争》电影

★拓展知识（略）

三、研学后教

"研学后教"是改革理念，不是模式，其核心价值是"发展人的学习能力，为人的终身发展奠基"，符合了当前倡导学生核心素养的价值理念。因此，基于其核心价值的引领，"研学后教"改革理念的核心思想是：把时间还给学生，让问题成为中心，使过程走向成功。那么，"研学后教"的内涵究竟是什么？

（一）"研学后教"的内涵

1.是先学后教，但又区别于先学后教。先学后教仅仅强调学生的学和教师的教，而且学在教前，而除此之外，"研学后教"还强调在学生"学"之前，教师的"研"，即研究学情，根据学情制订研学案，根据研学案反馈的信息调整教学策略，在掌握了这些情况后再实施课堂教学。可以说，"研学后教"更强调教师的因材施教，是符合学情的教学，对提高课堂教学的效率有重要的作用。

2.是少讲精练，但又区别于少讲精练。少讲精练强调了学生的主体地位，但不突出教师的引导作用，而"研学后教"既强调了学生的主体地位，更强调教师在课堂上的引导、启发作用，甚至要求教师根据课堂上学生的反应，即时生成资源，及时释疑解惑。可以说，"研学后教"对教师的教学能力要求更高。

3. 是合作探究，但又区别于合作探究。合作探究以问题为指引，以小组为单位，是教师设计问题、学生讨论问题，最终得出初步结论的过程，强调问题式合作学习方法。而"研学后教"同样强调学生的合作学习，但不局限于一种合作方法，只要能激发学生的参与热情，学生能有效参与教学过程，有利于培养学生能力，从而实现教学目标的教学方法都可以实施。

因此，"研学"主要是教师在深入研究课标、教材和学情、学法的基础上，编写引导学生学习的目标、内容、方法的"研学案"，学生在"研学案"的指导下通过自主、合作、探究的学习方式，钻研知识和探究方法，提升能力。"后教"主要是通过交流展示学习成果，生生互教，针对学生存留的困惑与发现的问题，教师进行恰当的点拨、拓展和延伸，讲到实处，点到关键，充分有效地达成教学目标。"研学后教"是基于近年来国内课堂改革多种成功模式的合理内核，结合番禺区课堂教学实际问题提出的，它实际上是一种强调素质教育、因材施教的理念，在此理念的引导下，可以有很多教学模式，最终目的是实现学习方式的转变，提高课堂教学实效。

（二）让问题成为"研学"的中心

学校教育的首要任务是要教会学生学会思考，而要让学生学会思考，必须让问题成为"研学"的中心。

1. "研学问题"的生成。"研学后教"倡导学生对课前研学后留下的困惑与问题，以学习目标为落脚点，形成"研学问题"，并以其为中心开展探究性学习。"研学问题"是基于研学后教课堂提出的，它是指围绕学习学科核心知识和提升学科素养，预设和生成的需要探究的学与教的中心问题。研学问题不一定是教学问题，不应把所有的教学问题都当作研学问题，确定研学问题时应该把握，首先是教学内容中的核心问题，如同凹凸镜，应聚焦最有价值的知识与技能；其次是有难度的问题，必须深入思考、广泛交流才能解决的问题；再次是有价值的问题，要能凸显"研学味"，不仅引发学生对未知世界的好奇感，还要引发他们对研究的热情与兴趣，不仅能培养学生解决研学问题的能力，还要能培养他们发现和创造性解决研学问题的能力。

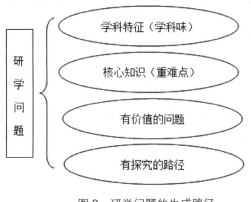

图 2　研学问题的生成路径

2.**"研学问题"的设计**。学科研学问题是根据学科核心知识和难点内容设计成适合学生学习的教学问题，或根据学生在学习中存在的共同疑惑生成可供探究的教学问题，是学生通过探究活动建构出有意义和有价值的答案的教学问题。解决学科研学问题有利于培养学生学习能力，促进学生思维发展，提高学生学科素养。学科研学问题的设计和实施，是深化"研学后教"课堂教学改革的最重要抓手（见表2）。

表 2　研学问题设计表

教师姓名		年级与学科	
教学内容			
研学问题			
生成方式	课前预设□　课堂生成□（在方框内打"√"）		
价值分析	（陈述理论依据、内容分析、研学目标、学情、难度与预测的效果）		
实施情况			
教学反思			

3.**"研学问题"的解决**。课堂一般由预设性课堂和生成性课堂构成。预设课堂指教师课前对教学目标、教学内容、教学过程、教学方法的预先设计。然而教学过程的组织与优化往往表现为畅通和丰富的课堂教学反馈。在实施预设性课堂教学过程中，学生的回答并未能完全落入教师所设计问题的轨道，教师需要及时捕捉问题，并适当调整事先"设立"的研学问题，形成课堂的"生成问题"。因此，学生解决"研学问题"的过程就是目前教育界倡导的探究学习过程，根据教师预设的"研学问题"和课堂的"生成问题"进行探究学习，建构出有意义和价值的答案的学习过程。

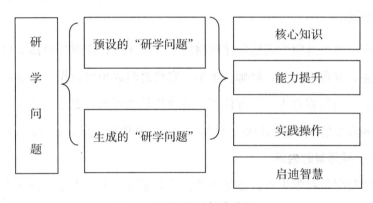

图3 研学问题的解决路径

（三）"研学问题"的具体实践

1.**勤思博学录的使用**。勤思博学录是学生自主生成"研学问题"、解决学科重难点问题的重要依据。"勤思博学录"实施的前提是班级进行小组文化建设，每个小组都有一名文化科小组长，由该学科小组长掌管该科的"勤思博学录"，即班级各小组每个学科均有一本"勤思博学录"。"勤思博学录"主要用于记录在先学阶段的小组也无法解决的疑难问题，成为科任教师备课、授课设计的参考，并在"勤思博学录"上对学生的疑难问题进行解答。

2.**备课组建设**。各学科备课组实施集体备课策略，真正将"研学问题"落实到具体实践中。学校强化对备课组集体备课工作的指导和监管，切实加强备课组活动，备课组活动每周至少进行一次，一次不少于两节课的时间。备课组内每位教师每月主备一次，二稿由备课组集体商讨定稿，使该教案成为组内推广的精品教案。备课中还要求注重学生"研学问题"的研究、学法指导的研究和课堂探究性问题的实施方案。备课组活动要针对教学中碰到的问题升级为组内研讨课题进行集体攻关。备课活动还要加强学案的讨论，学案有针对性，通过学案控制学生作业数量。除此之外，学校在建立集体备课的常规机制下，定期开展各学科不同层级的研讨课、示范课、观摩课等，不断总结、积累教改经验，探讨真正适合学生的教学模式，真正解决教学中的"研学问题"。

四、导师制度

广东二师番禺附中实施的导师制度，旨在让所有任课教师都参与管理和指导学生，并促进师生、师师、生生、家校之间的积极合作，以更好地贯彻全员育人、全过程育人、全方位育人的现代教育理念，更好地适应素质教育的要求和人才培养目标的转变，使每一个孩子都能健康成长和全面发展。

（一）导师制的内涵

导师制度是对学生进行思想引导、学业辅导、生活指导、心理疏导的学生管理制度，其最大特点是密切师生关系。导师的职责比较宽泛，不仅仅在于学习上的"传、帮、带"，还有思想上的指引、生活细节上的引领等。这种制度是针对传统的班级授课制下班主任制的缺陷和中学生的心理和学习特点所提出来的，要求在教师和学生之间建立一种"导学"关系，针对学生的个性差异，因材施教，指导学生的思想、学习与生活。

图 4　导师的职责

广东二师番禺附中实施的导师制要求学校全体教师都参与育人，担任导师，学生以小组为单位，每个导师负责一至二个小组，从具体学科的学习、小组合作的方法以及人生规划等方面对小组进行悉心指导。要求全体教师关注学生，从入学至毕业的整个教育过程，从学习、生活到德育的各个环节，对学生的教育要有整体性和一贯性的观念，自始至终和任何环节都不放松对学生的教育和指导。导师制度规定教师具有育人的责任，使教师在从事教学科研以外，对学生进行思想、学习、心理等方面的教育和指导作为其工作的另一部分。

（二）导师制度的实践

1.建章立制。为了使导师制度得到更好的贯彻实施，学校要进行相关的制度建设。（1）导师工作制：导师要按时完成工作内容，并注意活动时间、对象、内容及效果；（2）学生成长档案制：要指导学生制定成长计划，如实记录不同时期的学习成绩及表现，及时反思得与失，制定自己的长期和短期目标及其措施，以利于导师追踪学生不同时期的成长轨迹。（3）谈心辅导制：导师每月甚至每周至少要与受导学生谈心辅导一次，内容包括学业、家庭、品质、健康等，并要有相关的记录。（4）家校联系制：导师尽量做到定期与学生家长进行联系，联系的方式应多样化，同时做好相关的记录。

2.导师培训。导师要有一定的业务水平，要有责任心、能够关爱学生，真正做到为人师表、教书育人。因此学校充分利用广东第二师范学院的大学资源，定期组织教师培训，让导师重新审视自己的教育观、教育方式，更新知识，与时代接轨。通过培训，不断提高导师的育人能力和工作水平。

3.调查分类。因为学生有较大差异性，所以要通过全面调查分析了解学生的学习、心理、生活状态，了解学生的兴趣爱好、基础状况；以课代表、小组组长为抓手，对小组学习的状态及效果进行掌控，对小组长进行必要的培训和指导等。据此确定该如何"导"，做到因材施教。同时根据任课教师的学科特点和性格特点，落实分类指导，做到最优化的师生对应。

4.细节管理。"细节决定成败",因此实施过程中导师要做到深入学生的学习过程,导师不仅仅要在考试后针对试卷对学生提出指导建议,在平时学习里,导师也要激发学生的学习积极性,引领学习、陪同学习。导师要深入学生的生活实际,与学生打成一片,在平日生活里和学生做朋友,可以通过QQ聊天、微信、微博等学生所喜欢的方式多了解学生的生活实际。导师还要在课下关注学生的每个细节,多嘘寒问暖,增强亲情化,"亲其道则信其师",建立新型的师生关系。

(三)导师制度的影响

1.助力学生全面发展。传统的班级授课制相对于个别教学的最大优点就是高效率,然而班级授课虽有利于集体教学,却不利于因材施教,容易忽视学生个性的发展。广东番禺附中是住宿制管理模式,学生正处于身心发生巨大变化的时期,心智还未完全成熟,在封闭式管理的住宿学校中,繁重的学习任务、人际关系的处理不当等问题经常使学生烦躁,影响了学生的健康成长。广东番禺附中要求导师重视学生的沟通疏导工作,通过导师和学生的交流,导师言传身教,对学生进行人格熏陶,久而久之产生潜移默化的影响,使学生形成正确的世界观、人生观和价值观。导师要因材施教,使学生在最短的时间内疏解心理压力,解决学习问题,克服学习困难。除了课内知识,学生还可从导师处汲取各类知识,提高文化素养,使学生能快乐、健康、全面地发展。

2.构建和谐师生关系。基于学生能力培养的参与式改革教学模式下,"导师制度"既能设法让每一位学生在学习和生活上得到关爱,同时还改善了任课教师与学生的关系,构建了全员合作的校园文化氛围,强化了全员育人意识,充分发挥了广大教师在教育教学工作中的作用,促进每个学生个性的全面发展。在长时间的交流中,不仅拉近了导师和学生的距离,更培养了两者之间深厚的感情,进而有利于教学工作的顺利开展。导师制度使广大教师的作用得到充分发挥,构建和谐的师生关系,有利于师生身心健康的发展。

3. 搭建全新教育模式。在实施课堂教学改革之前，广东二师番禺附中在传统教学模式下，一个班主任要带众多学生，由于班级规模大，班主任时间和精力有限，班主任不可能关心到每个学生。导师制度的开展，减轻了班主任的压力，提高了工作效率，同时使每个学生得到关爱。另一方面有利于营造导师关爱学生、学生信任导师的校园文化，有利于形成亲情化、个性化的全新教育模式。

4. 推动学校跨越发展。导师制度尊重学生差异，挖掘学生潜力，弘扬学生个性，成就了学生的未来，也推动了学校的跨越发展。几年来，通过"导师制度"等一系列的教育教学改革，广东二师番禺附中以其鲜明的办学特色和不断提高的人才培养质量得到社会普遍认可。2012 年以来，学校在广州市高考毕业班综合评奖工作中连续获得一等奖，并获得广州市特色学校、广东省"依法治校"示范校等荣誉称号，得到了家长和社会各界的高度认可，社会声誉不断提升。学校在导师制度上也积累了很多宝贵的经验，为今后学校的进一步跨越发展奠定了雄厚而坚实的基础。

第三节　参与式教学模式的实践变式

参与式教学模式不是僵化的、一成不变的。在遇到复杂的教学实践时，它会因学科、内容、情境、教师与学生的特点等，需要进行相应的调整。为此，参与式教学模式建构的初衷，也是以基本的教学模式框范学科课堂教学底线，但在实践改进过程中保持开放的态度，鼓励有条件、有能力的学科、骨干教师突破教学范式，形成富有个性特征的教学变式。比如，在教改实践中，历史学科的以"单元教学法"和"问题连续体"为基础开展的有效探索，在阅读教学中，语文学科以"批注式阅读""思维导图"和"班级读写交流会"为三个抓手，助推阅读教学质量的提升。

一、因课型特点而成的教学变式

（一）英语不同课型教学变式

1. 阅读精读新授课

阅读精度新授课的教学流程：

> 课前（完成读前任务）→课中（导入→小组展示课前任务→阅读→读后任务）→课后（完成课后任务）

（1）课前

教师根据本单元话题和阅读文的标题和内容设置一些读前任务（包括个人任务和小组任务），旨在帮助学生回顾阅读的一些策略和对即将学习的文章进行一些铺垫。如根据所捕捉到的关键词和课文的标题，大胆对文章进行预测。这样可以有效帮助基础不够扎实的学生理解文章大意，树立阅读信心。

（2）课中

步骤 1：导入。结合课题通过视频或者图画等方式进行热身运动，调动学生的积极性，活跃课堂气氛。此步骤意在激发学生兴趣和求知欲，鼓励学生就相关话题大胆开口交流。

步骤 2：小组展示课前任务。小组展示课前学习成果，检查学生已知知识情况。同时为学生完成步骤 3 的任务做铺垫。

步骤 3：阅读。根据学案上教师的问题指引，学生运用 scanning 和 skimming 相结合的方式解决这些问题。问题的设置通常可采取选择题、是非判断题、完成空格以及回答问题等形式，先个人完成，再小组商讨难题。不能解决的师生一起解决。

步骤 4：读后任务（writing）。在阅读理解课文后，进行写作，以检测学生对文章的理解程度。形式可以有两种：一是针对课文内容的缩写，包括课文的摘要写作和主要内容复述，以鼓励学生根据所阅读的内容进行简要写作，加深对课文内容和词汇的理解并在和小组交流的过程中，实现互助和个体能力的提升；二是针对课文篇章结构的模仿写作。鼓励学生根据所阅读的篇章结构及话题进行模仿写作，理解不同的话题、不同类型的文章写作手法。最后，小组展示作品，全班进行点评。

（3）课后

课后任务则是要求学生将写作内容完善，写在作文本上上交。通过写作来促进学生的阅读的深入，并将所学知识加以运用。

2. 电子书包环境下阅读深化课

电子书包环境下阅读深化课的教学流程：

> 课前（完成电子书包上的课前任务）→课中（预习检测，交流展示→释疑解惑，互动生成→达标测评，小结提升）→课后（巩固提升，完成课后任务）

（1）课前

讨论的问题要根据阅读的话题和背景关联来设计，可以是学生自拍的视频、音频、网上找的相关话题资料，也可以是其他展示的讨论。

（2）课中

步骤 1：预习检查，交流展示。

检查电子书包互动讨论区学生讨论情况，展示其中优秀部分，通过交流，理清话题背景的关联。

步骤 2：释疑解惑，互动生成

Task1 Paraphrase（核心词汇）。通过对核心词汇进行 paraphrase 和情景描述，学生在思维上和词义上做好话题关联。

Task2 Complete the sentences（根据课文内容填空）。通过对课文内容填空，学生一方面对 Reading 已学内容进行关联，同时通过互动释疑的过程，总结生成完形填空解题原则和技巧。

步骤 3：达标测评，小结提升

Task3 完形填空（高考链接）利用电子书包中广东二师番禺附中的测试功能，通过高考链接，检测学生是否学会灵活运用本节课要求掌握的完形填空的解题策略和技巧，探究解题方法。

Task4 微写作（电子书包：互动讨论；任务型写作；利用幻灯演示）。利用电子书包互动讨论区布置任务型写作中的片段写作。再通过互相评改彼此观点，学生提炼观点，掌握句法结构，为任务型写作进行思维、语汇和观点关联。

（3）课后

利用电子书包，完成学案任务型写作。通过任务型写作，学生进一步提升英语书面表达力，对话题知识进行进一步深化。

3.语法新授课

语法新授课的教学流程：

课前（自主发现语法现象，小组归纳语法结构形式与功能）→课中（预习检查，交流展示→释疑解惑，互动生成→达标检测→挑战与提升→回顾总结）→课后（创设情境，灵活运用）

设计语法课的模式需符合学生对现象认知的过程："呈现→发现→归纳→实践→活用"。

（1）课前

任务1：给出典型例句，让学生感知并发现本节课将要学习的语法现象。

任务2：就本节课语法知识的几个要点给出典型例句，让学生归纳出语法结构形式与功能。

（为学生完成以上两个任务，提供针对性的自学材料，让学生从自学材料中寻找完成以上任务所需要的信息。）

（2）课中

步骤1：预习检查，交流展示。让学生展示他们课前任务一、任务二预习交流后的结果。

步骤2：释疑解惑，互动生成。经过学生讨论后，对于课前任务二中反映出来的问题进行释疑解惑，或摆出问题，通过互动，生成最终想要的结果。

步骤3：达标检测。提供有层次的练习（从结构认知性练习到控制和指导性练习到交流性练习），检查学生对本节课语法知识的掌握程度，设置不同分值的活动供学生挑选。

步骤4：挑战与提升。让学生观察本节课语法所拓展出的典型例句，发现本节课中语法结构的重点，并归纳总结。

步骤5：回顾总结。总结本节课所学内容。

（3）课后

创设情境，让学生以写或说的方式在语言交流活动中灵活运用本节课的所学的语法知识。

4. 写作讲评课

写作讲评课的教学流程：

课前（典型错误纠正）→课中（课前任务展示，小结→佳句佳文欣赏→仿写互动生成→展示讲评）→课后（成员互改，个人修改，上交作品）

（1）课前

主要任务是典型错误纠正。学生在课前可以自行或与小组同伴讨论完成，内容包括时态问题、用词问题、句子缺陷和篇章结构缺陷的纠错。

（2）课中

步骤1：展示课前更正，并进行小结。

针对课前罗列的主要错误，让学生进行错误更正的展示，对错误进行一定层次的总结和归纳，老师在一旁可以进行点拨和把关。

步骤2：佳句佳文欣赏。

在同学们的习作中挑选优秀作品，树立优秀模范，让同学们朗读并欣赏其中优美句子。

步骤3：仿写，互动生成

结合学生出现错误较多的环节和句式，呈现需要学生模仿的重点，学生进行模仿写作。最后，给出另一篇类似的作文，让学生模仿范文或学生优秀作文的篇章结构和好的句式仿写，生成新的写作成品。

步骤4：展示讲评

当堂由学生呈现，其他小组进行点评。

（3）课后

小组组员间相互阅读写作成品，进行纠错和好句批注，组员各自修改自己的作文，写在作文本上上交。

5. 高三基础写作复习课

高三基础写作复习课的教学流程：

课前（温故，概括）→课中（小组展示→互动扩展生成→仿写→小组展评）→课后（整理形成体系）

（1）课前

课前任务是学生温故，通过自主学习和小组合作探究，复习相关话题的词汇、词组、短语和写作常用的句型结构。通过中译英、英译中等形式让学生掌握相关的写作词汇，再让学生通过观察该类写作的范例，再次回顾该类作文的篇章结构特点以及常用句式。学生复习词汇和句型后，完成学案上相关话题的课前练习，加深了对写作知识的掌握。同时，抛出思考问题：在表达某一信息点上你能列举出多少种表达？让学生有意识地将过往零散的知识系统化，等待课堂中展示。

（2）课中

步骤1：小组展示。学生通过自主学习，完成课前各项任务后，上课时老师就组织学生检查落实学生是否掌握了课前的学习任务。老师可以通过小组答案展示（小黑板等形式）、正确答案和多种答案讨论、点评学生优秀答案等方式深化有关知识的学习和记忆，为生成新的写作篇章做充分的准备。

步骤2：互动扩展生成。讲练结合，互动生成新的篇章是课堂中的重要部分。在这一部分，要求探讨写作和表达的多样性，并进行控制性的句式应用练习，之后进行点评，提升写作能力。

步骤 3：仿写。让学生高效完成课中限时写作训练任务。这种训练对考试中按时完成艰巨的写作任务很有必要。老师要设计好学生写作稿纸，方便课中利用电教设备投影展示。

步骤 4：小组展评。小组呈现代表作，师生共同评讲学习。

（3）课后

整理形成体系。课中完成的作文课后通过 pair work 用红笔互批互改，指出文中的错误和不足，标记文中的好词好句。完成后交给老师检查。学生要在笔记本上整理归纳已学知识，形成自己相关话题的知识体系。

（二）政治不同课型教学变式

1. 新授课

（1）学案编写思路

①课前环节

A. 本节课学习目标展示（目标明确）。

B. 自主合作学习指引。在目标的指引下，将本节课内容问题化，让学生带着问题去看书，去学习，去思考。

C. 易错易混点辨析。根据本节课的实际内容进行设置，灵活处理。

D. 知识填空。

E. 学习检测。

②课内环节

A. 情景探究。针对本节课的学习重点、难点、易错易混点设置"教学情景"，充分利用小组讨论开展合作探究。

B. 课堂演练。针对本节课的学习重点、难点、易错易混点的教学设置。

③课后环节

A. 构建本节课的知识网络。

B. 学后反思，将问题写在"勤思博学录"里面。

C.设置作业。

（2）上课操作流程

①课前准备

课前一天下午或晚上发放学案，学生根据学案里的"目标展示"及"自主合作学习指引""易错易混点辨析""自主学习检测"等环节开展自主、合作学习，独立思考，完成学案课前部分。

②课堂操作

第一，第二天上课小组可利用各种形式，如用实物投影、小黑板、上讲台讲解、写在教室后面的黑板上、硬纸上等形式。分小组展示自主合作完成的自主合作学习指引的问题、易错易混点辨析、自主学习检测等内容，并由小组给全班同学进行讲解有疑问的地方，如展示小组无法讲解清楚，则由其他小组讲解或老师做适当的纠正或补充。

第二，课堂在学生展示完后，针对本节课的学习重点、难点、易错易混点利用社会热点或时政新闻设置"教学情景"，让学生利用小组讨论的形式运用所学知识开展合作探究，对本节课的知识进一步拓展和深化，引导学生运用所学的知识分析社会热点问题。

完成课堂演练，学生展示答案并由小组代表讲解。其他小组纠正或老师补充纠正。

③小组代表小结，其他小组补充、完善。

④署课后作业。构建本框知识结构、学后反思、课后典型作业。

2.复习课

（1）学案编写思路

①课前环节

A.本节课学习目标展示（目标明确）。

B.自主合作学习指引。在目标的指引下，将本课内容问题化，让学生带着问题去看书，去学习，去思考。

C. 易错易混点辨析。根据本节课的实际内容进行设置，灵活处理。

D. 构建本节课的知识网络。让学生对本节课的知识形成系统化、网络化，注重知识间的联系。

E. 自主学习检测。

②课内环节

A. 情景探究。针对本节课的学习重点、难点、易错易混点设置"教学情景"，充分利用小组讨论开展合作探究。

B. 课堂演练。针对本节课的学习重点、难点、易错易混点的教学设置。

③课后环节

A. 学后反思，将问题写在勤思博学录里面。

B. 设置作业。

（2）操作流程

①课前一天下午或晚上发放学案，学生根据学案里的"目标展示"及"自主合作学习指引""易错易混点辨析""自主学习检测""构建知识网络"等环节开展自主合作学习，学生独立思考，完成学案课前部分。引导学生进行"基础回顾"及"网络构建"。

②第二天上课小组可利用各种形式，如用实物投影、小黑板、上讲台讲解、写在教室后面的黑板上、硬纸上等。分小组展示自主合作完成的知识网络的构建图、易错易混点辨析、自主学习检测等内容，并由小组给全班同学进行讲解有疑问的地方，如展示小组无法讲解清楚，则由其他小组讲解或老师做适当的纠正或补充。引导学生通过合作、展示、讨论以实现"疑难突破"。

课堂在学生展示完后，针对本节课的学习重点、难点、易错易混点利用社会热点或时政新闻设置"教学情景"，让学生利用小组讨论的形式运用所学知识开展合作探究，对本节课的知识进一步拓展和深化，引导学生运用所学的知识分析社会热点问题。实现对课本知识"联系实际运用"和"拓展延伸"。

③完成课堂演练，学生展示答案并由小组代表讲解。其他小组纠正或老师补充纠正。

④小组代表小结，其他小组补充、完善。

⑤布置课后作业（学后反思、课后典型作业）

（三）化学不同课型教学变式

1. 新授课

问题情景→主体研究（自主学习、合作讨论、实验探究）→点拨提升→反馈矫正

（1）问题情景

在充分了解学生认知前提下，教师制定教学目标，创设问题情景，引导学生主动参与到本节课的学习中来。问题设计要科学，要紧扣教材，问题要联系生产、生活实际，问题的呈现形式要多元化，如填空式、简答式等。

（2）主体研究

对于简单的问题，让学生独立思考、完成，并相互交流；有一定难度的问题可以在独立思考的基础上进行小组内交流讨论，合作解决。

①自主学习（适用于物性、存在、用途等简单内容）

教师设计导学提纲，学生参照提纲认真读书，完成提纲上的内容，组内批阅，教师适时点拨，必要时进行反馈矫正。在此过程中学生要学会独立思考。

②合作讨论（适用于有难度的内容、重点内容等）

教师或学生提出问题，在教师引导下，学生在自主思考的基础上，同桌或小组内讨论，解决问题，得出结论和规律，然后在组内或班内展示、交流和评价，在活动中让学生学会聆听、积极思考、反思与交流。

③实验探究（适用于研究性的内容，如实验等）

在问题情景引导下，学生大胆猜想、提出假设、设计实验方案、实施实验、收集信息、得出结论、评价方案，在实验探究中让学生学会探究，培养

科学的态度和合作意识。

以上三种形式可结合具体的教学内容来实施，教师要提供条件，激励、帮助各小组积极合作解决重点、疑难点，展示自主研究的成果，以达到补充完善、结果共享。

（3）点拨提升

教师充分参与学生的研究、展示、评价过程中，对暴露出的问题要进行适时的点拨与评价。从思路、规范、规律和方法等方面进行总结归纳，整合提升，引导、激励学生进行深度思考和研究。

（4）反馈矫正

针对教学目标和学生存在的问题，教师设计达标练习题，最好当堂完成（或课后完成），并进行反馈与矫正，确保课堂教学的效果。

2. 复习课

知识梳理→典题精练→归纳提升→知能训练

（1）知识梳理

学生在回顾的基础上，独立完成"知识网络"学案，学案的形式可以导图式、表格式等。建议初期教师和学生边回顾边呈现，由教师和学生共同完成；一定阶段后教师制成半成品的知识网络，学生在此基础上完成网络；最后发展到学生自己编制知识网络。通过编制知识网络，以达到整理知识点、理顺关系、构建知识结构的目的，并在组内、班内展示评价。

（2）典题精练

教师依据前面新课学习中存在的问题和本单元的重点与难点设计出典型例题或问题，让学生解答，借助典型例题或问题，让学生归纳解法，学会熟练使用规律。此环节要充分发挥"兵教兵""兵影响兵"的作用；针对例题和问题要设计一定量的变式训练。

（3）归纳提升

针对学生存在的问题，教师要精讲本单元的易错点、易混点、易漏点，要总结本单元的规律和方法及解题技巧。

（4）知能训练

教师以学生暴露出的问题为切入点，设计知能训练题，检查学生掌握情况，进一步落实知识、技能、规律、方法等，同时起到总结、提升、拓宽的作用。

需要注意的是，复习课不能上成习题课。知识梳理要网格化、典型例题或问题要精选（具有典型性、针对性，切中重点和考点）、知能训练要分层次（一般分必做和选作两部分，必做部分人人参与，夯实基础；选作部分为中等水平以上的学生提供拓展能力的机会）。

3. 讲评课

自主改错（学生自改，组内互改）→归类讲评（错因分析）→反思总结→二次过关。

（1）自主改错

①学生自改

给学生一定时间让学生用红笔修改自己的试卷（可以课上改，也可以课后改），同时反思出错的原因（是因为审题、计算、方法等非知识性错误，还是由于知识没掌握而导致的知识性错误）。

②组内互改

对于复杂的自己不能解决的问题，通过同伴间讨论后解决。同时教师巡回指导，把握、调控交流讨论的方向和深度，既解决学生的疑问，又进一步了解学生的出错情况和改错情况。

（2）归类讲评（错因分析）

教师要根据试卷中出现的问题和各组反馈的问题，进行归类分析，指出错因，引导学生复习相关知识和规律，强化过程和方法，明确易错点、易混点和热点，使学生存在的共性问题得以解决；针对错题或问题，教师要设计必需的适量的变式题，进一步训练学生，并检查学生掌握的程度。

（3）反思总结

学生在完成彻底改错的基础上，找出考试出错的根源，挖掘知识的缺漏之处，总结本次考试的经验和教训，并相互借鉴，相互学习。学生要整理错题本，尽量避免今后再发生同样的错误。

（4）二次过关

教师依据试卷中出现问题多的、问题严重的考点，编制一定量的针对性补偿练习，进行二次过关，以检查学生改错程度和掌握程度。

（四）生物不同课型教学变式

1. 新授课

新授课是学生学习新知识，形成新概念，构建新知识体系的重要课型。广东二师番禺附中把新授课教学划分为课前、课中和课后三个阶段（见图）。

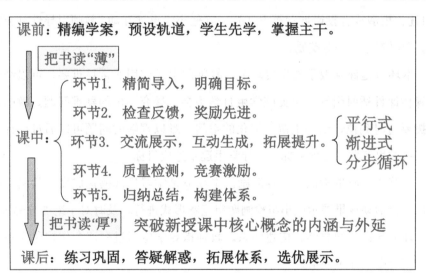

图 1　生物新授课 "233" 教学模式流程图

（1）课前：精编学案，学生先学，掌握主干，把书读"薄"。

教师精编学案，将教学目标转换成问题，激发学生思维，指引学生阅读教材，找出知识要点，填写基础知识内容或基础概念图，搭建"脚手架"帮助学生掌握主干，初步构建基础知识体系。

学生按照学案指引预习教材，完成先学任务，将不懂内容进行标注，填写在学案中"广东二师番禺附中的疑惑点"处，为课中交流展示做好准备。教师在上课前要检查学生的课前任务完成情况，以便在课堂中有针对性"后导"。

（2）课中：把书读"厚"，突破新授课中核心概念的内涵与外延。

环节1：精简导入，明确目标。导入原则：语言精练、生动，激情引趣。

环节2：检查反馈，奖励先进。反馈课前任务检查情况，表扬先进个人与小组，加分奖励。

环节3：交流展示，释疑解惑，互动生成，拓展提升。

在本环节中，将教学重点内容以任务驱动形式开展合作探究（可根据教学内容分成平行式的几部分或递进式的几个板块），小组代表展示学习成果（口述、板演或者投影展示等方式）→其他小组点评互动，教师引导性补充修正。及时对小组加分奖励。

本环节是课堂教学的主要环节，教师的引导作用非常最重要，可以结合多媒体课件适时引导学生突破学生自学不会、探究不出的疑难问题。教师的点拨要适时到位，给学生留有消化的空间，难以理解的问题可以通过设计不同层次的思考题，分解目标，引导学生逐步达成目标。

环节4：质量检测，竞赛激励。本环节是学习目标的达成度的检测，可采用实验活动成果展示或小组检测题组竞赛形式进行，及时对小组加分奖励。

环节5：归纳总结，构建体系。教师指导学生通过交流合作构建完整的基础概念图或知识网络。

课中教学要点是把课堂还给学生，激发学生学习的热情，让学生学会交流，学会探究，互动生成，思维在碰撞争论中产生，真正体现学生的主体地位。

（3）课后：练习巩固，答疑解惑，拓展体系，选优展示。

教师通过面批面改，或利用"勤思博学录"答疑解惑；学生练习巩固，并尝试与旧知识联系构建更广的知识体系，由小组选优张贴展示。

2. 讲评课

讲评课是师生交流，生生交流的群言堂，要给学生表述自己思维过程的机会，增加教师与学生、学生与学生讨论问题的时间，教师要更新教育观念，要让学生成为学习的主人，让他们在主动积极地探索活动中实现创新、突破，展示自己的才华智慧，提高素养和悟性。

生物讲评课的课堂教学环节主要从下面几个环节展开，在互动交流中达成"参与式教学的两个维度"，同时进行"小组建设与管理"。

（1）自查互查、交流提升

从抓错题着手，自查互查。学生经常会有这样的体验，考试后总能找到一些自己会做，但因为粗心考试得分少甚至没有得分的题目。自查主要是针对这问题展开的，发了试卷后不要先去讲解，应引导学生自己去分析丢失分数的原因，让学生展开自查，在学生自查过程中，很多学生都会碰到比较模糊或不太理解的地方，这时候要求学生可以通过看书、与同学交流、与老师交流的形式来解决。对于一些相对简单的问题，学生在互相交流中就能解决，讲评时以学生为主体，尽量让学生自己发现问题、解决问题。

这一环节可用简图表示为：

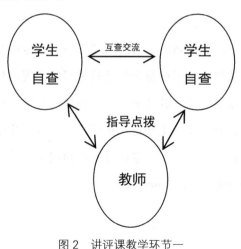

图 2　讲评课教学环节一

（2）展示交流

试卷讲评的一个重要环节是让学生回归考点、回归教材，通过让学生在学案中完成相关的学习任务并让学生在课堂中展示交流从而达成相关的"参与式教学的两个维度"，让学生在回归考点回归教材的过程中知晓基础的重要从而回归基础、夯实基础。

这一环节可用流程图展示为：

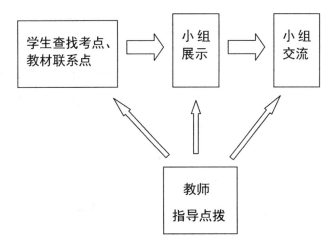

图3　讲评课教学环节二

（3）释疑解惑、互动生成

在自查互查环节，学生知道了自己的错误所在，也略知他人的错误，但更多的典型错误无从知晓。怎样避免学生将来可能出现的错误呢？这时就要安排"释疑解惑、互动生成"的环节，教师通过展示常见典型错误并让学生在课堂中自行分析评判，让学生知道错误所在及错误产生的原因，从而避免将来可能产生的错误，并让学生从老师改卷的角度去体验答案给分的评判依据，从而让学生提高回答问题的准确率。

本环节图示为：

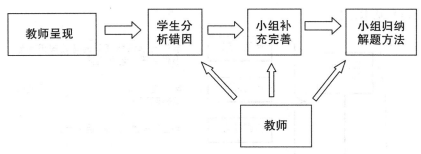

图4 讲评课教学环节三

（4）测评提升

课中和课后必须根据讲评课反馈的情况进行矫正补偿，这是讲评课的延伸，也是保证讲评课教学效果的必要环节。学生将答错的题全部订正在试卷上，并把自己在考试中出现的典型错误的试题（包括错解）收集在"错题集"中，做好答错原因的分析说明，给出相应的正确解答。教师及时依据讲评情况，再精心设计一份针对性的练习题，作为讲评后的矫正补偿练习，让易错、易混淆的问题多次在练习中出现，达到矫正、巩固的目的。

总之，讲评课是学生继续学习过程中的一个"加油站""休整期"，可让学生及时地了解自己的学习成果，看到自己的缺点和不足，从而进一步明确努力的目标。所以上好评讲课，既要处理好教师的主导作用，也要使学生的主体作用得到充分发挥，注意对学生学法的指导，要精选范例，突出重点，注意形式多样化，调动兴趣，使评讲课真正起到纠正错误，巩固知识，拓宽思路，提高能力的目的。为提高教学质量打下扎实的基础。

3. 复习课

（1）基本流程

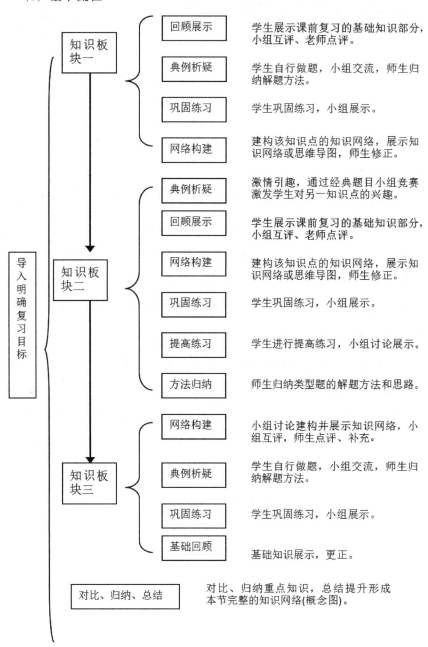

回顾展示	学生展示课前复习的基础知识部分，小组互评、老师点评。
典例析疑	学生自行做题，小组交流，师生归纳解题方法。
巩固练习	学生巩固练习，小组展示。
网络构建	建构该知识点的知识网络，展示知识网络或思维导图，师生修正。
典例析疑	激情引趣，通过经典题目小组竞赛激发学生对另一知识点的兴趣。
回顾展示	学生展示课前复习的基础知识部分，小组互评、老师点评。
网络构建	建构该知识点的知识网络，展示知识网络或思维导图，师生修正。
巩固练习	学生巩固练习，小组展示。
提高练习	学生进行提高练习，小组讨论展示。
方法归纳	师生归纳类型题的解题方法和思路。
网络构建	小组讨论建构并展示知识网络，小组互评，师生点评、补充。
典例析疑	学生自行做题，小组交流，师生归纳解题方法。
巩固练习	学生巩固练习，小组展示。
基础回顾	基础知识展示，更正。
对比、归纳、总结	对比、归纳重点知识，总结提升形成本节完整的知识网络(概念图)。

（2）流程解读

采用微课形式进行课堂教学的组织，每个微课内容主要分为基础回顾、典例析疑、网络构建和巩固练习四个基本环节，对于内容较为重要而难度较大的可增加提高练习和方法归纳等环节。

在实际操作中几个环节也不一定按照顺序来进行，可根据知识特点来采用不同的顺序，教师也可以根据课堂气氛对几个环节进行顺序的调换。由于采用了微课的形式，即每一个知识板块就是一个小课，因此在不同知识板块之间可采用不同的顺序有利于激发学生对复习课的兴趣。

课堂以教学目标是否达成、学生是否积极参与和有效参与作为"一堂好课"的主要评价标准。其中，积极参与是参与式教学的前提，充分调动学生参与的积极性，旨在培养学生良好的情感、态度和人际关系智力，在课堂上主要表现为学生愿参与、想参与、敢参与；有效参与是参与式教学的保证，它侧重于知识和技能、过程和方法维度，在课堂上主要表现为学生能参与、会参与。

采用板块微课形式的"小组合作，先学后导"的复习课模式，能够保证学生的参与性，不会出现把所有知识点都复习完了才统一练习。保证了每复习一个内容就能进行有针对性地进行练习，学生小组合作和自主动手机会增多了许多。基础好的学生一节可以进行三四个知识板块的复习，相对基础薄弱的学生也可进行2—3个知识板块的复习，避免了只讲不练的一言堂的出现。老师可根据学生自身基础计划（进行）几个知识模块的复习，复习完后再进行整节的知识的整理、归纳和对比，这样学生就能明确知识的局部和整体关系，形成较为系统的知识网络。

此流程的特点在于教学过程中突出学生的参与，充分发挥学生小组合作的力量，让课堂出现更多"小老师"，减轻授课老师的教学压力。教师应注重为学生发挥潜能、展示才能和体验成功与失败创造时机和条件，教师也应由原来单一的知识传授者、灌输者、拥有者，转向教学活动的组织者、帮助者和合作者，这样师生的关系也比较和谐。

当然，老师要先找出每个知识点中的典型例题或易错点，精选对应的巩固练习并在课堂上即时纠正学生知识网络中的错误，因此对教师的课前准备要求更高，对课堂应变能力也更强。由于此模式还在探索当中，有不当之处还请多提宝贵意见。

（五）数学新授课教学变式

1. 理论依据

"新授课"是教学全过程中最重要的课型，是学生全面系统掌握知识的关键。为了保证数学"新授课"的教学质效，应注意将如下理念贯穿于设计和组织教学活动过程中。

（1）高中数学新课程的教学理念。

数学教学活动应是学生经历"教学化""再创生"的活动过程，数学教学活动应帮助学生构建发展认识结构，数学教学活动是师生的互动过程，有效的教学是引导学生的学习，激发学生自己学习，帮助学生通过自己的思考建立起自己对教学的理解力。因此，教师要转变自己的角色和心理定位，教师不只是知识的讲授者，还应是课堂教学的设计者、引导者，组织者和学生学习的合作者、评判者。

（2）认知学教学理论。

认知学教学理论的代表人物加涅认为，不管教学是否存在，学习都会发生，但可以通过教学来影响学习，通过教学规划虽不会导致学习的发生，但有助于学习者的学习，同时指出教学方法包括教材呈现的方式、师生相互作用的方式和教学媒体的选择与运用等，教师应根据不同的学习类型选取不同的教学方法。

2. 操作程序模式

（1）复习导入，提示目标。

这是教学的起始环节，时间以 5 分钟为宜，这一环节的主要任务如下。

①系统回顾。教师针对学习新授课所需的关键性旧知识，通过编排的诊断题组织系统回顾，为学习新内容扫清知识障碍，以利于知识的正向迁移。

②创设情境。紧扣新课题知识实质，设法对学生形成一种刺激，让学生产生排除这些刺激的意念。

③揭示目标。在创设情境的基础上，教师要抓住时机，精心设计好一个或几个连续性启发题，以题为线索，由此及彼，由浅及深揭示课题。

这阶段在方法上可采用如下形式教师提问是非判断题、改错题、计算题、填空题或图形演示等。

（2）知识建构。

知识建构是实现课时计划的关键环节。在总体安排上，这一环节一般要在最佳时间内完成，时间以 20 分钟左右为宜。

①抓住教材本质。从教材特点来看，中学数学的教学内容主要有两种类型：一种是属于从具体到抽象的内容。如概念、性质、法则、公式，这类教材应按照"先给学生提供数量足够的、有意义的学习材料，帮助学生积累感性经验，形成清晰的表象"，"再引导学生共同抽象概括结论"两步组织教学过程；另一种是属于从已知到未知的内容。这类教材与前类相比难度较大，问题的焦点比较集中，所以教师的指导应注意在新旧知识的联结点上学习的迁移，在思维的转折点上点拨、分析、讲解。

②理清学导思路。为使探讨新知的过程既具有条理性、逻辑性，又具有启发性，教师应根据新知内容设计一个或几个连续性启发题，以启发题为线索展开教学活动，引导学生由浅入深、由此及彼地理解深知，使学习的过程思路清晰、设问恰当、演示规范、引导得体。

③暴露学生思维过程。也就是，不但要让学生知道怎样解，还要明确为什么要这样解，要着重让学生掌握实质，展现思维过程，要结合本节课的内容有计划、有目的地进行。

（3）理论迁移。

这是新知的练习应用阶段。总体上应掌握循序渐进，重点突出，全面系统的原则，形式上可采用以下方式。

①单项训练。突出本节课新的一点，突出本节课的基础部分。该训练的特点是重点突出，在短时间内可做大量的练习，突出双基，着眼于技能，使练习起画龙点睛的作用。

②综合训练。这一阶段训练的题目应注意典型性、连贯性、完整性，练习要多层次、多角度、全方位。

（4）检测反馈，评估目标。

这是对本节课的教学效果进行检测评价的环节，教师要组织形成性测试，检验学习效果，以便摸清底细，查漏补缺。

①拟题要求突出双基，突出重点，切忌题目偏难。

②检测形式要视内容而定，不拘一格，可采用问卷、口答、板演等形式。

③检测要让学生独立完成，教师要巡回视察，全面了解检测情况及时矫正和调节。

（5）补偿小结，达成目标。

这一环节要以矫正和补偿为核心，使学生的技能得到发展提高，可按以下几步进行。

①组织学生对课堂笔记、试卷进行会诊，可以同桌为单位让学生自查、自评。

②教师汇总情况，抓住共性的问题，对这一节课的主要内容进行点拨。

③对个别学生的个别问题给予全面指导，并给他们提供同类试题再练再评。

④对本节内容做概括总结，对学生的学习情况给予客观评价，并布置作业。

3.实现条件

（1）对教师要求

①要认真钻研教材，依据大纲和学生实际，写出可行的教案，控制好教

学全过程。

②教师的讲解应做到语言准确、生动形象、条理清楚，富有启发性。

③配合讲授，恰当地使用板书和教具。

④充分发挥教师的主导作用，注意矫正反馈。

（2）对学生要求

①学生课前要对新授过程中运用的旧知识进行课前复习。

②要积极参与，发挥学生的主体性，积极动脑思考和练习。

③学生应养成独立分析和思考问题的习惯，勇于创新，大胆发表个人见解。

（六）地理讲评课教学变式

地理科组构建的讲评课的一般程序，包括"学生的课前自主分析""教师展示""学生组内交流""学生组间展示""师生归纳总结""补偿练习检测"六个环节。

1. 学生的课前自主分析

简答题讲评课的课前自主环节包括三个小任务：第一，分析各小题的考点。第二，联系相关知识点。第三，自主分析各小题的答题思路。学生围绕题目中考察的主干知识进行简要回顾，达到"温故而知新"的作用；要求学生自主分析各小题的答题思路，培养学生思考问题的方法，并要求学生进行疑难问题的罗列，有待课堂上解决。

2. 教师展示

教师展示的内容包括各小题的得分情况、学生典型答题及优秀答卷，让学生有一个直观的解题感知。然后，教师总结评价这次的答题情况，引导学生合作讨论解题思路、解题方法和解题的注意点。

3. 学生组内交流

马斯洛夫的需要层次理论认为，每个学生都有被重视的需要，都有重视个人尊严与价值的愿望，都有充分挖掘和发展自身潜能的倾向和"独树一帜"

的渴求，并通过自己的创造性活动完善自身。开展错题讨论，有利于调动学生参与合作探究，避免"言者谆谆，听者藐藐"现象的出现，切实提高讲评的有效性。为了提高讨论活动的效率，教师还应提供探究路径的支持，具体可围绕每个错题精心设置若干问题，引导学生围绕这些问题进行有针对性讨论。

4. 学生组间展示

通过课堂展示，不仅提高了学生了观察、分析、推理、判断、归纳、综合的能力，在不知不觉中语言表达能力也得到锻炼，学习潜能和创造力得到发挥，自信心得到增强；更重要的是培养了他们团队合作的精神，克服了胆怯等不良心理品质。学生组间进行展示要遵守分层展示原则，同时要进行点评提升、互动质疑，展示小组的成员回答其他小组的成员提出的相关问题，虚心接纳其他小组的补充及建议，达到相互提升的效果。

实践表明，教师把错题交给学生，学生主动探究、展示，甚至教别人的学习方式，在知识内容、方法、能力上的巩固率一般在 90% 以上。为了提高学生讨论问题及展示问题的效率，教师可提示学生通过回答每道错题对应的讨论问题，完成展示的任务。提问或展示的同学若对题目若仍有疑惑的应同时讲出困惑。在学生讨论问题后，教师应对关键处简要进行点题，并适当点拨解题方法，使学生始终处于最佳学习状态，以实现"兵练兵""兵教兵""兵带兵""兵强兵""兵教官""官教兵"的良性循环。

5. 师生归纳总结

讲评简答题时，要有较强的"考点意识"，要找准题目重点要考察的知识点，引导学生把每个试题归入到某个知识板块或知识体系中，并及时全面归纳主干知识。如果每次讲评都能重视知识的归纳和总结，那么学生就能与主干知识反复"见面"，达到熟能生巧的效果。知识归纳要创新形式，便于记忆，并要突出主干，化繁为简，比如采用思维导图、填写比较性图表、填写关键词等形式，辅助学生对知识迅速而深刻地内化。本案例的师生归纳总结具体应是做题的过程中注意"审—调—找—答"思维的转换，审题的过程中注意先定位，联系区域实际，调用知识点，找出与题干有关的地理信息，构建思维，正确答题。

6. 补偿练习检测 [①]

技能的获得要经过练习的阶段，只有经过练习才能形成按某种规则或操作程序顺利完成某项任务的能力。掌握简答题的一般解题步骤和解题技巧属于程序性知识，因此讲评课不能只讲不练，而要在精讲的基础上设计必要的变式训练题，使学生将自己建构的认知结构更好地迁移到新情境当中，同时提高简答题的解题技能。

二、因学科特点而成的教学变式

（一）历史学科"单元教学法"模式

主题式单元教学法是在教学内容上，以一个单元为教学单位，构建有主题式的系统的知识结构，每一节课或每个知识点都围绕单元主题来展开学习和研究的教学方法。这一教学法以主题为中心，建构"单元线索——重点概念解读、基础知识落实——单元提升、规律概括"的高中历史教学模式，具体课型可分为单元线索课、概念解读课、历史知识课、单元总结课、习题讲评课等课型。以下以习题讲评课操作流程为例：

"研学后教"模式的课堂教学强调学生课前自主学习，为了检验学生的自学成果，每一课学案后都配备一定数量的检测试题以供学生训练，试题设置有一定的层次，学案中的习题要求学生根据自学的知识自主解决，一些有争议的习题，靠学生教学生的方法解决，目的是让学生可以在课前自主学习时，能掌握一些基础的知识，尖子生学能得好，让后进生能跟得上。对于单元的

---

① 华东师范大学教授皮连生认为："技能的获得一定要经过练习这一个阶段"，他甚至将技能定义为"在练习基础上形成的按某种规则或操作程序顺利完成某种智慧任务或身体协调任务的能力"。

测试或练习，广东二师番禺附中采用小组合作学习方式进行试卷、习题批改和讲评。

为了进一步推动"研学后教"的课堂教学改革，探索有效的、科学的作业批改方式和高效试卷、作业讲评课，广东二师番禺附中提出"小组合作，轮流批改、讲评作业"的实践。班级"小组合作，轮流批改、讲评作业"的具体的做法如下：

1. 确定班级学习小组。

6—8 人为一学习小组，小组成员有一定的互补性，总结能力强的为小组长人选，小组成员经常灵活变换，以便达到更好的效果。

2. 培训小组长。

通过培训小组长，并按教师指导落实训练步骤，小组长负责组织小组成员活动，一名组员负责批改作业活动中的记录，小组其他成员每人负责一个小问题的批改和记录。

3. 老师对小组合作批改作业进行指导。

每天轮到一个小组活动，教师以一个学生作业为范例进行指导，提出批改作业的要求，老师指导后进行"小组合作，批改作业"活动，小组成员合作批改其他小组同学的作业，教师在此过程中巡视，并给学生加以适当指导。

4. 小组总结，讲评作业。

每次小组合作批改作业后，老师会抽查 1—2 个小组的作业，以便及时掌握情况。小组长对该小组批改作业情况要书面总结，在课堂上小组成员都要对所批改作业的情况做出分析，并讲解答案，最后老师点评。

"小组合作，轮流批改、讲评作业"的实验，改变了单一的作业批改模式，形成了多元化的作业批改模式，使老师从繁重的作业批改工作中解放出来，把更多的时间用于研究教材教法，从而提高了老师的教育教研水平。学生参与试卷、作业的批改和讲评，提高学生学习的积极性、主动性和参与性，提高了课堂的有效性。

（二）历史学科"问题连续体"模式

"问题连续体"教学模式从问题设计、课堂实施、评价设计三方面系统研究，将历史教学延伸至课前、课中、课后三大领域，贯穿学生学习全过程，系统地构建高中历史课堂教学体系和模式。

1. 课前：问题设计。

问题的设计包括两个途径，主要来源于历史课堂的两大主体。

①学生提出问题（自下而上）。

主要流程：学生带着教师布置的预习任务自学教材，在自读感知的基础上再提出自己不懂的问题。各学习小组通过课堂教学改革的特色载体"勤思博学录"收集问题，通过"个人自主预习，提出问题→小组合作学习，解决问题→收集无法解决问题，提交教师"的模式，完成课前问题的收集。

②教师设计问题（自上而下）。

主要流程：教师通过收集学生"勤思博学录"了解学生的课前预习情况和认知水平，在收集问题的基础上，根据课程标准和学习目标适当增加或修改问题，按照"问题连续体"模式进行系统的、整体性的问题设计，同时有计划、有步骤地组织整堂课的问题链，从"起始提问"到"后续提问"、再到"归结提问"，这样的顺序，既符合逻辑，又符合学生认知规律，环环相扣，使学生从无疑到有疑，再从有疑到无疑。

2. 课中：课堂实施。

课堂教学实施原则：学生主体性原则、问题梯度性原则、反馈及时性原则。

课堂实施主要过程：包括预设性问题与生成性问题的解决。

①预设性问题的解决

A. 单一性问题（事实水平类问题）：学生自主解决；主要通过知识竞赛、师生问答、生生问答、完成简单题目等形式解决。

B. 再现性问题（概念水平类问题）：学生自主或教师引导解决；主要通

过概念解读、拓展阅读、师生讲解、题目训练等形式解决。

C.引导性问题（概括化水平类问题）：教师引导解决；主要通过小组合作探究、史料阅读、题目训练等方式解决。

D.参与性问题（理论水平类问题）：教师引导解决；主要通过小组合作探究、教师释疑解惑、理论解读、题目训练等方式解决。

E.开放性问题（自主探究及创造水平类问题）：教师引导、学生自主解决；主要通过师生问答、生生问答、辩论活动、课后拓展阅读、撰写小论文等方式解决。

②生成性问题的解决：及时捕捉问题、加强多向交流、实施拓展研究

3.课后：评价设计。

①师—生：编制观察量表；SOLO 分类评价法；课堂检测、反馈练习等。

说明：观察量表以"课堂活动主要环节或问题类型"为时间轴，以预设性问题和生成性问题的问题设计情境为参照，从学生参与状态、小组活动情况、互助合作意识三方面观察学生思维发展情况，其中，尤其注重在观察和记录小组活动情况中所观察小组的思考时间、举手情况、发言人数、发言次数和质疑情况，以此分析学生思维发展与问题设计的相关性；SOLO 分类评价法可以用于形成性的学生学业评价，检测学生的学习效果。

②生—生：学案自主纠错、活动互评等。

（三）语文科：以三驾马车驱动阅读教学改革——随感与反思

1."三驾马车"，让阅读教学结硕果

广东二师番禺附中高一语文教改已历时五年。教改之初的阻力颇大，要接受颠覆传统教学方式的改革，真正实现先学后导的先进理念，无异于凤凰涅槃。忍受烈火的煎熬，是痛苦的，因为烧尽过往束缚广东二师番禺附中的观念，要面临着故步自封和循规蹈矩的巨大挑战；但点燃重生的火炬，又是幸福的，因为短暂的痛苦，是未来幸福的前奏，正如母亲在阵痛之后诞下婴儿的会心笑容。教改之路如同盲人摸象，教师有对新生事物的期待，也有对挑战的志

忐；而学生学习方式的转变，让他们在新奇之余，也未免有畏难情绪。

广东二师番禺附中面临着教师教学方式和学生学习方式的双重转变，现实的困难不容忽视，当初闻改革的激情慢慢退去，能够支撑广东二师番禺附中走下去的，应该是理性的思考。如何将他人的硕果转化为自身的营养？如何根据本校的学情将学法落实到人？如何让教师体会到改革的迫切感和提升教改的认同度？如何让学生把被成长的压力转化为要成长的动力？没有人可以给广东二师番禺附中答案，广东二师番禺附中有的只是初生牛犊不怕虎的勇气和坚信教改成功的信心。

所幸，这一切困难都在时间的流逝中，师生的成长里慢慢消减。在艰难的摸索过程中，广东二师番禺附中找到了三个抓手，那就是批注式阅读、思维导图和班级读写交流会。这是推动广东二师番禺附中高一语文教改的"三驾马车"，起到全面提升学生的阅读素养，多方营造班级阅读氛围的作用。在教改过程中，"三驾马车"同步推进，各显其能，批注式阅读引导学生关注细节，思维导图训练学生把握全局，班级读写交流会落实学生的课外阅读成果。

为了体现课内教学与课外阅读的有效衔接，广东二师番禺附中大胆调整教学内容，精讲重点课文，每篇文章学习之前必须进行批注式阅读，必须绘制思维导图。而从课堂教学挤出来的时间，则用于进行一系列与课堂教学配套的课外主题阅读月活动，内容分别是：9月散文阅读月——龙应台《目送》，10月诗歌阅读月——李元洛《怅望千秋——唐诗之旅》；11月传记阅读月：林语堂的《苏东坡传》；12月小说阅读月——余华的《活着》，目的是通过阅读与课内教学配套的课外读物，帮助学生完成从课内向课外的延伸阅读，扩大学生的知识面，增加学生的积淀，初步了解专题阅读的形式。在广东二师番禺附中阅读活动的推动下，学生完成了一个学期4本必读书，54本"漂流书"的阅读任务。为了强化和巩固课内批注教学成果，增强学生的阅读印象，避免走马观花式的阅读，广东二师番禺附中要求学生对4本课外必读书每本必批必写。同时通过撰写对应的读书小论文，培养学生关注细节，探索发现的能力，让阅读见证学生的成长。最后通过定期召开班级读写交流会呈现阶段性阅读成果，班级读写交流会的基本模式，通常包括批注环节（记录阅读感受）—表演环节（促进阅读交流）—写作环节（呈现阅读个性）—展示环节（分享阅读成果）四个阶段。整个学期下来，广东二师番禺附中积累了丰硕的成果，每班都拥有1本《目送》班级手抄报集、1本《苏东坡传》导图集、3本论文集，还成功举办了三次成果展览，分别是《目送》优秀手抄报和班级手抄报集展览、《怅望千秋》优秀论文和班级论文集展览、寒假作业导图展和论文展，另外还在学期初展开了一次异彩纷呈的全级诗歌朗诵会，把整个语文阅读推向生活化，表演化。

随着一课又一课批注的完成，一幅又一幅导图的绘制，一次又一次课外名著主题阅读的开展，一场又一场读写交流会的举行，一个又一个读书成果的展示，广东二师番禺附中的学生在成长。从不知道批注为何物，导图是何画的昨天，走到看书就有写批注的冲动，读文章就起画导图的欲望的今天，学生的课本从学完一片空白到满载思考笔迹，导图从线条杂乱到脉络分明的变化，尽管每一步都走得那么艰难，但每一步又走得那么坚定。从只会拿书朗读到脱稿上台朗诵，从腼腆忘词到落落大方，从只会制造笑点到认识到泪点与笑点同样重要，广东二师番禺附中跟学生一起在迷茫中摸索高中读写交流会的内涵，从艳羡别人的成果，到悦纳自己的作品，广东二师番禺附中渐渐看清楚接下来要走的方向，从简单的手抄报到个性的千字论文，广东二师番禺附中在逐步细化对学生要求的同时，也在期待学生能力的进一步提升。

2. 高一语文"读写交流会"教学改革经验与反思

（1）注重读写交流会的组织，发挥教师的主导作用。

每一次读写交流会遵循"会前方案指引→会中评价激励→会后撰写感受"的原则，提前设计好活动方案和验收成果要求，让学生有序操作；会中引入竞争机制，以小组为单位进行PK，采用他人评价、本组自评、老师点评的方式反馈小组成果的优劣。会后撰写感受，既让学生加深阅读印象，又能帮助教师了解学生的真实感受，为下一个读书活动提供有益的经验。通过这三个环节的设计，广东二师番禺附中保证了每次读书活动，既有延续性，又有创新性，让学生将课外阅读活动常规化。

（2）改革读写交流会的形式，调动学生的积极性。

"形式多样，贴切主题，期待下一次的读写交流会"是绝大多数学生会后的感受。广东二师番禺附中会根据每次必读书内容的不同，建议学生使用最合适的形式演绎必读书的精华。这样学生在枯燥无味的课堂学习以外，能够通过读写交流会感受到阅读的魅力，激发阅读的欲望。

（3）发挥班级主观能动性，注重个性与共性的统一。

读写交流会多以班级读书交流会的形式开展，可以发挥班级或小组的个性；而备课组则通过提供统一的方案，统一的成果要求来体现年级的共性，并能通过这样的要求，保证绝大多数班级能够得到必要的训练和能力的提升。

（4）留存读写交流会的成果，注重过程与结果的统一。

每一次读写交流会依据不同的阅读内容，会有相应的成果验收标准，既有坚持批注阅读的一贯性，又有体现书目的个别性。而在保存读写交流会的成果方面，既强调要有过程性的详细记录，每班在开展交流会时需要用照片或视频的形式记录精彩瞬间，又强调文字成果的多样积淀，每次读书活动都要留下两到三种文字成果（批注、小论文、观后感悟、人物小评、读书心得等）。而在实施方案的过程中，作为设计者的广东二师番禺附中，更多的是反省：

（1）根据学段的特点和学生的实际，选择合适的必读书籍和确定必读书籍的数量。

兴趣是最好的老师。上学期的《目送》《活着》的大热与《苏东坡传》《怅望千秋》的冷场，下学期的《天龙八部》《射雕英雄传》掀起的武侠热与《京华烟云》和《长恨歌》的略显冷清，已经说明了这一点。萝卜白菜各有所爱，虽有众口难调的难度，但教师应做好指导和引导。如确定高一第一学期的必读书，需考虑到师生之间、学生之间都不熟悉，教师应当承担起选好高中课外阅读的第一书的职责。确定高一第二学期的必读书，就可以灵活处理，或老师推荐，或学生投票，或主流阅读推荐的且有较大阅读价值的，都在考虑之列。

（2）要放手而不是放弃，应当凸显教师的主导作用。

读写交流会是一场以学生为主角的盛会，要大胆放手让学生准备，但教师不能只袖手旁观，要监督学生的准备过程，加强会前的监督和指导，确保学生在交流会上展示的内容是可用、可行、可信的。不然任由学生按照自己的意图发挥，只会使整个交流会费时耗力，且没有发挥应有的效果。

（3）要形成固定的读书交流会机制，制造阅读期待，提高参与的积极性。

由于没有以往经验可供借鉴，高一一年的课外必读书目的确定和配套的读写交流会的实施，都在摸着石头过河，所以只能期待每一次的读写交流会，都能弥补上一次的不足，发挥上一次的优势，就算是达到了最好的效果了。但从长期发展来看，必须改变这种打乱仗的局面，形成一系列的读写交流会，在不同阶段强调不同问题，发挥不同的效用，让学生对读写交流会这种课外活动充满期待，这样才能形成一种阅读的良性循环，从而大力推动学生的阅读活动。

三、因教师特点而成的教学风格

教学风格是教师的"个人标签"或品牌，是教师在教学活动中所表现出来的与众不同的个性及独具一格的特征。教学风格是教师在教学上成熟的标志，是一名优秀教师必须具备的基本素质。教学风格的形成与教师的个人素质、个性特征、个体经历、个人认知密切相关。广东二师番禺附中近五年来的课堂教学改革的研究与实施过程中创设了良好的条件，促使大批的优秀的骨干教师成长并提炼出个人的教学风格，以下是广东二师番禺附中两位学校名师的教学风格案例。

案例 1 "务实、求变、追求高效"的教学风格

广东第二师范学院番禺附属中学 赵生

第一部分："务实、求变、追求高效"内涵的解读

从教 19 年，每天忙于研究高考方向，研究教材，研究试题，批改作业，还真的没有仔细研究过自己的"教学风格"。这次参加省骨干教师培训要求事先准备的这个作业，才让我静下心来认真思考关于"教学风格"的问题。

根据目前对于教学风格的分类，我觉得我具有"理智型教学风格"中的"深入浅出，条理清楚，层层剖析，环环相扣，论证严密，结构严谨"的特点，也具有"情感型教学风格"中"教师讲课情绪饱满，将对学科知识的热爱和追求融于对学生的关心、教导和期望之中，充满着对人的高度尊重的信赖"的特点，还具有"自然型教学风格"中"教师讲课亲切自然，朴实无华，没有矫揉造作，师生之间在一种平等、协作、和谐的气氛下，进行情感交流"的特点，有时也不乏"幽默型教学风格"中的"讲课生动形象，机智诙谐，动人心弦"的特点，当然也兼具了"技巧型教学风格"课堂"过渡自然，组织严密，搭配合理，有条不紊"的特点。

我综合分析了以上特点，觉得作为一个有 20 年教学经验的语文老师，可能哪种风格的长处都会有一点点，但反思自己最突出的教学特点，应该用"务实、求变、追求高效"来形容比较贴切。

我的"务实"体现在准备一节课时，会考虑这节课实实在在要达成的教学目标是什么，学生在这节课中可以学到哪些知识、提升怎样的能力，采用什么方法能切实完成这些任务。

"求变"是因为我注意到，课堂只有富于变化才能给学生以新鲜感，他们才有兴趣去学，课堂就变得更有吸引力。所以我会经常根据不同的授课内容而采取不同的方式来组织教学，这样总是能给学生一些惊喜。

"追求高效"是我整天在思考的问题。现在学生比较辛苦，每天要学那么多学科，上那么多节课。怎样使他们对我上的课印象深刻，能记住语文课的

知识，甚至能爱上学语文，主动在课外去学语文，这是提高教学效率的关键。所以备课时我都会从学生的角度想问题，思考每个学习内容的安排如何使学生能更喜欢学，更容易学会，另外还注意调动学生参与课堂的积极性，让他们在语文课堂上学得轻松愉快又有成就感。

因为有"务实、求变、追求高效"的教学意识，所以我的课堂受到学生的普遍欢迎，他们觉得我的语文课有意思、有收获、有幸福感。我所任教的班级的语文成绩在年级 20 个班中也常常夺冠。

第二部分：我的成长历程

一个人的做事风格是由他的性格决定的，而性格的形成与他的成长经历是密切相关的。我的教学风格自然也与我的成长经历直接相关。

（一）生活成长经历

我的性格形成受到父亲很大的影响。他是一个务实、灵活、做事讲究效率的人。他虽然是个农民，但不吸烟、不喝酒、不打牌，带领全家人耕种好自家的田地之余，总是能利用农闲做各种生意，所以我家的经济条件一直比较好，父亲也被村里人称为"能人"。父亲既能本分务实地种田，又能头脑灵活地发现各种盈利的机会，还能把全家人都发动起来合理安排、共同致富，这些做事风格都在无形中影响了我。父亲做事很快，如果孩子们做得拖沓，他就会责骂，我小时候不理解他，觉得他太严厉了，现在想来，这种严格要求是让我们从小意识到"效率"的重要性。

在父亲的严格要求下，我读完了小学、初中、高中，成绩一直比较好。我在学习过程中也是很务实的，能勤勤恳恳地努力，扬长避短，攻坚克难。而且我会根据学习效果不断改进自己的学习方法，有"适时而变"的科学态度。我学习的时候讲求"效率"，学习时全神贯注，非常投入。曾经有一次，我专心看书，坐在我前面的同学回头叫我，我居然没听见。由于我的认真和讲究方法，我的成绩由入学时班里三十多名进步到高考时的班里前十名。在高考报志愿的时候，因为我比较喜欢老师这个职业，所以就报考了师范类院校，被辽宁省沈阳师范学院中文系录取。

（二）专业发展历程

大学期间，我系统地学习了中文专业知识，包括现代汉语、古代汉语、现当代文学、古代文学、文艺理论、美学、逻辑学等课程。我也接触到许多兢兢业业的老师，他们教学认真负责，做科研严谨务实，使我更加深刻地体会到教师这个职业的价值，更加坚定了自己的选择。

1996年，我大学毕业，被分配到沈阳市第八十四中学任教。我在那里工作了七年，也做了七年的班主任。我热爱学生，热爱教育，深入研究我教的每一个学生，能做到因人施教、因材施教，我的付出得到了学生的爱戴和回报，所以我带的班成绩优异，各方面都表现出色，得到领导的表扬和同事们的肯定，2001年我被沈阳市皇姑区教育局授予"区记功"的奖励。

2003年，因为家庭原因，我调到广东省广州市番禺区鱼窝头镇中学任教，担任两个班的教学任务、班主任和备课组长。因为我擅于"务实、求变、讲究高效"，所以班级工作、备课组工作、教学成绩都非常有成效。我带的班总成绩都是全级第一的，所任教班的语文成绩也是位居前列，备课组内团结合作，和谐共赢，所以连年被评为优秀班主任、学校先进教师。

2006年，我为了女儿的学业调到广东二师番禺附中（原番禺区市桥第二中学）任教，担任班主任和备课组长。我继续我的"务实、求变、讲究高效"的工作风格，工作成绩依然出色。

调入广东二师番禺附中的十年间，我在实践中注意不断完善和提高自己，逐步成长为区、校的教育教学骨干，并取得较突出的成绩：2004、2008、2009学年被评为学校先进教师；2011年被评为番禺区优秀教师；2006—2009学年担任班主任期间，年年被评为"优秀班主任""先进德育工作者"；2007年、2009年、2011年、2012年和2013年的区年度考核均为"优秀"；2009学年、2010学年、2011学年被评为校"优秀科组长"；2006学年至2010学年均被评为校优秀备课组长；2010年被授予校"教学能手"称号；2011年荣获校首届"感动校园人物"提名奖；2011 年 6 月被评为番禺区首届师德模范候选人；2011 年、2014 年被评议为区优秀党员；2011 年、2014 年还荣获校"优秀工会积极分子称号"；2011 年被番禺区教研室聘为"番禺区 2011 学年度语文学科高考研究组成员"；2014 年，被评为 2013—2014 学年的"学校名师"和"课堂教学改革积极分子"。

在语文教研领域，我在省级以上刊物发表了 2 篇论文，多篇论文获奖，几年来共承担、参与 6 项课题研究工作，主编或参编教辅用书 5 本，指导学生多篇文章获奖或发表。

在这所学校里我做了七年多备课组长，所带领的备课组都取得了优异的成绩。尤其是我在 2009—2012 学年所带的备课组，我们语文科的中考入学成绩排在同类联考的六所学校的第四名，经过我和备课组其他老师的共同努力，在高二上学期的广州市水平测试、六校联考和下学期的七区联考、2012 年的高考中，我校的成绩都是居六校的第一位。所以学校领导让我们在全校教师大会上介绍了我们集体备课的经验，并让全校老师现场观摩了我们的集体备课，我们备课组为我校的备课组建设做了一定的贡献。2012—2013 这一学年，我所带的高一语文备课组教学成绩也很优异，更为可喜的是，我们共同研讨的学案《声声慢》在番禺区首届"研学案"评比中获得一等奖，整个番禺区语文高中组只有我们备课组的这个研学案被评为一等奖。

我从 2009 年开始担任本校语文科的科组长，至今已有 7 年。作为学校语文科组长，我坚持每月组织校本教研活动，并与区的教研活动挂钩，提高了科组内老师的教研水平。此外，我通过组织科组教师开展课题研究，以"科研兴教"的形式使科组教师整体专业水平得到提升。随着我们科组教师教育科研能力的不断提高，我们科组在我担任科组长半年后，在番禺区第八届优秀学科组评比中获得三等奖。2012 年，我们也获得了区优秀科组评比三等奖。在 2016 年的优秀科组评比中，我们获得了区的一等奖，这说明我们科组一直在进步。

第三部分：他人眼中的我

俗话说"当局者迷"，我们有的时候对自己的认识不一定是客观科学的。我特意向几位非常熟悉的同事进行了简单的调查，让他们帮助我提炼教学风格并简单评价阐述，结果如下：

（一）同事吴继缘老师眼中的我

教学风格：务实、灵活、高效

评价阐述：赵生老师教学务实，不搞虚夸的一套，扎扎实实教给学生语文知识、提高学生的语文能力。她擅于根据学情改变教学方法和教学策略，课堂上能灵活应变，课堂效率很高。她作为科组长和备课组长做事效率也很高，遇到问题马上解决，不拖沓，雷厉风行，使科组和备课组的工作有条不紊地取得实效。

（二）同事何东凤老师眼中的我

教学风格：务实、机智幽默、有实效

评价阐述：赵生老师来试讲时在一个高二的体育班上课，学生刚刚上体育课回来，一般很难控制局面，可是赵生老师用她幽默的语言一下子吸引了学生，使学生很快静了下来，跟随着她学习《赤壁怀古》。她的教学设计不能说多么新颖，但是扎扎实实，该读就读，该讲就讲，学生在她机智幽默的教学语言的引领下愉快地完成了学习任务，达到了理解和背诵的目的，这是一节不虚夸、务实有效的课，所以我们听课的老师一致同意她调进我校。她入校后先是担任备课组长、班主任，后来又和我一起担任科组长，工作都是卓有成效的。

（三）同事黄湘元老师眼中的我

教学风格：务实、创新、有效

评价阐述：赵生老师作为我们尊敬的老备课组长和科组长，我工作的第二年就一直在她带领的备课组。她踏实肯干、工作细致，备课组工作很有成效。她有不断改革教学的创新精神，带领大家钻研教材教法，使备课组的教

191

学成绩一向优秀。她上课语言幽默，受到学生的喜爱，而且她注重培养学生的语文能力，所教的学生听说读写的能力都很强。

从大家的评价来看，我自己认为的教学风格与他们所感受到的教学风格大致相同，得到同事们的认可的感觉真好，他们肯定了我工作的成效和价值，非常感谢他们。我将继续努力，使自己的工作更加完美，为我校的进步与发展做出更大的贡献。

第四部分：我的教学追求

从事教育工作 20 年来，我越来越深刻地感觉到教育的重要性。一个孩子遇到什么样的老师，接受什么样的教育，决定了孩子人生观、价值观的确立和他在学业上的发展。一个老师培养一个孩子成才很难，可毁掉一个孩子，让他厌学、厌世却是很容易的。

所以我的教学首先追求的是让学生喜欢学习、会学习、在学习中体会到乐趣和成就感。我会精心备课，让我的课堂学习内容能够让学生喜欢，激发他们的学习兴趣，教给学生科学有效的学习方法，让他们即使离开了校园也会自己学习。我也非常注重学生的参与学习，因为学生是学习的主人，只有亲身参与了学习并有一定的收效，他们才有成就感，从而更加热爱学习，形成良性循环。一个爱学习的孩子，在他的一生中才会不断进步，一个掌握了科学的学习方法的孩子在他的一生中就不会怕遇到困难，因为他随时可以通过学习找到克服困难的办法。一个在学习中体会到乐趣和成就感的孩子才会一生积极向上、一生幸福。所以，这是育人的根本。

其次在教学细节上，我追求实实在在的知识学习和能力培养，让学生学有所获，学有所长。掌握知识是必要的，提升能力更是必要的。只传授知识，学生成了接受知识的口袋，没有创造力，又怎么能成为人才呢？所以在学习知识的过程中提升能力是教育的需要，也是学生成长的需要。我特别重视培养学生的各项语文能力，让他们会听能读、会说能写，个个成为"出口成章、下笔能文"的能人。这对于他们的高考和未来的人生发展都具有重要的作用。

第五部分：参与式课堂教学模式构建对我的教学风格形成的影响

2013 年，整个番禺区进行教学改革，我校进行了"参与式课堂教学模式构建"的尝试。其实，"参与式"学习就是让学生充分参与到教与学的过程中，而不是教师一味地讲授、学生被动地接受的学习过程。以前的传统教学模式免不了有时是老师的一言堂，很多老师认为学生只要认真听就够了，也就是所谓的"灌输式"教学。虽然有时也让学生讨论、练习等，但都不够充分，没有给学生足够的发挥的空间，学生的学习主体地位没有得到承认。

这一轮教学改革，使我对"学生是学习的真正主人"这句话有了深刻的认识，意识到要学习的是学生，老师的教不能代替学生的学，应该把教学的时间留给学生。学生有权利自主选择学习的方式和方法，这样才能保持他们的主动性和创造性。所以，自主学习、合作学习才是学习的主要形式，而不是老师的一味灌输，取代了学生自己的思考和探索。学生经过自主学习学到的东西才是令他们难忘的，才是他们真正的收获。

这一种认识使我反思自己的"务实、求变、追求高效"的教学风格，发现二者并不冲突。我一向把学习的实效性作为根本任务，"参与式课堂教学模式"可以使教学效率最大化，这正是我追求的目标。我理应付诸实践，在探索中完善这种教学模式，使之与语文学科教学有机地结合起来。"参与式课堂教学模式"需要我们大家去摸索完善，改变过去的教学模式中不符合教学规律和低效的做法，在"改变"中寻求"突破"，这与我的"求变"的教学风格不谋而合。另外，我为自己的教学风格找到了一条具体可依的道路，那就是"参与式课堂教学模式"的研究，这种教学模式可以使我的教学风格发挥到极致。我充满欣喜地投入到这种教学模式的研究之中，带领全备课组设计的研学案《声声慢》获得了番禺区一等奖，我个人设计的研学问题《春江花月夜》获得番禺区二等奖。

我想，教学风格是一个教师教学方式与特点的总结和概括，它也许会随着教育观念的改变而不断改变。但是，我作为一名热爱教育事业的教师，"一心为了学生、为了学生的一切"的教育宗旨不会变。只要教育宗旨是正确的，我的教学风格无论怎样变化，都会更加符合教育教学的规律，更有助于实现教书育人的根本目标。

案例 2 "博爱、互动、迁移"的教学风格

广东第二师范学院番禺附属中学　陈雪芬

第一部分："博爱、互动、迁移"内涵的解读

乌申斯基说："在教育中，一切都应当以教育者个性为基础，只有个性才能影响个性的发展与定型，只有性格才能培养性格。"

我是一个外向、爱笑、乐于跟人交流但又注重方法的人。性格使然，我的课堂总是充满笑声、交流，我的学生在我的课堂上总免不了做举一反三的题目。我教过的每一个学生总能在远处一看到我就大呼："Sophia（我的英文名字）"，那声音充满惊喜和欢乐。臭美地讲一句：每年学校在学生中调查任教教师时，我的得分总能超过 90 分。在过去的几年里，我校是一所"小三门"见长的学校，音乐、美术和体育高考的成绩成就了我校近几年的辉煌。而我从 2007 年开始基本就跟体育生卯上了，原因无他，被领导指定教体育班英语，而且连续几年都在体育班。体育班是我校出重点本科的班级，从学校教学安排的角度和好处讲，让我教体育班是对我的信任。但是，往坏处想是因为我的气场足够大，没有人愿意教的班我都能教（年轻女教师教体育班往往被体育生气哭）。我能在学生心中占有这样的"江湖地位"，那是因为我在课堂上的"博爱"，而我又不吝跟学生们进行"互动"，并且教会学生"迁移"的办法。

（一）先说"博爱"

有人说，当老师的"站方寸之位置，具天地之背景，燃泪之红烛、抽丝之春蚕"这话一点也不夸张。当世人对 80 后这一代的评论纷纷扬扬的时候，90 后的学生也已经跨入高考的行列。80 后的我们为人师表教着个性张扬的

90 后。他们什么都不反对，什么都不主张，但又什么都不想遵守；他们我行我素，不被义务所束缚；他们唯我独尊，无视团队合作；他们不欣赏劳动光荣，做家务的经验几乎为零，每天还不得不费尽心思跟他们斗智斗勇。所以我们要让学生学到的不仅仅是知识，还有做人的原则和方法。

我们每天把"牛"拉到河边，可"牛"不喝水，强按牛头也无济于事，但作为老师原则上不能对他们丧失信心，只能当他们是"黑马"，用加倍的耐心来"诱导"他们学习。所谓"一只手掌伸出去，五只手指有长有短"。课堂上，并非每个学生都能整齐划一地掌握所学知识点。如何才能提高优秀生的能力，激发中等生的奋进和鼓励后进生积极融入课堂呢？那就要有"博爱"的精神，喜"爱"优秀生，喜"爱"中等生，喜"爱"后进生，决不偏心。不应成绩好而分外看重优秀生，不因成绩不好而冷落后进生。确实，现在做一名教师，要承受的压力很大，学生再怎么顽劣，老师们也要心平气和、循循善诱，不能过度责骂，更不能动手打人，还不能实施"冷暴力"——不理学生。

（二）次说"互动"

从 2011 学年第二学期第三周起，遵照广东省新课标精神，我校进行"小组合作，先学后导"的课堂模式改革。为保证课改的落实，我们备课组每节课的设计都以学校课堂教学改革的指导精神——"学生积极参与课堂活动，学生有效参与课堂活动"为出发点。我尤其关注"互动"：师生互动，生生互动。小组合作学习是"互动"最好的阐述方式。在课堂上学生进行小组围坐的合作学习，在学案引领下进行先学后导。这种小组围坐的合作学习、先学后导的课堂模式让体育班的英语课充满了生机。这是因为在英语课中进行组间竞赛的互动生成环节来鼓励学生主动参与教学活动，符合《普通高中英语课程标准（实验）》（2003）倡导"学生体验、实践、参与、交流和合作"的学习方式。人人参与课堂的热烈气氛充分证明了"学生意识"，课堂上贯彻"自主学习、合作学习、探究学习"教学理念又使得教学效果得到保证。小组围坐的课堂组织形式形成了一种以讨论和交流为主的学习氛围，学生在课堂学习的主体地位自然形成。同时，小组围坐的课堂组织形式还可以提高做题效率。利用这种形式组织各小组学生可以在小组的组员间展开讨论和互相交流感想及交换各自的想法，也可以以小组为单位展开组间讨论及交流。这样同一个问题就可以几个人一起想，也可以收集几种解题方法，提高效率。小组合作鼓励了同伴互助，这对学习基础不扎实的体育生来说意义重大。

（三）后说"迁移"

孔子在《论语·述而》中道："举一隅不以三隅反，则不复也。"强调了"举一反三"也就是"迁移"的重要性。有几句古话："万物有道，道归于一"；"道生一，一生二，二生三，三生万物"。我们做老师的要做的事情，其实就是要帮助学生发现"万物"中那"归于一"的"道"，还要引导学生从这个"道"生发而为"万物"，使其产生万千的变化。一个人的学习，唯有如此，方可进入"举一反三""触类旁通"的境地。

体育生学英语，用一个字形容就是"难"。他们首先是基础弱，然后是兴趣缺，最后是行动迟。这种情况下，要激励他们学习就要让他们尝到学习英语的"甜头"——有效率。最好的解决办法就是教会他们学习的方法，能举一反三，进行知识的迁移。随着教育的普及，学生个体差异越来越大，的确不是每一个学生都能够在有限的时间内学会老师需要他们掌握的知识。我们要学会教"变化"，学会在"变化"中教。如果我们对学生所讲的三个题，没有引导学生进行比较，没有让学生自己去发现其中的联系和共同规律，那实际上就是在讲三个独立的问题，这怎么能叫作"举一反三"呢？我们做的"生意"仍然是"零售"而不是"批发"，学生学到的只是支离破碎的知识而不是一个整体的知识。

在教学中，我不但注重要引导学生理解知识的发生、发展过程，还要在习题中教学，以语言的基本用法为依据进行教学，引导学生发现其中的基本的规律。这些规律不是外在的强加于他们的，而是通过学生真实发现的。要引导学生学会把复杂问题简单化，也要让学生学会把简单问题复杂化；让学生学会一般问题特殊化，也让他们学会特殊问题一般化。让他们学会从一道题变化为三道题、五道题甚至无数道题，也让他们从无数道题里发现共同的规律、相似的方法。

奥苏伯尔在其《教育心理学》一书的扉页上写道："假如我把全部教育心理学仅仅归结为一条原理的话，那么我将一言以蔽之：影响学习的唯一最重要的因素，就是学习者已经知道了什么，要探明这一点，并应据此进行教学。"有感于此，我对教学中课前、课堂、课后的三个环节是这样处理的：课前——以诊断缺陷、发现不足作为备课的出发点，统计学生错题、错因；课堂——激励语鞭策、讲错因、讲审题与思路、讲方法与技巧、讲发散与归纳思维。同类问题规律化，零散知识集团化，解题思路最优化，思维角度发散化；课后——建立错误档案，落实迁移训练，强化个别辅导。

第二部分：我的成长历程：上下而求索

屈原在其名作《离骚》中感叹："路漫漫其修远兮，吾将上下而求索。"这句话用来概括我的教学之路也适宜。我的教学风格的形成并不是一蹴而就的。

在教学风格形成的路上，我经过三个心路历程：苦练内功→捧着一颗心来，不带半根草走→爱屋及乌。这个过程与闫德明教授提过的教学风格几项修炼中的"三读"——读书、读人、读事；"三立"——立德、立行、立言，有些许吻合。我从小爱读书，学生时代的教科书自不必说，更多的是爱读"杂书"。大学四年，在华师的图书馆我借了不少书，如果列一张书单，书名绝对五花八门，这也为我工作后能在学生面前引经据典、插科打诨打下坚实的基础。作为外文学院的学生，活泼、洋气是其他院系学生对我们的大概印象。但是我顶着这些形容词，在华师的古籍书库当了三年的义务馆员，翻了一箱又一箱散发着历史浓郁墨香的古籍书。这些书平时来借阅的人不多，借阅的一般都是白发苍苍的教师，其中不乏外校的教授。我经常看着他们小心翼翼地翻着手中的书籍，或冥思苦想、或奋笔疾书、或反复浏览……，他们一坐就是半天。我曾羡慕于他们的专注。是什么让他们这么专注？后来我明白是他们那眼中闪耀着的"兴趣"或者说是"喜欢"，这两者都是"理想""追求"的最佳阐述。一个人，若是做着自己喜欢的事情，绝对可以废寝忘食、心无旁念。三年的古籍书库的义务馆员经历让我养成专注于所做工作的习惯，这使得我能在以后的工作岗位上做到"苦练内功"。

有歌词唱到"成功的路上有你有我"。如果能用"可以"来形容我的教学成绩，那么我必定离不开一路上对我循循善诱的前辈们。他们中有我学生时代的何广铿教授、何安平教授、周榕教授、梁红玉老师、张才喜老师等；有我工作时的师傅罗淑文老师和与我在日常工作中共同努力的同事们。何广铿教授教会了我要进行课堂观察，从小事入手，进行对学生的行动研究，让自己的教学经验升华为教学论文。我印象中的何广铿教授一直都在教学生英语教学法、指导研究生写论文，他也在不停地发表论文、专著，退休后还忙碌在学院的教学工作中，这让我有幸在后来攻读教育硕士时又能聆听他的教诲。

何安平教授是外文学院有名的"女汉子"，巾帼不让须眉，她对语料库的研究让人佩服，对英语教材、课程大纲的研究也很深入，我们大学和研究生时代的很多教材都是她编写的。这样一位多产的教授，平时不爱红妆，只爱做学术研究，影响了我们外文学院的很多女生。我在本科时期跟周榕教授学习教学法，她给我的印象是不苟言笑，教学时一板一眼，这对当时叽叽喳喳的我来说是一种"磨练"，我当时还不太能欣赏周教授的教学风格，对她印象的改变是在我读硕士期间，当时周教授教我们《语言研究中的统计学》。说真的，那真是曲高和寡的一门课，每次上课都是一场修炼，但是坚持下来发现是获益最多的。我后来的毕业论文、获奖论文、省课题、甚至这次省培课题研究成果论文都跟统计学有关。就是这个上课严谨、不苟言笑的周蓉教授让我找到了自己的研究兴趣和方向。张才喜老师被我们戏称为"喜妈"，教精读的她同时也是我们的班主任，那真是一个和蔼可亲的小老太，跟教我们泛读的梁红玉老师一起熨得我们一帮小女生服服帖帖的。

最让人印象深刻的是在华师 80 年华诞时，一帮当年的小女生回外文学院看到记忆已不大行的梁红玉伯伯时，个个都难自禁地眼含热泪。张、梁两位老师让我深刻体会到作为教师，首当其冲是要真心爱护自己的学生，要热爱教师这份职业，要不吝于"奉献"。工作时能碰到罗淑文老师是我的幸运，有她当我的师傅更是难得的福分。她是领着我在教书这个行业摸爬滚打一路冲锋陷阵十几年的好师傅。她的学生是先喜欢上她再喜欢上英语课的，我一直以她为榜样。这些老师们对我的助力结果可以简述如下。

（一）苦练内功

子曰："逝者如斯乎！"12 年的时间谈笑一指间，我在教育一线这个岗位坚守阵地，当个辛勤的园丁慢慢体会酸甜苦辣咸，五味俱全。12 年间，通过学校的师徒结对学习、专业培训、市教研及区内交流学习，我也慢慢地形成了自己的教学风格。不得不提的一点是，无论是形成相对稳定的教学风格之前或之后，我都一直坚持专业的学习和研究，通俗地说就是"苦练内功"。

学无止境，想要给人一杯水，老师就要有一桶水。不能因为现在我们是坐在课室前监考的老师就忘了我们也需要去学习，去完善自己的专业知识。所谓"闲谈莫论人非，静坐常思己过。"我一直都在不停地反省自己：哪些地方做得不好，哪个知识点讲得不够透彻，哪个问题解答得不够详细，某某学生今天课堂上说的那些新玩意是在哪里能够看得到的，为什么我不了解的呢？……每问自己一次，危机感就越大，学习的动力也就越大了。于是，课堂的练习我都在课前自己先做过，学生的课外辅导书我也要自己先做一遍，为了服务高三英语高考备考，我还提前做了很多高考的套题，希望在课堂上碰到相关知识点时，能够穿针引线，让学生们尽早学会高考的解题思路。对于时下流行的一些电影、动漫、广告、书籍等都要尽可能地去了解，避免让学生们觉得我跟他们有代沟。故此，"苦练内功"也就势在必行了。

（二）捧着一颗心来，不带半根草走

华南师范大学的外文学院大本营在文科楼，文科楼刚好与教育学院之间隔着图书馆。大学四年间，每次去文科楼上课总经过教育学院，于是也就看了不下千遍的刻在教育学院北门边上的陶行知先生的"捧着一颗心来，不带半根草走"。当时只是大约知道这说的是当一名人民教师要有奉献精神，不计个人得失。但当我在教育岗位站满四年后考回华师攻读英语专业的教育硕士，再次对着这十二个字，心情却完全不同。经过岁月的洗礼、生活的沉淀及外来的诱惑，面对自己选择的教师职业，对"奉献"二字的体会，刻骨铭心。确实，我们每一天都是"捧着一颗心"来的。为什么这样说呢？当早上在横风斜雨、春寒料峭中哆嗦地走出家门奔向这折磨人的"教育圣地"时，不得不承认，除了清洁工没有人起得比你早！当夜幕降临、寒风冻死人时你劳累一天慢慢踱回家时，看到儿子听到你的声音马上从床上爬起来委屈地哭，你不得不感叹，除了后妈没有人比你狠！面对只有十一个月大的儿子，我被内疚压得无法透气！

作为英语教师，由于有看学生早读和午读的任务，从星期一到星期五，每天起早贪黑，一心一意将教育事业进行到底。这其中非"奉献"二字难以诠释。而在周末，为了让老人家也能有休息的时间，我接过老人家带小孩的任务，重新回到一个有家庭的女人要做好的本分——"贤妻良母"；有时候学校有任务安排下来就不得不回去加班：比如开教师大会、开家长会、补全科组材料、进行集体活动等；可谓从星期一做到星期日，怎一个"忙"字了得！"竹杖芒鞋轻似马，一蓑烟雨任平生。"——这是我选择的生活，我会一直坚持下去。

（三）爱屋及乌

曾有先人说过一句话（原话怎么说已忘记），大概意思就是对自己讨厌的东西就要努力去爱上它，这样才能战胜讨厌。基于我所教的理科学生对英语科的畏惧心理和放任心态，我尽量在上课的时候多讲课文背景故事，介绍西

方的文化知识，引导学生对中西文化的一些冲突进行分析，培养他们自主探讨的能力，这样能让学生们在不知不觉中跟英语拉近距离（我尽量避免一上课的时候就让学生们翻开多少多少页，云云）。我也尽量把要学的单词、词组、表达和知识点等联系时下他们感兴趣的社会现象、广告用语和流行电影等来造句加深理解和记忆。例如，在黑板上写 There used to be a lady standing in front of me,I…（周星驰《大话西游》经典台词），让学生们掌握 used to（过去常常）后面要用动词原形的考点。有时候也不惜丑化自己来让学生们直观掌握课文重难点。例如，Fat as Sophia is,she can catch up with our best runner,Haojia Chen（我班有个学生叫陈浩佳，经常以诸多借口在晚修时偷溜，他每次放学几乎都是第一个跑出教室的人，故此成为班上公认跑得最快的人）。在笑声中学生们不知不觉就掌握了形容词作表语前置引起句子倒装的用法，使接下来的 Child as he is,he has already recited 3000 English words. 不需再用千言万语来解释了。老师的"牺牲"自然换来课堂上一阵接一阵的笑声，学生们喜欢跟我"斗嘴"，也就慢慢地对英语课有所期待，这正是我所期望的效果。Love me, love my dog（爱屋及乌）。

第三部分：他人眼中的我

学生眼中的我是怎么样的呢？刚好，在今年 7 月 12 日，2013 届体育毕业生崔展图看到我校发布的"交流分享——追随名师的脚步，二师附中骨干教师不断成长"微信中有我的发言照片后，转发微信并加评论说"多谢 Sophia 用高三一年教会我十二年的英语"。

在同事眼中的我又是如何的呢？在教上一届体育生毕业班的时候，我校的梁炳南前副校长曾在班会课上向学生介绍我，他说："Sophia 热情、幽默、课堂气氛好，她对你们的师兄师姐很有办法，你们要认真跟她学好英语，英语学好了，考本科就不是问题了。"此外，"勤奋""女汉子"也是经常从同事口中听到的对我的评价。2014 年 12 月 31 日，我校教导处刘东明副主任在通知我申请的省课题已经立项并要准备开题报告时说："雪芬，你很厉害，全校只有你跟胡校申请的省课题得到立项"。刘副主任应该是从量的方面来衡量，其实我还离"厉害"两字十万八千里远。

参加广东省骨干教师培训让我有幸得到很多重量级的培训专家的面授机会。我在专家的眼中又是怎样的呢？广东第二师范院的傅瑞屏教授曾当面肯定我"你真的很勤奋，怀孕还这么认真学习，你对王初明教授提出的统计问题很专业，一般的导师带不了你，写论文时我要给你介绍一个好导师。"

第四部分：我的教学追求：办法总比困难多

面对人生所遇到的困难和问题，成功者找方法，失败者找借口，教书亦然。生源使然，我校的学生英语基础都非常薄弱，而且学习英语的积极性也有待提高，故导致英语尖子寥寥无几而英语偏科生遍地开花。对于长期带体育班、理科平行班的我来说，要提高学生学习英语的热情绝对不是一件容易做的事情，有些学生就算是再怎么喜欢老师，他／她的成绩也不一定提高。焦虑、抱怨、放弃并不能解决问题，反而是多想办法才能解燃眉之急，正如英语有句名言所示：Nothing is impossible。学生不勤奋、或学生勤奋但收获甚微，怎么办？我常做的是摆正心态，多想办法。勤奋当然是一种优秀品质，但付出和回报并不一定成正比，失败是成功之母也只能是作为励志的格言对待。许多人奋斗一生也未必做出什么名堂，但也有很多人成功似乎是唾手可得。事实也一再证明，看似极其困难的事情，只要用心去寻找办法，必定有所突破，说到这里，我想起听过的一则耐人寻味的小故事：美国布鲁金斯学会创建于1927年，是世界上最权威、最有影响力的推销员组织。它有一个传统，在每期学员毕业时，设计一道最能体现推销员能力的实习题，让学员去完成。完成任务的学员将获得一只刻有"最伟大的推销员"的金靴子。

但自一名学员1975年把一台微型录音机卖给尼克松后，26年来始终无人问津金靴子。克林顿当政期间，学会出了这么一道题：请把一条三角裤推销给总统。8年间，无数学员为此绞尽脑汁，都无功而返。克林顿卸任后，学会把题目改成：请把一把老斧头推销给小布什总统。2001年5月20日，美国一位名叫乔治·赫伯特的推销员，把一把老斧头成功地推销给了小布什总统，获得了布鲁金斯学会的"金靴子"奖。

乔治·赫伯特知道布什在得克萨斯州有一个很大的农场，里面绿树成荫。于是他胸有成竹地给总统写了一封信："总统阁下，我有幸参观您的农场，发现里面长着许多矢菊树，但有些已经死掉。我想，您一定需要一把小斧头。但是从您现在的体质和年龄来看，您大概需要一把不甚锋利的老斧头。现在我这儿正好有这样的一把斧头，它是我祖父留给我的，很适合您。假若您有兴趣，请按这封信所留的信箱，给予回复……"最后，布什真的给他寄来了15美元。

学会在表彰乔治·赫伯特时说：26年中，布鲁金斯学会培养了数以万计的百万富翁，这只金靴子之所以没有授予他们，是因为该学会一直想寻找这么一个人。这个人不会因为某一目标不能实现而放弃，不因某件事难办而失去自信！

把老斧头推销给布什总统，确非易事。多数人会想，布什贵为总统，还缺一把斧头啊？就是缺他自己也不会买吧。正是这种惯性思维封闭住了多数人的思想。正是坚信办法总比困难多，我从不在学生面前抱怨他们学不好英语，而是多鼓励他们去想办法学好英语，并且我也一直在琢磨让学生学好相关知识的办法。

第五部分：参与式课堂教学模式构建对我的教学风格的影响

前文提到从2011学年第二学期第三周起，遵照广东省新课标精神，我校进行"小组合作，先学后导"的课堂模式改革。为保证课改的落实，我们备课组每节课的设计都以学校课堂教学改革的指导精神——"学生积极参与课堂活动，学生有效参与课堂活动"为出发点。以此为指导的课堂最好的阐述方式就是进行在课堂上学生进行小组围坐的合作学习，在学案引领下进行先学后导。这种课堂模式不仅让体育班的英语课充满了生机，也深受后来我所教的两届的理科平行班的学生欢迎。小组围坐的课堂组织形式形成了一种以讨论和交流为主的学习氛围，学生在课堂学习的主体位置自然形成。这样的形式对语言学习来说更能凸显学习者的学习主动性。我作为英语老师，对这样的模式是非常欢迎的。学生的热情参与也给了我很多的灵感，学生在讨论后仍不能解决的问题会呈现到学校给他们准备的"勤思博学录"上，并交给老师，这样我就可以根据学生的学习实际进一步优化我的教学设计，以更切合学生的真正需求，制定更具有个性化而有符合学生认知规律的教学活动。这样的模式让学生不止学得开心，而且还积极有效，老师也教得"轻松"，而且知道自己所教的内容是受"欢迎"的，这就让英语课迎来了一个双赢的喜人局面。这样的模式给了我们英语备课组很多启发并影响了我们的备课和上课模式，也让我不断地根据学生的需求、结合语言学习的规律和学生的英语实际水平，设置出更具有"人情味"的英语活动课堂。

总之，于我而言，教育很难，因为我面对的是一个个千差万别的生命个体，要带给他们最享受的课堂，这何其难哉！同时，教育又很美，当每个充满生机与活力的生命因课堂上的交流互动而充实而璀璨时，这是何等迷人的画面。

为此，教育之路虽难，吾亦往之，且甘之如饴！

第五章　院地合作输资源

充分利用"院地合作、共建共管、管办分离"的办学体制，构建了新型高校、学校、政府、社会之间的伙伴关系，形成协同育人、共同发展的新局面。

广东二师番禺附中充分利用"院地合作、共建共管、管办分离"的办学体制，在现代学校制度建设方面先行先试，构建了新型高校、学校、政府、社会之间的伙伴关系，形成协同育人、共同发展的新局面。院地合作以制度输入、专家输入和项目输入为三大抓手，为高等师范院校与地方政府合作办学提供了标本和示范。

第一节　制度输入：树高校与基础教育发展新格局

一、顶层制度设计科学合理

广东二师番禺附中是探索校地共管机制的典型案例。通过探索建立校地共建双方实质参与管理的理事会制度等，着力帮助共建附属学校构建科学高效的管理体系，提升管理水平，发挥双方各自优势，在制度设计上突出以下几点。

一是探索品牌共用机制。在校地双方协商基础上，通过命名、更名等形式，将高校品牌引入共建附属学校，促进高校文化与精神的传承融合，推进共建附属学校发展水平与高校品牌相匹配。

二是探索人员共派机制。探索建立校地双方和共建附属学校互派人员制度和交叉任职制度，高校向共建的地方学校、地方向共建的高校自办学校派驻骨干人员，兼任附属学校的校级管理人员，共建附属学校派员到高校或地方学校跟岗、挂职锻炼。

三是探索人才共育机制。鼓励高校利用师资优势助力共建附属学校教师的培训培养，提升其专业能力和素养。支持共建附属学校聘请高校专家学者、知名人士开展讲座以及担任导师、校外辅导员等，建立基础教育与高等教育纵向衔接、跨学校、跨学段的拔尖创新人才早期培养体系和机制。支持高校在共建附属学校建立成果推广应用、学生社会实践和教学实践等基地，将共建附属中学建设成为生源基地。

四是探索课题共研机制。鼓励共建附属学校教师申报高校课题或与高校教师共同申报各级各类课题，参与高校有关研究项目和实验项目。支持高校以课题立项方式，依托高校科研力量帮助共建附属学校加强教育教学研究，深化课程教学改革试验。

五是探索特色共创机制。鼓励和支持高校发挥自身课程资源优势，帮助共建的附属学校开发特色课程，丰富完善课程体系。依托高校学科优势和专业优势，培育共建附属学校的优势学科，形成学科教学特色。支持高校学术团队指导共建附属学校的教学和学生发展。利用高校专业、学科和学术、人文等资源优势，加强对共建附属学校艺体教育、科技教育、创新教育等的指导和支持，培育特色项目，强化专业素养，形成办学特色。

二、校长双聘双任制度紧化联合体

广东二师番禺附中，是广州市番禺区人民政府与广东第二师范学院合作共建共管的普通高级中学，既是番禺区人民政府进行教育管理体制改革试点的窗口，也是广东第二师范学院为基础教育服务、引领基础教育改革和发展的重要渠道。番禺区人民政府及其教育行政部门把附属中学纳入教育发展规划，按照区属普通高级中学的建制承担办学物质条件保障、人力资源管理和其他教育行政管理责任，确保学校具备良好的办学条件、环境及其他的发展支持。广东第二师范学院把附属中学纳入学院办学的整体布局，为学校的内部管理、教育教学改革以及办学水平的提升提供智力支持。

广东二师番禺附中校长或党总支书记由广东第二师范学院选派，提请广州市番禺区教育局任命，人事关系隶属学院，工资待遇水平参照番禺区区属高中校长的收入水平执行，由番禺区财政解决。学校其他领导班子成员配备、部分骨干教师引进方面，由广东第二师范学院按番禺区公开招聘公办教师的政策提出方案，经番禺区教育局审批同意后实施，其工资待遇参照番禺区同级别教师的工资水平并由番禺区财政解决。附属中学校长由广东第二师范学院负责选派，通过双聘双任制度进一步紧化联合体。

三、附属中学管理与指导委员会多维支持

附属中学管理与指导委员会主要从五个方面开展工作：一是指导附属学校制定《学校章程》和《学校中长期发展规划》；二是推进附属学校现代学校制度建设，变革学校组织架构。如成立附属学校理事会，发挥学校理事会在决策中的作用；以及对附属学校的中层干部竞聘活动给予指导；三是加强对附属学校领导培训，定期组织外出学习考察；四是指导教师队伍建设，分类进行教师培训。附属学校管理与指导委员会办公室为学校教师提供了若干高端培训机会；五是实施课堂教学改革，指导建立高效课堂。

指导委员会整合高校专家和一线名师资源，在番禺区"研学后教"理论指导下，进行高效课堂研究工作，结合课题研究，指导附属学校开展课堂教学改革与高效课堂建设。此外，附属学校管理与指导委员会办公室加强了自身管理制度建设，参与起草了《广东第二师范学院附属学校与教育实验区指导委员会工作条例》《广东第二师范学院附属学校与教育实验区经费管理暂行办法》等文件。

第二节　专家输入：协同创新共建高效课堂

一、校地专家协同基本架构

2014 年起，番禺区与广东第二师范学院合作启动"高效课堂协同创新"

计划。（见附录6）

广东二师番禺附中以此为契机，以促进全体教师的专业发展为主线，重抓课堂和学科。为提升教师的课堂教学水平，广东二师番禺附中成立了以广东第二师范学院专家教授为主体的课堂教学指导专家团队，同时聘请区教研室专家深入课堂把脉，构建了以大学附中为基地的院本培训体系，合作共建高效课堂协同创新中心。其中高校专家组组长由各院系的主任担任，成员为该学科专业的教授、博士；区域专家组主要由教研员构成，附中合作组主要由各学科科组长对接。

二、数学科组高效课堂教学改进实验案例

广东二师番禺附中作为一所新办高中，多年来聚力开展"基于学生能力培养的参与式"课堂教学改革。以数学科组为例，数学学科作为学校的主要学科，从2011年开始与广东第二师范学院合作开展"西蒙数学教学法"的实验研究。该项目由时任广东第二师范学院数学系的谢明初教授领衔其"西蒙数学教学法"团队，持续、系统地对附中数学科组进行指导、实验、跟踪，取得显著成效。

"西蒙数学教学法"主要宗旨是培养学生的认知结构，体现数学知识发生发展过程，促进学生自我建构，训练学生认知能力，实验期望通过高中数学"研学问题"设计内容的案例研究，重新授课、复习课、试卷讲评课三种课型案例研究，从教学观念、教学程序、学习程序等方面入手，提炼出三种课型设计的一般形式，完善数学科组编写的校本教材《高中数学西蒙认知工作单》，并进一步提高数学课堂教学效率，革新数学教学方法，改善数学教学质量，促进数学教师专业发展。数学科组以"运用'西蒙教学法'构建高中数学优质课堂"的课题研究为抓手带动教学实验和行动研究，专家资源输入与科组学习、成果输出的过程如下：

（一）理论整合阶段

1. 理论准备阶段：邀请谢明初教授进行系统化理论培训。

专题1：从认知心理学看数学课程改革（谢明初教授）

专题2：认知工作单范例与运用

专题3：数学英才的发现与培养

专题4：广东数学高考的特点与趋势

2. 理论实践阶段：谢教授还多次深入附中数学课堂给予教学指导，王桃利老师的实验课《直线和平面垂直的判定》、吕瑞娇老师的实验课《任意角三角函数定义》等都得到谢教授的有效指导。谢教授从教学设计、教学策略、学生的认知发展规律等方面给予发展建议。谢教授还参与数学科组关于数学课型模式的沙龙研讨，为形成符合附中生源的教学模式给予指导。

3. 数据分析和文献学习：主要调查附中高一四个实验班的学生入学数学基础，分析学生数学学习习惯、学习障碍；分析数学教学中存在的问题，同时收集前测数据。数学科组老师还通过方式，收集与"西蒙教学法"和"优质数学课堂"相关联的概念、理论界定和实验做法等研究动态资料，然后根据前测的调查结果和理论依据制定行动计划。

（二）教育实践阶段

自开展研究工作以来，课题组成员通力合作，不懈努力，在教学中不断对研究所得进行实践，并开展了一系列有针对性的教学研究活动，如课题研究公开课、校内外优质课比赛，以及定期召开课题组研究分析总结会议等，逐步形成了一套行之有效的符合附中实际的课题教研模式，即"新授课、复习课、试卷讲评课"三种基本课型的授课模式。

图 1　谢明初教授、学校领导和学科组听取课题组老师的实验课

图 2　听完课之后谢教授在指导老师如何有效开展教学

图 3　谢教授带领他的团队共同指导我校数学科组全体老师开展课题研讨课

图 4　课题主持人在做开题报告

　　每个年级都有精选的研学案例，形成符合附中生源的研学案例集。通过课题研究，学校各个年级的数学成绩有了大幅度的提高，当年高一上学期末数学平均成绩超过同类学校 6 分，高二、高三的数学成绩也超过同类学校，尤其实验班数学成绩更是喜人。课题组成员通过研讨课、公开课、赛课、专题讲座等形式在校内、区内进行推广，其活跃的课堂气氛、流畅的教学环节、大面积的参与度以及高效的课堂模式得到了区教研员和各兄弟学校同行们的一致好评。课题组成员的教学能力与教研能力得到了快速的提升。同时学生们在各种数学比赛中也得到很好的成绩，2013 年高二同学参加广州市数学竞赛，附中共有六名同学参加，其中陈雨潇同学获得广州市二等奖、张海磊同学获得三等奖的好成绩。

图 5　王桃利老师在上课题实验课的授课图片

（三）结论反思阶段

课题研究活动让老师们对每一节数学课都有不同的体会和感悟，每一个阶段也有不同的问题让大家积极地面对和解决。课题组成员针对课后学生的反馈并结合学生每一阶段的测试成绩进行及时的反思，形成文字，进一步完善三种基本课型的课堂模式。

图 6　谢教授和全体科组老师共同探讨如何形成具有我校特点的基本课型模式

图 7　课题组成员和同备课组的老师研讨如何开展课题相关工作

　　在课题研究过程中，课题组成员根据实验班的学生基础对三种课型的基本模式做了大胆的改动，由以前学生被动的学习，改变为学生主动进行知识建构，提高了学生学习的兴趣。教师从单一的研究高中教材转变为除了要研究新的教学任务，还要研究学生已有的知识结构，为学生搭建合理的知识平台，促使学生主动进行知识建构。教师还要研究学生的认知心理，对于知识的形成都有其内在逻辑关系，教师要帮助学生发现其内在的联系，而不能只是简单的告知，注意尊重学生的认知规律。通过一个学年的实践操作，实验班的学生不仅对数学学习产生了浓厚的兴趣，同时也培养了学生主动发现问题、提出问题、解决问题的能力，学生更加注重知识的发生发展的过程，学生主动研学的能力明显提升。学生的研学需求带动教师进行相关的研学，不断研究学生提出问题的根源在哪里，应该从什么地方为学生搭建主动研学的平台，学生研学的依据是什么等。师生之间的这种研学氛围相互促动，既提高了学生学习的兴趣，同时也促进教师的发展，这种相互促动使得学校师生研究数学的氛围明显浓厚了，学生和教师都得到了相应的提高。经过一学年的努力，实验班的数学成绩得到了明显提高，我校整体成绩在区里也有了相应的提高。在广州市调研考试、一模、二模中，高三实验班的数学平均分均超过了排在前列的生源优质学校。

表 1　附中高二普通班与实验班成绩对比

班别	入学成绩	高二第一学期期中		高二第一学期期末		高二第二学期期中	
		文科	理科	文科	理科	文科	理科
普通班	111.19	61.41	84.54	58.55	78.27	68.36	97.63
实验班	120.13	87.20	112.44	81.15	104.08	93.23	118.80

　　从学生入学成绩和几次大型的广州市统一测试和高考成绩可以看出，通过课题研究，我校的高三实验班成绩有了明显的突破。而从高二的数据可以看出实验班学生成绩稳中有升，学生学习数学的积极性和主动性都有了一定

的提升。

这些数据说明该课题实验对于提高学生的成绩有较好的帮助，通过教学相长也提高了数学科组老师的教学和研究水平。专家指导材料、课题结题材料和教师学术论文等发展性证明材料见附录。

附件1：新授课、复习课、试卷讲评课三种课型指导材料

1.新授课课题：任意角三角函数定义

时间：2012年5月10日（课题的准备阶段）

地点：学校公共课室

参与人员：广东第二师范学院的西蒙专家团队、课题组成员、数学科组全体老师

研究内容：研讨新授课"研学案"如何设计

研究结论：确定新授课"研学案"设计的环节

学习目标—知识建构—知识迁移—回顾与反思—知识强化

2.新授课课题：直线与平面垂直的判定

时间：2012年12月4日（课题的准备阶段）

地点：学校公共课室

参与人员：广东第二师范学院的西蒙专家团队、课题组成员、数学科组全体老师

研究内容：研讨新授课的课堂实施

研究结论：确定新授课课堂流程

教师展示学习目标→学生进行课堂知识建构→学生自我展示→教师进行点评并小结→师生一起进行知识迁移（题组训练）→学生小组研讨并展示→师生进行知识总结提升→教师布置作业

3.新授课课题：两角和与差的余弦

时间：2015年3月27日

地点：高一9班

参与人员：广东第二师范学院的西蒙专家团队、课题组成员、数学科组全体老师

研究内容：新授课的授课模式

研究结论：教师展示学习目标→学生进行课堂知识建构→学生自我展示→教师进行点评并小结→师生一起进行知识迁移（题组训练）→学生小组研讨并展示→师生进行知识总结提升→教师布置作业

4.试卷讲评课：中段考试卷讲评课

时间：2014年4月25日

地点：高二4班

参与人员：广东第二师范学院的西蒙专家团队、课题组成员、数学科组全体老师

研究内容：试卷讲评课流程及模式

研究结论：讲评课流程：公布答案→成绩分析→优秀试卷展示→展示考点分布→典型错误讲评→典型错误题型小结→变式练习→能力提升、小组展示→概括总结

课堂实施模式：电脑PPT展示正确答案、成绩分析、优秀试卷、考点分布以及本班学生典型的错误→学生分析与讲解→师生总结错误原因及解决办法→教师进行变式练习，强化学生易错知识点→师生以及生生课堂探讨→小组展示→师生总结

5.复习课课题：导数在研究函数中的应用

时间：2014年9月15日

地点：高三17班

参与人员：广东第二师范学院的西蒙专家团队、课题组成员、数学科组全体老师

研究内容：小专题复习课的上课模式

研究结论：专题复习课的上课流程和操作模式

上课流程：学习目标→知识梳理→课前自测→知识迁移→回顾与反思→知识强化。

课堂实施模式：教师展示学习目标→师生共同梳理知识要点→课前小测学生自我展示→师生共同更正→教师引领学生进行知识迁移→师生共同进行知识回顾与反思→学生独立完成知识强化。

6. 复习课课题：由 an 与 Sn 关系式求通项公式

时间：2015 年 4 月 23 日

地点：自动录播室　上课班级：高三 15 班

参与人员：广东第二师范学院的西蒙专家团队、课题组成员、数学科组全体老师

研究内容：小专题复习课的上课模式

上课流程：学习目标→知识梳理→课前热身→题组训练→课堂小结→知识强化

课堂实施模式：教师展示学习目标→师生共同梳理知识要点→课前热身师生共同更正并小结→教师引领学生进行题组训练→师生共同进行知识小结→学生独立完成知识强化

附件 2：课题结题报告
数学学科"研学问题"设计内容的案例研究结题报告

四年来，我们在广东第二师范学院数学系谢明初教授的指导下，在学校领导的具体关注下，在我校教研室的帮助下，通过我们课题组五位教师共同努力，不仅形成了教育科研的浓厚氛围，促进了课题组成员的专业化发展，更使教育科研与学校课堂教学紧密结合，开发出了具有独特风格气质的科研文化，在一定程度上引领科组走上文化成长之路，课题研究也取得了一定的成效。

（一）课题研究背景

《国家中长期教育改革和发展规划纲要（2010—2020）》指出，要"注重学思结合，倡导启发式、探究式、讨论式、参与式教学，帮助学生学会学习，激发学生的好奇心，培养学生的兴趣爱好，营造独立思考、自由探索、勇于创新的良好环境。"番禺区为了促进教育教学发展，提出了"研学后教"的教育理念。"研学后教"的最终目的是实现学习方式的转变，提高课堂教学实效。"研"上着力，"教"有突破，"研""教"结合，以"研"促学，以"研"促"教"。

广东二师番禺附中作为一所新办高中，近年正在开展"基于学生能力培养的参与式"课堂教学改革。数学学科作为学校的主要学科，从 2011 年开始与广东第二师范学院合作开展"西蒙数学教学法"的实验研究，我们期望通过高中数学"研学问题"设计内容的案例研究，重新授课、复习课、试卷讲评课三种课型案例研究，从教学观念、教学程序、学习程序等方面入手，提炼出三种课型设计的一般形式，完善本科组编写的校本教材《高中数学西蒙认知工作单》，并进一步提高数学课堂教学效率，革新数学教学方法，改善数学教学质量，促进数学教师专业发展。

（二）国内外相关研究评述

卢梭在他的著作《爱弥儿》中说过："不要教他这样那样的学问，而是让他自己去发现这些学问。"杜威作为 20 世纪最伟大的教育家之一，创造性地确立了"教育即经验的不断改造"的教育哲学的命题。

数学教学改革一直是心理学家、数学教学法专家所关注的话题，20 世纪 50 年代，美国著名的教学心理学家斯金纳通过动物实验建立了操作行为主义的学习理论，并据此提出了程序教学法及教学模式，曾对 20 世纪 50 年代的美国和各国中小学教育产生广泛影响。

20 世纪 80 年代，中国科学院心理学家朱新明教授和美国著名认知心理学家赫伯·西蒙合作研究"示例学习"，将"例中学"和"做中学"有机结合在一起，并从自适应产生式系统的学习模式出发，系统地研究示例学习的效果和过程，提出促进条件认知，构造有效样例加强产生式条件学习的新观点。尽管"示例学习"取得了较好的教学效果，但是由于中小学数学教师对认知心理学的不熟悉，使得"示例学习"并未得到数学教育界的广泛接受，同时，由于示列学习所安排的练习量太大，"小步教学"中的步子太少，使得这项实验受到批评，并认为教学方法中带有机械操练、题海战术成分。

（三）课题研究的理论依据

建构主义理论。该理论对发展和完善我国的课程和教学理论、指导和促进我国的课堂教学改革具有重要的意义。建构主义教学理论认为，人的知识不是被动地接受的，而是通过自己的经验主动地建构的，指出教学应当力求使学生自己进行知识的建构，而不是要求他们复制知识。强调以学生为中心，强调学生是学习活动不可替代的主体，在学习活动中，学生具有主动选择、发现、思考、探究、应答、质疑的需要与可能。"研学问题"设计内容的案例研究，就是将这一先进的教学理论实施于教学改革的实践中去，充分发挥其指导意义。

波利亚所提倡的"主动学习"原则。美国著名的数学教育家 G. 波利亚认为，学习任何东西的最好途径是自己去发现。为了有效地学习，学生应当在给定的条件下，尽量多地自己去发现要学习的材料。

费赖登塔尔的"再创造教学"理论。荷兰著名数学家费赖登塔尔认为，数学知识不是教出来的，而是研究出来的。因而，学校的教学必须让学生通过自身的实践活动来主动获取知识，让学生在学习中掌握进行再创造的方法。

"西蒙数学教学法"成功地将现代认知心理学理论应用于数学课堂，从改变学生的学习方法着手，引导学生主动探究、发现规律、形成合理的认知结构。与传统数学教学相比，"西蒙数学教学法"在教会学生如何学习数学和培养学生数学认知能力等方面具有显著的优势。

（四）课题要解决的主要问题及研究内容

本课题研究的目的，是根据学生的认知心理和学生已有的知识结构进行教学设计、教学策略设计。通过一系列研学问题设计，引导学生在原来的认知基础上进行自我知识建构，使得知识和能力得到提升。本课题主要研究"研学问题"的设计，我们为学生设计什么样的问题才能更好地促进学生的学习与发展，这就促进我们的老师研究学生的认知心理，研究学生的已有的知识结构，尽可能设计出有一定的知识基础的问题，让学生易于接受，这就促进老师研究学生不同学段的知识，研究一定的教学理论，促进教师的专业发展。

本课题主要完成以下工作：

（1）重新授课、复习课、试卷讲评课三种课型案例研究，提炼出三种课型设计的一般形式。

（2）针对三种课型设计的一般形式，以备课组为单位探究这三种课型的教学模式，进一步形成三种课型课堂教学的原则、方法与评价。

（3）在研究我校学情的基础上，进一步完善我校本学科的研学案例集，即《高中数学西蒙认知工作单》。

（4）进一步研究在新课程下"西蒙数学教学法"的高中数学课堂教学理论体系，使教师在课堂教学中由模式教学变成在新课程理念指引下的课堂教学的文化自觉，为课堂教学策略的深入开展提供新的视角，为提高课堂教学实效性提供策略上典型范例。

（5）通过对三种课型设计内容的研究和课堂教学实施，提升数学教师成长的基本模式与方法，探讨提高数学教师课堂驾驭能力的方法与策略。

（五）完成课题的可行性分析

1.番禺区正在努力推进"研学后教"教学改革，区教研室多次召开区骨干教师进行理论培训，"研学后教"教学案例、课堂教学、学生优秀学习小组等评比，推动课题完成。

2.本课题得到学校的大力支持，学校领导引荐广东第二师范学院的谢明初教授给予我们理论指导。他多次为我们进行理论指导，并多次深入课堂给予指导。

专题1：从认知心理学看数学课程改革

专题2：认知工作单范例与运用

专题3：数学英才的发现与培养

专题4：广东数学高考的特点与趋势

3.本课题的研究人员中有2位高级教师，2位一级教师，教学经验丰富，教学能力强并且具备深厚的理论知识。

4.在我们多年的教学实践中，积极尝试以学生的认知心理为基础进行教学设计，充分考虑学生的学习特点，尽可能将课堂还给学生，让学生在学习过程中体会自我完善知识，自我突破难点的快乐。

（六）课题的特色与创新

本课题的研究主要采用案例研究法，选取高中数学常见的新授课、复习课、试卷讲评课三种课型，从认知心理学理论出发，对数学教学过程进行设计，这也是现代数学教育研究提倡的一贯思路。首先要把学生自身的认知过程搞清楚，然后为教学设计提供依据，为学生的数学学习制定科学的计划。

本研究旨在探索高中学生学习数学的心理过程，包括研究体现学科特点的数学学习规律和体现人类认知特点的一般学习规律；探索基于认知心理学的数学教学方法，设计符合学生心理认知的西蒙认知工作单，解决实际数学教学中碰到的困难，研究基于认知心理学理论的高效数学教学的模式。

（七）课题研究的对象、方法与过程

研究对象：以广东二师番禺附中的高一、高二学生为主要研究对象。通过对期中和期末考试成绩进行统计分析检验实验效果，将学校整体成绩与番禺区同类学校进行比较，获得重要的参考意见。

研究方法：本项研究主要用案例研究法，研究过程遵循计划→行动→研讨→反思→调节的程序。研究者直接参与研究过程，在研究过程中不断充实研究内容和调整研究方案。

本研究主要有三个阶段：

第一阶段：收集资料阶段（2013.9—2014.6）

（1）分析附中学生学习现状（学生的入学基础、学生学习习惯调查、学生学习数学的障碍分析）。

（2）分析本校本学科现行教学设计存在问题，并选取一些新授课、复习课、试卷讲评课案例。

（3）收集整理有关案例研究法、认识心理学的理论材料，并邀请专家进行相关的理论指导。

第二阶段：案例分析研究阶段（2014.9—2015.4）

对三种课型案例的教学设计和课堂教学行为进行全面的分析，对存在问题加以改进，并进行相应课堂操作。

第三阶段：案例加工整理阶段（2014.10—2015.5）

对三种课型案例进行多角度研究分析，按一定的结构形式表述成教学案例。

（八）研究基础及相关成果

"研学后教"教学改革在番禺区教育局的推动下已经开展了近两年的时间，在区教研员的带动下全体教师在深入研究课标、教材和学情、学法的基础上，编写引导学生学习的目标、内容、方法的"研学案"，学生在"研学案"的指引下通过自主、合作、探究的学习方式，钻研知识和探求方法，提升学习能力。经过全体老师的努力，数学学科的"研学后教"的"研学案"、典型教学案例、典型课堂模式已经初具规模。

我校数学科组自2011年实行"西蒙数学教学法"以来，已基本完成第一轮《高中数学西蒙认知工作单》的编写，其中吕瑞娇、赖奇才、王桃利、陈凯姬老师已多次向全校老师展示公开课。自开展实验以来，本科组多次邀请数学专家开展相关理论的专题讲座和相关问题的研讨会。实验结果显示，实验班的学习成绩显著高于对比班。

附件3：数学教师学术论文

运用"西蒙教学法"构建高中数学优质课堂

罗剑锋　　广东二师番禺附中

"西蒙数学教学法"是建立在美国卡耐基-梅隆大学西蒙教授和中国科学院心理研究所研究员、博士生导师朱新明教授的"人类自适应学习"理论基础上，以现代认知心理学的思想为基础，根据自适应学习理论揭示学生获取知识的认知过程指导教学，是支持自适应学习的一种教学模式，将"例中学"和"做中学"有机地结合起来，以组块式问题形成认知工作单，被称为21世纪数学教学方法。笔者学校结合现阶段高中学情，邀请西蒙数学教学研究中心首席专家谢明初博士做专题报告，并与相应课题组签署合作协议，开展"西蒙教学法"教学实验，收效良好。其中，西蒙教学法核心思想是：西蒙数学，小步台阶；编排题组，从易到难；知识求联，技能求变；培养英才，训练从严。

与此同时，番禺区教育局提出了"研学后教"的教育理念，要求不断深化教学改革，大力推动区域教育发展。本文结合我区的"研学后教"的教育理念，对运用"西蒙教学法"如何构建高中数学优质课堂进行探讨和研究。

一、运用"西蒙教学法"的学案编写是打造优质课堂的前提

学案是建立在教案基础上针对学生学习而开发的一种学习方案，通过这种学习方案，学生能清晰地知道老师的授课目标、意图和教学重点，学生在学习中享有知情权、参与权，学习能有备而来。学案设计应遵循的原则是课时化原则、参与化原则、方法化原则、问题化原则、层次化原则。同时，学案设计应注意陷入误区，如学案开发缺乏科学性和有效性，认为学案设计等同于同步练习，问题设计随意且缺乏启发性和层次性，缺乏方法指导和能力培养等。"西蒙教学法"模式要求学案的编写应突出西蒙数学的核心思想，培养英才、训练从严，实现真正意义上的高效优质课堂。其中，"西蒙教学法"学案编写模式是：学习目标—知识建构—知识迁移（例题演练、知识小结和练习巩固）—回顾与反思（填写完成学习的目标情况和用到的数学思想方

法）—知识强化。

布鲁姆的发现学习理论认为：学习是学生参与建立该学科的知识体系的过程。所以，教师要善于设定学生能够独立探究的一系列问题，引导学生自己去获取知识。这也正体现了"西蒙教学法"理论中的小步台阶，编排题组，从易到难的思想。

案例1　在讲授抛物线第一课时，我们原来的学案设计是理科班从圆锥曲线的第二定义入手，引出抛物线的定义；文科班首先直接给出抛物线的定义，再通过求轨迹方程得出抛物线的标准方程，然后通过例题讲解去强化这个概念。以往用这种方式引出的概念，大部分学生对抛物线的定义以及为什么要以这个方程为标准形式而一知半解。我们认为，学生获取新知识的方式不应该只通过对现成知识的解释性陈述，而是从原有的知识体系中通过动手演练和解决系列问题，从中发现有关知识并掌握解决问题的技能。这一节内容在人教版选修1—1和2—1的教材中是通过研究二次函数的图象是一条抛物线引入，告诉学生在已知的抛物线几何性质上问学生还有哪些几何特征，以此引起学生的兴趣，但这种情况往往让基础较弱的学生无所适从，只会机械套用。虽然教材还设置了用几何画板给出了抛物线生成的过程，但对学生的探讨帮助不大。那么，如何体现"西蒙教学法"小步台阶、从易到难的思想？

荷兰数学教育家弗赖登塔尔强调：学习数学唯一的方法是实行"再创造"，也就是由学生本人把要学的东西自己去发现或创造出来，教师的任务是引导和帮助学生进行再创造，而不是把现有的知识灌输给学生，让学生在已知的知识体系去发展、去体会，形成新的知识是教学的追求，所以我们就从学生所熟悉的抛物线方程 $y = x^2$ 入手。学生对 $y = x^2$ 有一定的认识，为了让学生对随后抛物线定义中涉及的定点和定直线有一个自然形成的思想过程，我们让学生自主探究（小组合作完成）以下题目：动点 M 满足到定点 F（0，a）（a＞0）的距离和到定直线 ℓ：y=b（b＜0）的距离相等，且 M 点的轨迹方程

为 $y = x^2$，求 a、b 的值。

设 M（x，y），由题意知 $\sqrt{(x-0)^2+(y-a)^2} = |y-b| \Rightarrow x^2 = 2(a-b)y + b^2 - a^2$

即为点 M 的轨迹方程，又由已知 M 点的轨迹方程为 $y = x^2$，比较可知

$\begin{cases} b^2 = a^2 \\ 2(a-b) = 1 \end{cases}$，解得 $\begin{cases} a = \dfrac{1}{4} \\ b = -\dfrac{1}{4} \end{cases}$。结论：抛物线 $y = x^2$ 可看成是平面内到定点

F $(0, \dfrac{1}{4})$ 的距离和到定直线 $y = -\dfrac{1}{4}$ 的距离相等的点的轨迹。课堂上用"几何画板"演示，给学生直观感受。

类似地，你能说明二次函数 $y = ax^2 + bx + c(a \neq 0)$ 的图象是抛物线吗？哪种形式较为简洁，为什么顶点在原点对称轴在坐标轴上的形式更简洁？然后再用几何画板演示，给出抛物线的定义。这样做的好处是让学生从已有的知识体系中入手，通过验证二次函数 $y = x^2$ 的图象中存在一定点和定直线，使得曲线上的点到定点的距离和到定直线的距离相等。学生的认识上升到理性层面，符合认知规律；同时抛物线 $y = x^2$ 的焦点 F $(0, \dfrac{1}{4})$ 与准线 $y = -\dfrac{1}{4}$ 之间的对应关系为后续推导标准方程时建系做了铺垫；利用已有经验去猜测抛物线焦点与准线的位置并得到验证，使得数学经验得以提升。

案例 2 在给出定义推导抛物线的标准方程时，我们同样进行了小组合作，分组建系，在这个教学过程中体现"西蒙教学法"中的知识求联、技能求变的思想。

如何建系，从本质上讲是人为的，想怎么建就怎么建，但不同坐标系下方程的繁简程度不一样，为了让学生体会当抛物线的顶点在原点，坐标轴为对称轴所得到的方程更简洁，我们做了以下三个方案，供三组同学合作完成以下的推导过程。

方案 1：以 l 为 y 轴，过点 F 与直线 l 垂直的直线为 x 轴建立直角坐标系。

设定点 F（p，0），动点 M 的坐标为（x，y），过 M 作 MD⊥y 轴 D，抛物线的集合为：p={M||MF|=|MD|}，化简后得 $y^2 = 2px - p^2$（p＞0）

方案 2：以定点 F 为原点，平行 l 的直线为 y 轴建立直角坐标系。

设动点 M 的坐标为 (x，y)，且设直线 l 的方程为 x=-p，定点 F（0，0），过 M 作 MD⊥l 于 D，抛物线的集合为：p={M||MF|=|MD|}，化简得 $y^2 = 2px + p^2$（p＞0）。

方案 3：取过焦点 F 且垂直于准线 l 的直线为 x 轴，x 轴与 l 交于 K，以线段 KF 的垂直平分线为 y 轴，建立直角坐标系，抛物线上的点 M（x，y）到 l 的距离为 d，抛物线是集合 p={M||MF|=d}，化简后得 $y^2 = 2px$（p＞0）。

比较所得的各个方程，共同分析哪种方程表达形式更为简洁，为抛物线的标准方程的推导提供立体的视野。有人可能认为这样的探讨会占用课堂太多的时间，第一课时的内容除了推导出抛物线的定义，还要完成已知方程求性质和已知性质用待定系数法求方程等训练内容。这里建议二次函数的探讨可以在课前完成，分组建系也可以小组合作、成果展示，通过以上探讨能让学生理解更深入，认识更理性，而且小步台阶中体现知识求联，经验得以提升，这也为后期的教学能起到事半功倍的效果。

二、运用"西蒙教学法"的课堂教学设计是打造优质课堂的基础

课堂教学设计是根据课程标准的要求和教学对象的特点，将教学诸要素有序安排，确定合适的教学方案的过程。从目前的教学中发现，没有过程的教学把思维的体操降格为刺激反应训练，是考试功利化在数学教学中的集中表现。为了使数学教学成为有思想的教学，成为培育理性精神的阵地，我们必须坚持"过程与结果并重"的原则。

20 世纪 80 年代以来，朱新明教授对学生通过考察例题和解决问题获取知

识的信息加工过程与效果进行了深入的研究，结果表明，在示例学习中，只要给予有解答步骤的例题和足够数量的问题，学生就能根据例题形成适当的假设，并在解决问题的过程中不断地得到反馈，有效地获取知识。在这些研究的基础上，系统阐述了人类获取知识的"条件建构—优化理论"。"西蒙教学法"在上述的理论基础上对课堂教学设计进行优化：

（一）以"知识建构＋知识迁移＋小结"的形式组织学习，知识建构要小步台阶，知识迁移要体现知识求联。课堂教学设计中要将知识蕴涵在各种例题和问题中，学生首先通过考察例题提出自己的认识和见解，然后在解决问题的过程中逐步加深理解，最后在小结的引导下归纳和概括知识。学生在任何一个环节遇到困难，都可以随时向教师提出来，并在教师的辅导下顺利地理解所学的知识。

（二）采用低起点、小台阶的方式编排知识，促进理解的学习。由于考虑到减轻学习者的认知负荷，需要将所学的知识分解为一系列小的组块式工作单，按照低起点、小台阶编排成学习程序。因此，学生只要认真考察每一个例题，解决每一个问题，就能获得相应的知识。这种做法对基础较差的学生尤为有利。在传统的课堂教学中，教师只能根据大多数学生的水平进行讲解，不可能为后进生对知识点的每个细节详细讲解。而在"西蒙教学法"中，低起点、小台阶的设计使得每个学生都能够对工作单进行反复推敲，逐渐理解，不受教师讲解内容和讲解速度的限制。

所以，优化课堂教学设计是打造优质课堂的基础。而"西蒙教学法"为优化课堂教学设计提供了更高的平台。"西蒙教学法"中要体现小步台阶，课堂教学设计就必须要符合学生的实际水平，所以在教学设计中，要考虑教材的引入和探究部分该如何取舍，解答典型例题前需要多少知识点的基础铺垫；知识迁移容量多大，难度如何做到小步台阶。有些例题较为抽象时，应如何体现知识求联，技能求变的学习思想。

案例3　数列$\{a_n\}$中，已知$a_1=a$，当$n\geq1$时，有$a_{n+1}=ka_n+\lambda$，其中 k、λ为常数，且$p\neq1$。求数列$\{a_n\}$的通项公式。

原来的教学设计是给定 k、λ的具体值求数列$\{a_n\}$的通项公式，然后通过类比求出上式的通项，再通过练习进行强化加深。但在教学过程中发现很多学生只是套用而不是真正理解。所以我们在编写工作单时分四个步骤逐层推进，从易到难、从具体到抽象，充分体现"西蒙教学法"中知识求联的教学思想。

第一步：给定 k、λ的具体数值，让学生证明$\{a_n+1\}$是等比数列。

例　已知数列$\{a_n\}$，其中$a_1=1$，$a_{n+1}=2a_n+1(n\geq1)$，证明$\{a_n+1\}$是等比数列。

让学生认识上式可以构造成$\dfrac{a_{n+1}+1}{a_n+1}=2$，可证明数列$\{a_n+1\}$是等比数列，从而得出更一般的结论$\dfrac{a_{n+1}+\lambda}{a_n+\lambda}=q$，可得出$\{a_n+\lambda\}$是等比数列，让学生先有构造的思想。

第二步：引导学生从$\{a_n+1\}$的通项求得a_n。

例　已知$a_1=1$，$a_{n+1}=2a_n+1(n\geq1)$，求通项公式。

本题的切入口是解决整个问题的关键点。如何与上式接轨？引导学生联系上式，这时比较容易观察出结构特点，用"凑"的办法化归为等比数列，求出$\{a_n+1\}$的通项从而求a_n。

第三步：对$a_{n+1}=ka_n+\lambda$中 k 和λ进行变式，设置过程要体现小步台阶，巩固化归思想，强化待定系数法解题。

例　已知$a_1=1$，$a_{n+1}=2a_n-1(n\geq1)$，求通项公式。已知$a_1=1$，$a_{n+1}=3a_n+1(n\geq1)$，求通项公式。已知$a_1=1$，$a_{n+1}=2a_n+\lambda(n\geq1,\lambda$为常数$)$，求通项公式。

这是$\lambda=-1$的一般性结论，根据前面所用的化归思想，如何从"凑"引出待定系数法是起到关键性的一步。引导学生对以上的问题都可转化

$a_{n+1} + \lambda = k(a_n + \lambda)$的形式，其中$\lambda$为常数，$\{a_n + \lambda\}$是以$a_1 + \lambda$为首项，公比为 k 的等比数列。

第四步：对形如$a_{n+1} = ka_n + \lambda$求通项解法归纳。

例　数列$\{a_n\}$中，已知$a_1 = a$，当$n \geqslant 1$时，有$a_{n+1} = ka_n + \lambda$其中 k、λ为常数，且$p \neq 1$。求数列$\{a_n\}$的通项公式。

上面的设计，我们先铺垫了$\dfrac{a_{n+1} + \lambda}{a_n + \lambda} = q$可证明$\{a_n + \lambda\}$是等比数列，我们不是把待定系数法强加于学生去记忆、去重复，而是通过从特殊到一般引导学生发现这类问题的本质，让学生从这类问题探讨一般的解法，也正体现了"西蒙教学法"中的教学思想：小步台阶，知识求联。

三、运用"西蒙教学法"的课堂教学反思是打造优质课堂的保障

俗话说："台上一分钟，台下十年功。"短暂的一节课堂教学，展现的是一个教师的综合素质，是多年心血的凝结。要上好一节课，需要教师深入钻研教材、悉心备课、精心设计、实施教学的各个环节，而运用"西蒙教学法"设计的课堂教学反思是打造优质课堂的保障。

首先，"反思"是教师深入钻研教材，提高分析和处理教材能力的重要途径。而"西蒙教学法"以现代认知心理学的思想为基础，根据自适应学习理论揭示学生获取知识的认知过程并指导教学，所以，我们在建构认识工作单时，会根据西蒙教学法的指导思想将某个概念形成一系列的有层次的正例和反例；或者提供一个或几个有详细解题步骤的例题，学习者的任务是考察并理解这些例题，并通过类比学会解决其他类似的问题。

其次，"西蒙教学法"不能片面地理解为让学生先看书，从书中寻求得到的结论及其推导过程，然后完成工作单，在课堂上再拓展再强化。"西蒙教学法"的核心理念是学生获取知识的认知过程要符合认识心理学，即做工作单时要从学生的实际认知心理水平出发，概念如何分割，需不需要预设情境，难度如何把握，这将是我们西蒙教学工作能否顺利进行的关键。

"西蒙教学法"从课堂组织形式看，强调当堂消化所学知识，作业和测试当堂完成，课外可以不留或少留作业。大大减轻了学生的课外作业负担，有利于学生的全面发展；教师也可以从大量的批改作业和补课中解脱出来，有时间和精力研究教材和教法，为提高自身的业务素质和教学质量创造了条件。

四、结束语

"西蒙教学法"突破了传统教学的模式，教师的角色发生了很大的变化，成为真正意义上的学习组织者和引导者，教师对学案的编写尤其是概念教学的铺设更具实操性。同时，为了让学生自主地学习探究，教师必须对每一节课进行精心设计，每一个问题既要让学生感兴趣，又要突出教学的重难点，清晰教学的主线，完成教学目标。所以，课堂环节的设计要有梯度，学生能顺着梯子往上爬，不断体验到成就感，这也是"西蒙教学法"的研究方向。

经过近两年的"西蒙教学法"的课堂实验，教师上课更为精简，课堂节奏快了，课堂上学生思维活跃，发言积极，一扫过去沉闷的课堂气氛，师生关系和谐，学生学习积极性被调动，学得主动，学得轻松，学得灵活，课堂教学质量有了明显提高，真正实现了高效课堂。

第三节 项目输入：集中优势树品牌

广东二师番禺附中以"培养现代君子"的办学理念为根基，以"学为君子，兼善天下"为宗旨，作为高校附属学校，能积极借助广东第二师范学院的办学优势和特色资源，链接优质品牌项目，拓宽学生视野，挖掘学生潜能，成长教师队伍，优化学校管理。

一、国际理解课程项目

2015年，在番禺区教育局的支持下，广东二师番禺附中依托广东第二师范学院国际教育学院，进行"广东二师番禺附中国际理解教育特色课程建设项目"，配套博雅综合素质教育 LEP 特色课程建设计划，为附中高一学生提供 8 个主题的国际课程研究开发。

国际理解教育的课程由香港博雅国际教育研究院组织香港中文大学等高校专家团队负责课程开发，其目标方向为培养学生内化修养、外化行为及生涯计划等能力，目的分为下列三点：一是国际理解——让学生认识世界与中国的不一样（学生内化修养）；二是现代文化与文明——道德礼仪与公德心的展现和培养（学生外化行为体现）；三是人生规划——培训增加对未来社会理解与掌握生活技能（学生技能培养）。课程内容涵盖国际礼仪、国际问题、个人优势辨析、生涯规划能力、文化兼容与互补、家庭责任与承担、中西科学观比较等，大力拓宽了广东二师番禺附中师生的国际视野。

（一）课程设计框架

1. 课程理念与特色

学习阶段	高中
理念	培养学生内化修养、外化行为及生涯计划等能力
课程特色	1. 环境：从课堂向生活延伸。 2. 学习形式：活动与体验。 3. 统整不同学科所学的能力。 4. 重视学习过程与结果。
时数	32 课（上下学期各 16 课），每课 40 分钟

2. 课程框架与方向

国际理解——让学生认识世界与中国的不一样（学生内化修养）	现代文化与文明——道德礼仪与公德心的展现和培养（学生外化行为体现）	人生规划——偏重事业理解与技能（学生技能性培养）
10 课，共 3 主题	12 课，共 6 主题	10 课，共 4 主题
认识本身中国文化，及其他文化以及理解不同价值观。中国传统文化与世界不同文化的关系及其兼容性。	认识现代文化和价值的多元化，在不同的行为方面的礼仪与公德心的展现。	认识自己的能力，从而规划人生和事业。

续表

内容会有不同的组织重心，如：理解和分析、质疑与评价、表达与应用、课题与人生、品味和鉴赏、自学与探究等。不同组织重心之下的学习单元，学习内容的侧重点各有不同。
教学方式：知识传授、文章导读（中英文文章）、活动体验及多元的成果展示等。 策略：合作学习（如协作的常规训练、互动、参与；小组分工及角色责任承担等）。
评估方式：通过自评（评测卷），学生检视学习过程与学习成果。

3. 课题主题与设置要点

（甲）国际理解：让学生认识世界与中国的不一样（学生内化修养：10 课，共 3 主题）

课次	主题	教学模式
1	个人和家庭关系：	
2	（1）与长辈 / 平辈的相处； （2）家庭的责任与承担（如家务分担和对长辈的照顾等）。	
3		
4		（1）个人预习及自学。 （2）讲授：①文章 (中英文) / 多媒体导读；②知识和理论灌输。 （3）多元学习方式：生活情境分析、体验学习、分组活动等。 （4）通过多元方式，巩固学习成果的评估。
5	不同地域文化的处理： （1）传统习俗与节庆； （2）乡土观念和环境保护。	
6		
7		
8	个人和中华文化的处理：承传与创新 ①中西科学观；②文化的兼容和互补 （如实用主义与理想主义）。	
9		
10		

（乙）现代文化与文明：道德礼仪与公德心的展现和培养（学生外化行为
体现：12 课，共 6 主题）

中华民族的传统文化博大精深、丰富多彩，所蕴含的价值取向、道德礼
仪、行为准则、教育理念等内容，具有强烈的历史性和民族性，如何处理传
统文化与现代文明的关系，是一个国家能否长久发展壮大的重要动力，也是
年轻一辈能否明辨是非、奋勇前行的重要动力。

教学主旨：认识现代文化和价值的多元化，希望能展现合适的、得体的行为、礼仪与
公民素质。

课次	主题	教学模式
1 2	礼仪一： 衣着——潮流和甄选。	
3 4	礼仪二： 谈吐用语态度，语言使用范畴和表达方式。	（1）个人预习及自学。 （2）讲授：①文章（中英文）/ 多媒体导读；②知识和理论灌输。 （3）多元学习方式：生活情境分析、体验学习、分组活动、研究性学习（资料搜集，分析比较）、多元思考工具等。 （4）通过多元方式，巩固学习成果的评估。
5 6	礼仪三： 饮食——食材的采集和处理；进食的方式和态度。	
7 8	礼仪四： 配合身份、场所及文化背景的交往模式。	
9 10	公德心一： 对他人及公共设施的关爱与尊重。	
11 12	公德心二： 对大自然及环境的关爱与珍惜。	

（丙）人生规划：偏重事业理解与技能（学生技能性培养：10课，共4主题）

教学主旨：认识自己的能力，从而规划人生和事业。		
课次	主题	教学模式
1	八大多元智能为依据。	（1）个人预习及自学。 （2）讲授：①文章（中英文）/多媒体导读；②知识和理论灌输。 （3）多元学习方式：生活情境分析、体验学习、分组活动、研究性学习（组织、归纳数据及数据）、多元展示成果方法等。 （4）通过多元方式，巩固学习成果的评估。
2	八大多元智能为依据。	
3	个人优势辨析。	
4	个人优势辨析。	
5	培养生存、生命能力： （1）掌握未来世界与人才的要求； （2）追求身心灵均衡生活。	
6		
7	培养生涯规划能力： （1）培养解难、创新与应变等能力； （2）设定人生短长期目标； （3）具备职业所需的能力。	
8		
9		
10		

（二）检视课程实施

课程从设计到实施，不同阶段有不同参与者，其角色及分工如下：整体规划、统筹及行政支持—广东二师番禺附中的领导层课程框架、教材设计的专家顾问团—高慕莲、马庆堂及林兆授课教师—香港教师（由广东第二师范学院国际教育学院及香港博雅国际教育研究院安排邀请）

1.课前阐述设计意念：课程经香港的专家团队设计及编制成教材后，与准备到附中授课的教师先进行说课；然后香港教师到附中进行教学；附中老师则参与观课及给予回馈。

2.课程的质素保证：课程开发与研究团队通过下列四种方式检视八周课堂实施状况及总结课程成效的基础。（1）检视学生课堂的课业；（2）与授课教师进行会议，分享实施经验，根据教师回馈，调整教学策略；（3）设计问卷及聚焦访谈，听取学生的意；（4）专家顾问团进行观课。

3.评估课堂效能的准则：在教师教学方面重点关注以下几点：（1）课程的调适/剪裁的适切度；（2）教材与活动的应用流畅度；（3）给予学生参与与互动的机会。

在学生学习方面重点关注以下几点：（1）课堂投入及参与程度；（2）对教学内容及活动的学习动机；（3）增加对国际理解主题的认识。

（三）课程成效总结

在期终的观课和问卷调查中，显示学生认为整体课堂是有助他们对国际理解的认识及文化上的了解，他们喜欢现实的教学方式和内容，可插入更有趣的活动和互动的元素，使学生的课堂参与度和兴趣进一步提高。

1.增加对国际的理解：大部分的学生对课题有深刻的印象，也认为课堂的学习有助于了解世界文化，使他们在文化认知上有所提升。

2.积极参与课堂：大部分学生认为课堂的活动是有兴趣的，有启发性的学习并均用心完成课业。

3.强化公民素质：大部分学生上完课后，懂得与人相处的礼貌和在公共场合遵守规矩和展示公德心。

二、班主任工作坊项目

（一）项目来源与研究专题

2019年，番禺区班主任工作研究会给出《关于建设学校班主任工作坊的指引》，广东二师番禺附中积极响应，开启班主任工作坊项目。该工作坊是学校研究班主任工作的团队，工作坊可以配合学校开展各项德育工作，可以协助学校班主任开展班级管理、班级建设和班级发展工作。班主任工作坊的建立，为班主任专业能力的提升提供了一个很好的平台，有利于学校更好地落实立德树人根本任务。班主任工作研究专题包括：

1.学生自主能力和学生互助合作能力培养研究。

2. 团体辅导在中小学班级建设中的运用研究。

3. 主题班会的设计与实施的创新发展模式研究。

4. 班主任工作创新发展模式研究。

5. 班主任专业成长效果评估机制研究。

6. 班主任专业成长路径研究。

7. 班主任工作室建设模式创新研究。

8. 班级建设、班级共同体、班级公共生活、班级发展规划研究。

9. 不同类型学生潜能发展与教育对策比较研究。

10. 班级特色文化建设探索与研究。

11. 特色班主任工作模式研究。

12. 创建班级特色文化的研究。

13. 班主任工作教育案例研究。

14. 培养中小学生社会责任意识的研究。

15. 中小学生公民意识教育的研究。

16. 培养中小学生良好媒介素养的研究。

17. 学生社团活动与学生自主成长的研究。

18. 培养学生良好阅读习惯的研究。

19. 弱势群体子女心理问题及其教育的研究。

20. 青少年文明素养与行为研究。

21. 学生诚信教育、关心他人和团结合作教育研究。

22. 学生文明礼仪教育研究。

23. 学生自主能力培养研究。

24. 学生互助合作能力培养研究。

25. 学生环保和低碳生活教育研究。

26. 学校禁烟、反毒品教育研究。

27. 学生积极心理品质研究。

28.学生应激和抗挫折心理训练研究。

29.学生焦虑、厌学的心理疏导研究。

30.学生压力管理研究。

31.学生良好行为习惯与健康人格有效养成研究。

32.班主任队伍建设研究。

33.家长学校建设与发展模式研究。

34.不同类型学生潜能发展与教育对策研究。

35.学习不良儿童心理发展的特点与教育对策研究。

36.影视文化、报纸杂志及文学作品等对青少年思想品德影响的调查与研究。

37.学生成才规划研究。

38.班主任心理健康现状、标准与对策研究。

（二）班主任工作坊建设与管理办法

第一条 建设班主任工作坊的目的及功能

1.为提升我校班主任工作质量和水平，提高全校班主任素质，我校将建立班主任工作坊，发挥优秀班主任的示范带动作用，进一步打造我校班主任工作品牌和特色。

2.班主任工作坊集班主任工作研究、培训和实践于一体。班主任工作坊由学校批准和授牌，建设周期为两年。

第二条 班主任工作坊主持人的申报条件

1.具备以下条件的优秀班主任。

班主任工作坊主持人是主持工作坊全面工作的责任人，必须是具有强烈爱生情感的师德模范、具有先进教育理念和工作智慧的育人能手，是善于学习和运用现代教育科学理论、研究育人工作的学习型、研究型教师，同时具有较强的班主任工作专业引领、培训指导和组织、协调、沟通能力，并具备以下条件：

（1）服从学校工作安排

（2）班级管理效果好，担任本校班主任以来，个人或所带班级曾在本校获得至少三次校级或以上荣誉的优秀班主任。

（3）在校内积极发挥示范引领作用，近两年内曾承担校级或以上班会公开课，校级或以上德育专题发言。

（4）以下项目之一：曾参加区级或以上班主任工作室、名德育干部工作室、名教师工作室成员、学员活动；曾参加区级以上班主任技能大赛并获奖、或获得区级以上班主任荣誉。

2.具有履行班主任工作坊主要职责的条件。

第三条　班主任工作坊的申报和审批程序

1.班主任工作坊在全校在职在岗教师范围内遴选确定，根据申报人数安排申报名额。

2.申报和审批程序：由具备条件的班主任自愿申报，并按要求填写相关材料，德育处组织遴选、学校党政联席会议审议，最后确定班主任工作坊主持人并授予证书和牌匾。

第四条　班主任工作坊的人员组成

班主任工作坊由三部分人组成，一是主持人，主持工作坊的全面工作，是工作坊的责任人；二是工作坊的成员，由优秀班主任组成，成员不多于6人（其中1人兼任主持人助理），由骨干班主任组成，协助主持人开展工作；三是学员，由青年班主任组成，每期4—8人。成员和学员由主持人、德育处共同确定。

第五条　班主任工作坊的主要职责

1.加强师德建设。主持人要在师德方面率先垂范，通过言传身教带动成员提升道德修养和学识水平，增强担任班主任的职业认同感和荣誉感。

2.参与本校班主任培训工作和校本培训工作，成为骨干班主任成长的摇篮。

3.负责指导学员制定班主任专业成长计划，通过班主任工作研讨、班会课备课与观摩研讨、教育案例研讨、课题研究及专题讲座等形式，引导学员提升专业水平。

4.发挥主持人的示范和辐射作用，通过示范性班会课、专题讲座、经验交流、班主任工作论坛等形式，促进本校班主任队伍的专业成长。

第六条　班主任工作坊的指导与管理

1.班主任工作坊由学校德育处管理。定期进行业务检查、督导和考核。

2.学校优先为主持人、成员、学员提供学习机会，进一步提高主持人和成员的业务水平，组织专家对班主任工作坊进行业务指导。

第七条　班主任工作坊的保障措施

1.工作条件保障。班主任工作坊要有固定办公室（场室可共用），并挂牌。

2.制度保障。班主任工作坊的岗位职责纳入班主任工作管理。鉴于主持人工作量增大，为保证主持人履行好职责，学校适当减少他们一般性的日常工作。具体由学校根据实际情况确定。

3.经费保障。学校按照每个班主任工作坊每年不低于1万元的标准配套资金支持。经费主要用于班主任工作坊的教育研究、学术研讨与交流、图书资料购置、办公设备购置和网站建设，以及外出学习和参观考察。

第八条　班主任工作坊的考核与评价

1.考核形式。每周期结束后对工作坊进行考评。考核的方式主要有：查看过程性资料、听取工作坊的汇报、听取成员、学员和学生的评价、各年级管理组的评价、听班会课等。

2.考核内容。主要包括班主任工作坊的自身建设、班主任工作坊在培训和指导班主任成长方面的主要业绩、班主任工作坊在班主任工作科研中所发挥的作用等。

3.考核结果。每周期考核的结果分为优秀、合格和不合格三个等级。考核为"不合格"者将撤销工作坊，考核为"合格"以上者将进入下一周期的工作坊建设；考核达到"优秀"者，将优先推荐参评上级的班主任工作坊。

4.成员、学员由主持人按学校规定的比例进行评价。每周期考核评价的结果分为优秀、合格和不合格三个等级。考核优秀者，在学校各类评优评先、培训机会等方面给予重点倾斜，体现班主任发挥的示范引领作用。

第九条　管理办法变更

本办法由学校德育处负责解释，如有变更，由德育处制定修改意见，并经学校党政联席会议讨论和审议后公布实施。

广东二师番禺附中

2019 年 2 月

（三）项目开展成果

凝心聚力谋发展，砥砺前行谱幸福

——记 2019 年广东二师番禺附中"幸福班主任"新春茶话会

一元复始，万象更新。在踏入 2019 年新学期之际，我校德育处于本周三在教师沙龙室举办"幸福班主任"新春茶话会。张英校长、蔡泳珊主任和各年级班主任代表参加了茶话会，由广州市班主任李凯君老师主持。

在甘甜的茶香里，蔡泳珊主任的致辞拉开了茶话会的序幕。她用真挚的话语肯定并感谢了一直默默耕耘的班主任们，并邀请各班主任就新学期如何促进班主任幸福成长的议题发表自己的意见与建议。

随后，广州市班主任李凯君老师就成立学校班主任工作坊提出了自己的构想，希望中青年班主任能积极参与校工作坊的组建。

接着，心理室石二春老师通过单字接龙进行破冰热身，让各位班主任沐浴在宽松欢乐的氛围中。通过简单的 123 数字口令，与会的班主任迅速分成三个讨论组，组员之间经过快速握手自我介绍增强凝聚力。三名组长进行 bilibalabom 口语对决，选定各自负责讨论的议题。

图 1　数字口令

图 2　自我介绍

图 3　三位组长进行 bilibalabom 口语对决选议题

图 4　总结发言

此后，三组成员进行无领导论坛，就议题产生观点的交融，思维的碰撞。共同议题是"学校班主任工作坊建设建议（选拔条件、运行保障、评价办法等）"，议题二是"建设班主任成长共同体建议（即德育合伙人、师徒结对）"，议题三是"主题班会课集体备课质量提升建议"，议题四是"班主任工作案例研讨活动质量提升建议"，讨论过程中，大家畅所欲言，各抒己见，气氛热烈。

图5　集体备课各抒己见

在展示环节中，第二组一马当先，就工作坊和案例研讨活动提出本组的观点。他们希望班主任可以从一般事务性琐事中解放出来，有时间与精力加入工作坊研究；案例研讨活动要重视主持人和发言人的培训，增加会议效率。第三组勠力同心，就德育合伙人、成长共同体阐述本组意见。他们期望工作坊能引领年轻老师得到系列化、连续性的德育指引；师徒结对的话，能够考虑师徒风格、教学理念等因素。第一组压轴出场，就集体备课提出自己思考。他们渴望工作坊能有专业的指导，从理论与实践层面提升班主任能力；集体备课必须增加课后反思及二次备课，完善资料。

图 6、7、8 分小组展示

图9　蔡主任及时记录

　　德育处蔡泳珊主任快速记录班主任们的意见和建议，并现场就部分问题做了回复。

图10　张校长总结

　　最后，张英校长做出激情洋溢的总结：班主任队伍建设是学校工作最重要的内容之一，她提出三点：一是通过班主任工作坊建设推进德育管理工作；二是希望中青年班主任积极发掘走班制、分层教学的班级管理特点，撰写德育论文；三是学校大力支持工作坊发展，通过"请进来，走出去"，让班主任得到专业的引领。

图 11　全体成员合影

　　快乐的时光总是短暂，在茶话会结束后，与会班主任纷纷感谢这样一场精彩而又充实的议题讨论会带给自己的收获和思考。这样的活动形式创新，讨论效果较好，必将成为附中德育人心中幸福的记忆。

三、教师培训项目

培训是教师专业发展的重要手段，也是个人能力提升进步的必要环节。广东二师番禺附中以广东第二师范学院为依托，积极开展学校各级各类教师的专项培训，促进落实立德树人的办学目标，加强师德建设，提高全体教职员工的教育教学能力、管理能力、服务能力，为高起点办学做好保障护航（见表1、表2）。如：

表1　广东第二师范学院附属学校校级干部"教育领导力"研修班日程安排

<table>
<tr><td colspan="2">行程时间</td><td>课程安排</td><td>主讲人</td><td>备注</td></tr>
<tr><td rowspan="3">10月
11日</td><td>09：00—11：30</td><td>广二师附属学校发展论纲——以学校发展规划的编制为着力点（案例法）</td><td>肖建彬等</td><td rowspan="3">培训处2号会议室</td></tr>
<tr><td>14：30—15：50</td><td>学校发展的愿景与目标定位（讲授＋研讨）</td><td rowspan="2">龚孝华、胡展航</td></tr>
<tr><td>16：00—17：00</td><td>学校发展的重点任务与分解（案例法）</td></tr>
<tr><td rowspan="2">10月
12日</td><td>09：00—10：20</td><td>附属学校校长汇报和专家点评（一）</td><td rowspan="2">龚孝华、胡展航、吴开华、贾汇亮、</td><td rowspan="2">培训处2号会议室</td></tr>
<tr><td>10：30—11：30</td><td>附属学校校长汇报和专家点评（二）</td></tr>
</table>

表2　广东二师番禺附中行政干部培训班课程安排表

培训模块	时间	培训内容	对象	主讲人	培训方式	地点
集中研修（7月上中旬）	9日上午9：00—11：30	番禺附中规划解读	全体教师	广东第二师范学院校长肖建彬教授	专家讲座互动交流	图书馆4楼会议室
	9日下午14：30—17：00	中小学教师专业标准解读		广东第二师范学院吴惟粤教授	专家讲座分组研讨交流互动	
	10日上午9：00—11：30	做幸福的教育工作者		广东第二师范学院培训处处长龚孝华教授	专家讲座案例分析	
	10日下午14：30—17：00	生态教学课堂让教育回归本真		广州第八十中学袁闽湘校长	一线名师经验分享	
	13日上午9：00—11：30	团队建设活动：团队管理	校级领导中层干部	广东第二师范培训处校长部黄泽纯主任	团队活动体验反思	艺术楼1楼音乐室
	13日下午14：30—17：00	学校危机管理与媒体应对		广东第二师范学院贾汇亮副教授、博士	专家讲座案例分析	行政楼4楼会议室
	14日上午9：00—11：00	提升中层干部执行力，优化学校教育教学管理		佛山一中董国强副校长	一线学校管理者经验分享	
	14日下午14：30—17：00	中层干部工作要则		华师附中学生处廖耀良主任		

续表

培训模块	时间	培训内容	对象	主讲人	培训方式	地点
名校巡防	第一批：9月11—15日（初定）	赴省外名校观摩学习，撰写学校改进方案。		带队：彭朝晖书记，成员：梁炳南、蔡泳珊、宋四兴、彭玛生、彭艳亮、梁文辉、高三级长3名、高二级长3名，合计13人。	实践考察交流反思自主学习	—
	第二批：9月23—27日（初定）	赴省外名校观摩学习，撰写学校改进方案。		带队：胡展航校长，成员：胡展航、张英、宋文仲、黄志伟、刘晓辉、杨思敏、肖维纯、安华宇、黄楚玲、高一级长3名，合计12人。		—
岗位行动研究	7—9月	在专家指导下，结合岗位工作，进行行动研究，撰写论文。	校级领导中层干部	专家组：贾汇亮、黄泽纯、于慧、谈心	专家指导行动研究	—
结业	10月中旬（初定）	学员结业汇报、结业典礼		专家组	—	—

第六章 薄弱学校快速优质化树品牌

通过建立现代学校制度、培育君子文化、构建参与式教学模式、形成院地合作协同育人机制，促使学校教师队伍快速成长、学生优质发展。

广东二师番禺附中作为一所薄弱学校，通过建立现代学校制度、培育君子文化、构建参与式教学模式、形成院地合作协同育人机制，不仅促使学校教师队伍快速成长、学生优质发展，而且在规划、制度、文化、课堂、教师五方面积累了丰富的经验，为薄弱学校快速优质化提供了经验。

第一节　强队伍：教师人才辈出

教师的发展是提升学校竞争力的关键。薄弱学校只有不断提高教师专业素质，加强教师队伍建设，才能克服地处偏僻、生源质量差、师资良莠不齐等不利因素，实现学校快速优质发展。广东二师番禺附中通过"压担子"让行政队伍快速成长；通过"结对子"传帮带方式提升教师业务能力，凝聚教师队伍向心力；通过"搭台子"激励教师参与教研学习活动，整体提升教师素养；通过"树榜样"宣传教师中的优秀典型事例并树立榜样，在师德上铸造师魂，在业务能力上激发活力，在发展环境上搭设平台，教师人才辈出。

一、行政队伍压担子

针对广东二师番禺附中行政队伍成员新人多、经验普遍欠缺的现状，学校旗帜鲜明地提出打造学习型团队的口号，加强学习反馈与评价，规范运作流程，强化责任意识、大局意识、服务意识，打造了健康、向上、注重沟通、讲究奉献、讲求实效的行政文化，将一支缺乏经验的行政队伍锻造成一支能干事、愿干事、能干成事的具有活力与战斗力的队伍，在番禺区几所示范性高中中率先完成岗位竞聘工作，顺利推进职称评定等任务，推动了学校教育教学质量的整体提升。

二、青蓝工程结对子

青年教师是学校的希望，是学校可持续发展的后备力量。青年教师的思想政治素质、业务水平直接关系到学校的生存和发展，青年教师的培养是教师队伍建设的一项重要而紧迫的任务。广东二师番禺附中通过青蓝工程"结对子"，致力于帮助青年教师尽快成长。

广东二师番禺附中的青蓝工程落到实处，一批又一批青年教师迅速成长为骨干教师。学校教研室坚持以"专家引领、同伴互助、自广东二师番禺附中反思"为渠道，以校本培训为平台，以师徒结对为形式，以听课评课为媒介，建设青蓝工程，助力青年教师的专业发展。健全师徒结对制度，明确师傅与徒弟的责任，以课堂为主阵地，以听课、观摩、评课、研讨、反思为途径，加强对青蓝工程的过程监管、调研与问责；师傅要以听课、交流、压担子等形式，主动对徒弟教师进行指导；青年教师专业成长的关键在青年教师本人的专业自觉和专业内驱，徒弟应谦虚好学，勤于钻研，不耻下问，多听课、多请教、多反思，每周至少听师傅教师 1 节课以上，并做出扎实有效的听课与评课记录。

为了更好地发挥骨干教师丰富的教育教学经验和优势，充分发挥其对新教师的教育教学指导作用，促进新教师迅速成长，增进教师间的业务交流，实现相互学习、共同促进的目标，从而提高学校师资的整体水平，提升教育教学质量，2011 年学校制订了《广东二师番禺附中师徒结对活动实施方案》和《广东二师番禺附中师徒结对管理制度》，明确了教导处的管理职责和师徒的帮扶职责。

广东二师番禺附中要求，青蓝工程不能仅仅停留在解决一个教学技艺的传授和继承问题上，更要帮助青年教师确立敬业、乐业、乐于奉献的精神。教师应该把自己的工作看成是一种事业，而不是一种职业。对师傅教师而言，最重要的使命也是用他们乐业、敬业的模范行为去教育和影响青年教师，帮助他们树立热爱教育，热爱学生，把教育作为自己毕生的事业的观念。在实施青蓝工程过程中，师傅教师要主动关心徒弟教师的成长，认真分析徒弟教师教育教学水平和业务能力，经常和徒弟教师一起探讨，帮助其明确努力的方向和成长途径，热情指导，言传身教，及时检查。师傅教师要热情帮助徒弟教师解决教育教学中遇到的疑难问题，在教育教学方法方面为新教师指点迷津。师傅教师每学期至少上5节示范指导课，听徒弟教师的课10节以上，切实做到"课前指点、课堂指导、课后评价"，指出教学中的不足和改进方法，促进徒弟教师教学能力的提高。每学期，师傅教师要指导徒弟教师撰写教学论文或工作心得体会1篇以上，推荐徒弟阅读有关的专业书籍一本，并引导其撰写读后感或读书笔记一篇以上。徒弟教师要认真钻研教育教学理论，主动请求师傅教师指导，虚心接受傅教师的意见，对师傅教师指出的不足要仔细研究，及时改进、提高；主动邀请师傅教师亲临课堂指导自己教学。徒弟教师要积极参加各类培训，提升个人教育教学能力。每学期，徒弟教师至少听同科组有经验老师的课40节，其中听师傅教师授课至少15节，撰写详细教案，每节课要有教学反思。

为了确保青蓝工程落到实处，广东二师番禺附中的基本做法是：一课一评，一周一议，一学期一小结，一学年一总结。总结评比的内容不仅限于所任学科的成绩，还包括听青年教师上课，检查青年教师的备课、听课笔记和教学心得，看师徒听课评课记录以及学科成绩，总结师徒结对的经验。广东二师番禺附中强调严格规范教学程序、教学要求，在每个学期，广东二师番禺附中有两次教学检查，实施分类管理教师备课，重点对工作未满5年的教师，要求书写详细教案；工作5年以上教师，备课的重点在于反思，在教学前、中和后都要求反思，以备出最有效的课程计划。对于年轻教师的教案检查仍采取平时抽检、期中、期末必检的方式，并对检查结果进行汇总和通报，有效促进青年教师的健康成长。

除了师徒结对的帮扶外，教导处也会搭建青年教师发展与成长的平台，以激发青年教师蓬勃向上的生机，促进青年教师有教无类、乐教善导的教风。每学年，广东二师番禺附中会开展"青年教师座谈会"，了解关心他们思想、工作、学习、生活。让优秀青年教师代表结合自己近年来的发展与成长实践（故事），开展微型报告活动并和与会青年教师分享。每学年，广东二师番禺附中结合高三广州一模考试，青年老师同步进行解题比赛。此外，广东二师番禺附中还开展"三笔字"（毛笔、粉笔、钢笔）比赛、青年教师演讲比赛、青年教师课堂教学比赛、微课比赛等。

经过努力，青年教师在教育教学方面都有明显的长进，不但站稳了讲台还取得了不少成绩。例如，青年教师杨小敏努力追求进步，在学生问卷中常受到好评，多次被评为学校先进德育工作者、优秀青年教师、课改积极分子和解题能手，她的公开课曾获得过学校一等奖，还获得番禺区解题比赛一等奖、区讲题比赛三等奖，她还是中国数学奥林匹克一级教练员，2011 学年被评为广州市优秀班主任，2014 年被评为广东省普通高考优秀评卷员，2016 年评为区优秀教师。青年教师郭凤嫦担任了 8 年班主任，其中担任了 2 届体育班班主任，共推送了 3 名体育重本生，她所带班级高考（体育）本科录取率达 70% 以上。所任高三备课组获得 2012 届和 2015 届广州市高考突出贡献奖。郭凤嫦老师于 2012 年参与课题《新课程背景下化学优质课堂构建》和《新课程背景下化学高考优质高效备考》的研究。还曾在 2010、2012 年学校年度考核评为优秀；2013 学年度获校优秀青年教师称号；2009、2010、2011、2013 学年度获校先进德育工作者称号，2012、2014 学年度获校优秀教师称号，并在 2014 年获广州市青年教师素质技能大赛三等奖。庾杏芳老师在 2012 年中开展三次番禺区电子书包公开课，发表相关论文，并在番禺区生物教研活动中多次发言，同时多次参加广州市生物学科评课竞赛均获三等奖。2011 年指导学生参加"广州市观鸟比赛"荣获团体二等奖，2012 年指导学生参加"广州市植物认种比赛"荣获团体三等奖。庾杏芳老师曾多次获得"优秀德育工作者"称号，德育论文获得"广东二师番禺附中 2012 年师德建设征文比赛"

三等奖。黄志刚老师 2011 年开始在广东二师番禺附中任教。2012 年获得番禺区百米定向比赛男、女子团体双料冠军；2013 年带定向队获番禺区定向越野比赛团体第三名；2014 年带定向队获番禺区定向越野比赛团体第三名；2015 年带定向队获番禺区定向越野比赛团体第二名；连续 4 年获得番禺区定向比赛"优秀教练"称号；2013、2014 带少警队连续两年获番禺区"示范队伍"称号，个人获"优秀指导老师"称号；2015 年接手校男子篮球队带队获番禺区高中篮球联赛第四名；2015 番禺区"柏丽星寓杯"青少年 3 人篮球赛第三名；2015 年肯德基校园三人篮球赛广州赛区第二名、广东省大赛区第三名，个人获"优秀教练员"称号；2015 年广州市耐克高中联赛八强；2014 年番禺区中小学校体育健康教学观摩评比活动，公开课一等奖。田艳老师 2010 年硕士毕业后在广东二师番禺附中任教至今。从教以来，主动请教有经验的老师，逐步形成轻松愉悦的教学风格，在学生评教中多次获得任教班级最受欢迎教师，期间被评为校级"先进德育工作者""解题能手"等；她的区"十二五"规划课题和区"研学后教"课堂教学研究案例专项获得批准并顺利结题。田艳老师在区教育局举办的高中地理教师教学专业技能竞赛中获得二等奖；在学校举办的高考解题比赛获得满分的成绩；多次开设区级公开课和校级公开课；她的论文《自然地理教学策略探究》发表在《新课程》杂志上并获得其论文评审的优秀论文一等奖；论文《"研学后教"背景下教师学科核心素养的研究》在广东教育学会举办的 2015 年中学地理教学论文、教学设计评选中获得论文比赛一等奖；辅导学生参加区科技创新大赛分别获区一等奖、三等奖；辅导学生参加省天文奥赛和地理知识竞赛都获得二等奖、三等奖等奖项，并获得"省优秀指导老师"荣誉称号，现在是广州市刘东明名师工作室成员。唐晓宏老师担任班主任工作多年，所带班级地理成绩平行班多次排名第一，实验班成绩优秀，所带班级多次被评为"优秀班集体"。特别是在 2015 年 6 月高考中，所任班主任班级（高三 17 班）本科上线 16 人，成绩优异。唐晓宏老师多次承担公开课和主题发言，是区研学后教积极分子，2016 年评为区优秀教师，目前是广州市刘东明名师工作室成员和区学科中心组成员。

三、汇聚资源搭台子

广东二师番禺附中贯彻以学论教、以学评教、教学相长的方针，加大教学常规检查、质量监控、业务竞赛力度，多渠道、多角度对课堂教学进行评价和反馈，矫正教学行为。学校以课堂教学比赛、教科论文评比、师德演讲比赛等一系列竞赛活动，为老师搭建成长平台，并邀请区、市等学科专家到广东二师番禺附中听、评课，锻炼和打磨了教师队伍，促其专业快速成长。

广东二师番禺附中坚持走"以教带研、以研促教"的路子，以课题研究为推动力，提升教师教育科研能力。定期举办讲座，先后邀请王惠教授、黄志红博士等多位专家莅临广东二师番禺附中校指导科研，定期下发学习材料，引导教师关注教学改革的前沿动态；大力支持老师参加各级各类培训，并要求培训教师在培训后在科组内进行汇报。具体做法如下：

1. **搭建学习的平台**。广东二师番禺附中积极鼓励中青年教师参加省、市、区级的教研活动，学习先进教育理念和巧妙育人方法，让教师体验现代化教育理念，感受课改春风，从而提升自身的育人专业水平。在广东二师番禺附中的大力支持与推动下，教师们形成了良好的科研氛围，语文、政治、化学、美术等学科荣获 2015 年度番禺区优秀科组评比一等奖。2014—2016 年期间，已有 4 个省课题、6 个市课题、12 个区级课题通过立项，14 个区级案例专项结题。不少教师快速成长为学校或区骨干教师，目前，学校拥有番禺区名教师 2 名、番禺区特约教研员 6 名、番禺区学科中心组成员 15 名。师生各级各类获奖更是硕果累累。

2. **搭建交流的平台**。学校鼓励教师积极参加教育部门、片区组织的公开课、交流课，学习兄弟学校的长处，弥补自己的不足，让教师们在交流中成长，交流中切磋教学技艺，使得教研氛围日益浓厚。广东二师番禺附中拥有广东省高中教学水平评估专家 3 人，广州市百千万名教师培养对象 6 人、番禺区名教师 2 人、广州市骨干教师 14 人、广东省骨干教师 17 人。学校有 40 多位老师成为市、区各类教研中心组核心成员或名师工作室主持人，有着较为丰富且优质的教师资源，为校内和校际开展交流提供资源基础。

3. **搭建展示的平台**。广东二师番禺附中每年组织教师基本功大赛、教学能手比赛以及各种形式的教学展示活动，鼓励教师积极参与，学校报销参赛的所有费用，获得的教科研成果，可作为评比先进、评选校教学能手、年度考核优秀的先决条件。每年末对发表论文、参加课题研究的教师进行表扬奖励，从而提高教师参与教科研的积极性。广东番禺附中有 9 个学科先后获得区优秀科组评比一等奖或二等奖，文综、理综多次获广州市高考突出贡献奖。近两年，立项或结题的省级课题就有 5 项、市级 6 项、区级 27 项，近几年老师累计发表论文 111 篇，获奖 137 篇，在各级各类业务竞赛中获奖有 391 项。

4. **提升教师幸福感**。为增强教职员工的幸福感、认同感、归属感，广东二师番禺附中充分发挥工会的桥梁和纽带作用，推进教工之家建设，坚持工会"六必访"活动，尽力为教师办实事，先后组织教师插花比赛、摄影比赛、练习瑜伽、六一亲子运动会等活动，让教师们在工作之余能感受到来自学校这个大家庭的温暖，能在一个比较宽松的环境中幸福、快乐的工作，并愿意为学校的共同愿景而努力奋斗。

四、宣传典型树样子

广东二师番禺附中立足"学为君子、兼善天下"的培养目标，搭建各种平台，快速推进了行政队伍、教师队伍的成长，锻造了一批优秀的人才，为推动学校的快速、优质发展提供了强大的动力。

1. 胡展航：中小学数学正高级教师，广东番禺中学教育集团总校长、广东番禺中学党委书记、校长，原广东第二师范学院附属学校总校长、番禺附中党总支书记

胡展航校长是国家中小学校长培训首批入库专家、南粤优秀教育工作者、广东省名校长、广东省人民政府督学、广东教育督导学会基础教育专委会理事长、广东省科协学会学术项目评审专家、广东省中小学名校长工作室主持人、广东省普通高中教学水平数学学科评估专家、广东省高中数学骨干教师主讲教师。先后主持广东省"十五""十一五""十二五"规划课题，成果丰硕；现主持全国教育科学"十三五"规划课题 2019 年度教育部重点课题《基于集团化办学背景下的学校变革研究》；在国内各类期刊发表论文近 30 篇，多篇文章发表于《中学数学教学参考》《教学与管理》等核心期刊，教育专著有《新课程标准下的普通高中学校管理》《基础教育现代学校制度的实践与思考》《现代学校权力运行中的流程管理——广东第二师范学院番禺附属中学若干典型案例详析》和《基于学生能力培养的参与式课堂教学模式——广东第二师范学院番禺附属中学课堂教学改革的实践与思考》，以课堂教学改革和现代学校制度建设蜚声区域教育。

2. 张英：广东第二师范学院附属学校校长、书记，广东省督学、番禺区督学、番禺区党代表、广州市教育家培养对象、中学高级教师

张英校长自 2014 年 10 月起，担任 60 个班规模的广东省国家级示范性高中的校长，主持全面工作，各类工作开展卓有成效。她围绕"稳固地位，提升品位"的工作目标，深刻剖析制约学校发展的深层次问题，以坚定的信仰和清晰的思路精心谋划，精确定位，攻坚克难，既保障了学校工作的顺利推进，也大大激发了教师的积极性，推进了学校的快速发展。学校先后获得"广东省普通高中教学水平优秀学校""广东省基础教育综合改革试点学校""广东省依法治校示范校""广州市教育工作先进集体""广州市高中毕业班工作一等奖""广州市特色课程重点立项""广州市心理健康教育特色学校""广州市健康学校""广州市艺术重点基地学校"、番禺区"廉洁文化进校园示范校"、番禺区"上品教化示范校"、番禺区"阳光评价示范校"、番禺区"研学后教课堂教学改革先进单位"、番禺区"'一师一优课，一课一名师'优秀组织奖"等荣誉称号。

凭着过硬的专业能力与突出的业绩，张英校长先后被遴选为广州市百千万中学名师培养对象、广州市卓越中学校长培养对象，考核均为优秀。2019 年 5 月经过层层考核、选拔，遴选为广州市教育专家培养对象，成为当时番禺区 62 所中学里唯一作为广州市教育家培养对象的女校长。她身先示范、规范各项运作流程、严格考核制度，将一支领导班子有 2 位新人、中层有 6 位新人缺乏经验的队伍打造为一支能干事、愿干事、能干成事的队伍，其中 5 人已成长为校级领导，并率领这支队伍高效、高质量地完成了学校各方面工作。

3. 彭朝晖，石碁镇任镇教育指导中心主任，原广东二师番禺附中第一任校长

2009 年 8 月从南村中学校长岗位调任原市桥第二中学校长，2010 年 9 月学校更名改制，成为广东二师番禺附中第一任校长，2011 年 6 月起至 2014 年任学校党总支书记，负责学校党总支部工作，现任石碁镇教办主任。曾获得区优秀共产党员、区优秀教育工作者、区普及高中阶段教育先进工作者、市优秀教育工作者、全国中小学科研兴校先进工作者等称号。

作为学校的行政领导，严于律己，率先垂范，带领全校师生以创建广东省国家级示范性普通高中为平台，以现代学校制度建设和课堂教学改革为两个轮子，以"培育现代君子"办学理念为旗帜，努力优化育人环境，创建和谐校园，提高教学质量，提升学校品位。几经努力，更名改制不久的广东广东二师番禺附中面貌一新，斗志昂扬，成绩斐然。

4. 安华宇：广州市番禺区育龙中学校长，原广东二师番禺附中教研室副主任

2004 年 8 月调入广东二师番禺附中（原市桥二中），经历过 2006 届、2009 届、2012 届高中毕业班循环教学，历经班主任、级长、教导处助理、教研室副主任等多个岗位。工作中认真负责，敢挑重担，注重落实，善于团结同事，虚心学习，在学校领导的大力支持和指导下，所负责的各项工作开展比较顺利，个人各方面能力也得到较大进步。

（1）教学教研方面：勤于钻研，不断提升教研能力，效果显著。

在专业教学中不仅关注学科知识和能力的培养，还注重学生正确的世界观、人生观、价值观的培养，效果良好，所任教的高考历史成绩全部超额完成学校指标。与此同时，积极参加各级教研活动，撰写教学论文，参加课题研究，多次参加省高考历史科评卷工作，并获得 2009 年、2012 年"广东省普通高考历史科质量优秀评卷员"称号。正因为在专业教学和教研方面的努力和进步，于 2014 年 7 月被遴选为广州市基础教育系统新一轮"百千万人才培养工程"名教师培养对象。

（2）教育管理方面：真抓实干，注重落实，效果明显。

自 2004 年 8 月调入广东二师番禺附中以来，先后担任班主任、级长、教导处助理、教研室副主任等职位。从 2005 年 8 月至 2012 年 8 月，共担任了 7 年年级组长，所负责的年级在高考中取得较好成绩。其中，2006 届高三级高考获广州市高中毕业班工作二等奖，综合排名全区第六；2009 届高三级高考获广州市高中毕业班工作二等奖，综合排名全区第七；2012 届高三级高考获得广州市高中毕业班工作一等奖的佳绩。2011 年 7 月起，担任学校教研室副主任（2011 年 7 月—2012 年 7 月兼任高三级长）。任职期间，认真履行职责，协助教研室主任开展好本部门各项常规工作，积极跟进落实学校各项教学教研制度和安排，为提高教学质量的制度保障和监督保障做出了应有的努力；在做好常规工作的同时，注重加强与其他部门和年级的沟通协调，积极参与、认真落实学校各项重点工作，如学校课堂教学改革工作、读书节活动、教师校本培训专家讲座活动、名师同课异构等，为这些活动的顺利开展做出努力，使学校近几年在区科技创新大赛、市区课题工作和教师业务竞赛等方面都进步明显。2014 年 8 月根据组织安排，调至广东第二师范学院番禺附属初级中学担任副校长。

5. 李仕勇：广州市番禺区大石中学副校长，原广东二师番禺附中总务处副主任

参加工作 14 年以来，先后担任过高一到高三共计 7 年的班主任工作，担任级长 5 年，备课组长 1 年，总务处副主任 4 年。工作认真负责，能时刻从学校发展的大局出发，服从学校工作安排并勇挑重担。荣获"广州市优秀中小学班主任"称号，2017 年荣获番禺区"优秀教师（教育工作者）"称号。在工作中兢兢业业，爱岗敬业，任劳任怨，时刻以一名共产党员的标准时刻严格要求自己，发挥先锋模范带头作用，全身心地投入到教育事业中，出色地完成学校的教学任务和管理工作。

6.杨思敏：大龙中学（原石碁三中）副校长，原广东二师番禺附中教导处主任

充分利用成为大学附属中学后的资源优势，积极参加各类教研和培训活动，努力提升自身学科素养，多次主动承担各级公开课，在各类教研活动中做专题发言，积极参加区、市级和省级课题研究。还积极参与编写学生学业水平测试和高考备考教材，曾经在国家核心期刊发表论文 。因所带班级高考成绩突出，2012 年和 2015 年两次荣获广州市高考突出贡献奖。成绩优秀，荣获 2012 年番禺区优秀教师和 2015 年广州市优秀教师称号。

2018 年 1 月后，负责番禺区大龙中学德育工作。面对新的环境，面临新的挑战，他没有退缩，而是带着附中人的优良作风和品质，朝着更高的目标奋进着。

7.朱丽嫦：番禺区教育局组织人事科副科长，原广东二师番禺附中副校长、工会主席

曾任广东省教育学会生涯教育专委会理事、番禺区中小学德育研究会高中分会会长、广州市中小学胡展航名校长工作室成员、番禺区 2018 学年度化学学科高考研究组成员，曾被评为番禺区优秀教师。参加第三期广州市中小学卓越促进校长培训，多年从事学校德育和团队工作，德育管理成效优良。积极撰写教育教学论文发表在《学校教育研究》《中小学德育研究》，多篇论文、教学案例、德育成果在省市级获奖，近年参与两项省级课题研究并顺利结题，成果优秀。担任区德育研究会高中分会会长期间，积极承担德育研究任务，参与撰写《番禺文化德育读本》《番禺区中小学德育工作指导手册》，并在全区文化德育论坛中做经验发言。

朱丽嫦同志勤恳务实，能与班子成员精诚合作，以积极且勇毅的姿态，统筹协调处室和年级，事事躬身，兢兢业业，在学校实现快速优质化的征程上，助力学校先后获得"全国青少年校园篮球特色学校""广东省依法治校示范校""广州市教育工作先进集体""广州市高中毕业班工作一等奖""广州市心理健康教育特色学校""广州市健康学校""番禺区廉洁文化进校园示范校"等荣誉称号，连续四年被评为番禺区教育系统"工会工作目标考核模范单位"，以优异成绩通过广东省篮球传统项目学校的复评和广州市学校体育工作专项评估。

8.黄楚玲：广东番禺中学附属学校副校长

2005年7月至2011年7月任教于汕头第一中学，2011年8月至2019年6月任教于广东二师番禺附中，2019年7月调任广东番禺中学附属学校担任副校长。2013年以来一直兼任广东省胡展航名校长工作室、广州市胡展航名校长工作室助理，现为广东教育学会教育管理专家委员会成员、汕头市教学改革先进个人、广州市骨干教师、番禺区优秀教师、学校名师、先进德育工作者，曾获汕头市青年教师教学基本功比赛第一名，主持或参与的省市区级课题近10项，现正参与全国教育科学"十三五"规划2019年度教育部重点课题《基于集团化办学背景下的学校变革研究》；多篇论文在《中国教育报》《中国教师》《广东教育》等各级刊物发表并获奖，曾参与教育专著《基础教育现代学校制度的实践与思考》《基于学生能力培养的参与式课堂教学模式》的编写工作。

黄楚玲同志尊崇"教育的每一个细节，都是影响学生终生的大事"的教育信条。因此，在广东二师番禺附中的教学生涯中，她尊重学生个性，关注学生个体差异，善于挖掘学生的潜能，积极探索、勇于实践教育改革思想。教学基本功扎实，教学风格亲和、幽默，学法指导适度有效，教学深受学生欢迎，多次承担各级公开课、示范课、研讨课，教育教学效果良好。在广东二师番禺附中的办学过程中，黄楚玲同志作为名校长工作室助理，积极参与学校管理工作，撰写学校工作计划、工作总结、示范性高中终期整改报告等各类文案工作，协助开展文化校园建设工作、课堂教学改革工作、现代学校制度现场会工作等；举办名校长工作室入室见面会，制订学员学习方案，开展课题研究、现场诊断、送教下基层等活动，在与各位名校长、跟岗校长的交流与对话中，增长了见识，开阔了视野，一定程度上增强了其自身的学校管理知识和业务能力。

9. 黄志伟：广东二师番禺附中党委副书记和副校长

番禺区优秀教师、广州市优秀教师、"番禺区创建广东省推进教育现代先进区"先进个人，荣获广州市卓越校长促进班考核优秀等称号。

黄志伟多年从事高三毕业班教学和管理工作，以高度的使命感和责任感团结全体教师，共同做好年级治理。加强班主任队伍建设，调动和指导班主任做好各班的管理工作，提升德育管理水平。加强备课组管理，发挥主观能动性，做好备课组工作，提升备课组的教研教学水平。他和老师们一起，披星戴月，风雨兼程，特别是在 2015 年、2018 年驻高三年级的时候，与管理组成员和同年级的老师一起加班加点，经常七点前到校，每周至少有四个晚上回校看学生，回到家已是十一二点。努力拼搏，携手奋进，创造了 2015 年附中高考的新辉煌，高中毕业班评奖获得广州市第五名。2018 届高考全面超额完成各项目标，上高优线人数 116 人，创历史新高，获番禺区高中毕业班教学质量评价一等奖第三名。

10. 刘晓辉：广东二师番禺附中总务副校长

参加工作以来，积极学习先进理论，认真执行党的教育方针、政策，教育思想端正，师德良好，有高度的事业心和责任感。在工作中做到了敬业奉献、以身作则、言传身教、示范育人。2001 年、2011 年、2013 年被评为番禺区优秀教师，2015 年被评为广州市优秀教师。

在教学方面，勤于钻研，不断探索，勇于尝试多种教学模式和方法，注重探究式教学、分层教学，积累了较为丰富的教育教学和教研经验，所教班级成绩在各类考试中一直名列前茅。在历次学校组织的学生对任课老师的满意度调查中，得分都在95分以上，远超出年级的平均分，列年级、科组前列。在课堂教学之余十分重视挖掘学生的潜能，提升综合素质，历年来辅导学生参加区、市历史活动竞赛、青少年创新大赛屡获市、区一二等奖，多次被评为区历史开放性考试优秀指导教师。

教学之余积极参加教研活动，提高自身素养，连续被区教研室聘为番禺区新课程实施学科中心组成员。撰写论文分别发表于广东教育杂志社主办的《师道教研》《中学课程辅导》；曾获广州市中学历史教研会"课堂观察征文评比"三等奖。先后参与《城乡接合部学校历史学困生有效教学的策略研究》《辩论式活动课在高中历史课堂教学中的实践研究》《"问题连续体"模式优化高中历史教学的研究》《基于"培育现代君子"理念的校园文化体系构建与实践研究》课题研究。

2018年1月至今担任学校副校长，分管学校后勤总务工作，兼任总务主任、学校党委统战委员、一支部书记和担任历史学科教学工作，在部门工作人手紧张的情况下，服从学校工作安排，勤恳务实，扎实稳妥地推进各项工作进程。在2020年防疫工作期间多方筹集紧缺的防疫物资，及时排查校园安全隐患点制定整改方案，配合社区各职能部门检查校园防疫工作，研读每一份防疫文件，精准把握防疫的各种具体要求，熟记各种数据，做到"底数清，细节明"，精准开展防疫工作。

11. 宋文仲：现为广东二师番禺附中党委副书记、纪委书记、副校长

十年磨剑育君子，追梦不息映初心。在附中的日子里，无论是科组长还是班主任，无论是中层干部还是班子成员，无论是行政还是党务，坚守教育初心，认真履职，以竹的自强，以梅的坚韧，一步一个脚印，蹄疾步稳，踏石留痕。多年来，立足于现代君子学校文化体系，聚焦课程建构、教学质量、教科研及教师专业发展等工作，矢志立德树人，十六年奔跑，十六载追梦，精耕细作求教学质量，殚精竭虑促教师发展。现为番禺区教育学会第七届理事会理事、番禺区政治学科特约教研员、番禺区首届骨干教师、广州市第二批中小学骨干教师，广州市何彪工作室研修成员。矢志于现代学校治理、教师专业发展的实践以及教育哲学、教育美学的思考，承担多项研究课题，有多篇教育教学论文获奖或发表。

12.艾静：广州市基础教育系统新一轮"百千万人才培养工程第三批中学名教师"培养对象

广州市优秀教育工作者、广州市优秀班主任、广州市"百千万人才培养工程第三批中学名教师"培养对象、番禺区优秀教师、番禺区教研积极分子、广东省优秀评卷员、番禺区物理学科高考研究组成员、市桥镇教坛新秀。

13.杨建新：广州市基础教育系统新一轮"百千万人才工程"第三批名师培养对象

思想觉悟高，严守职业道德规范。工作以来，勇挑重担，均能圆满完成教育教学任务。在工作初期所带班级均为年级薄弱班级因表现突出，连续三年被评为先进德育工作者；在广东二师番禺附中任职班主任、级长期间，学生进步大，成绩优秀，多次被评为先进德育工作者、优秀教师、学校名师、学校优秀党员，2015年被评为番禺区优秀教师。2007年参与番禺区教育科学"十一五"规划课题《新课程改革下生物课堂"和谐发展"教学模式研究》并顺利结题；2013年参加广东教育学会"十二五"教育科研规划小课题《生物复习课中交互式演示课件与"小组合作、先学后导"模式的整合》的研究；2014年参与广东省教育厅课题《中小学骨干教师专业发展研究》中的子课题《高中生物纸质模型的开发与应用研究》并顺利结题；2014年9月主持番禺区十二五规划《高中生物分层教学备考策略的案例研究》课题，并于2015年7月顺利结题；2014年主持番禺区"研学后教"课堂教学研究案例专项中的两个案例研究：《种群的特征和数量的变化》和《细胞的代谢专项题型突破》研究案例，于2015年9月完成。2017年第一位参加番禺区十三五课题《高中生物"233"有效教学模式研究》并于 2019 年结题。2019 年主持番禺区课题《基于建模能力培养的高中生物教学初步研究》，2019 年主持广州市课题《基于建模能力培养的高中生物 STEM 项目实践研究》。

14. 谭雪青：广州市基础教育系统新一轮"百千万人才工程"第三批名师培养对象

从教 25 年，期间担任班主任 6 年，级长 2 年，科组长 20 年，高三毕业班教学 15 年。多年担任番禺区新课程实施学科中心组成员或高考研究组成员。作为学校教学骨干，充分发挥模范带头作用，在教学、教研、教育方面均取得突出成绩。曾两次被评为番禺区先进教育工作者，参与十多个省、市、区级立项课题研究，发表论文 12 篇，2012 年被认定为广州市骨干教师，2014—2015 年参加广东省骨干教师培训，2017—2019 年参加广州市"百千万人才培养工程"培训。

在科组建设方面，采取课题研究为指导，以课堂教学与综合实践活动为阵地，扎实推进各项教学工作的开展。谭雪青老师带领广东二师番禺附中校生物教师开发了生物系列校本选修课程，并成功将《水仙雕刻系列校本课程》开发成广东二师番禺附中校特色课程，相关活动共取得广州市、番禺区等 13 次奖励。谭雪青同志积极带领科组成员参加课题研究，业绩显著。她积极撰写论文，共在省级期刊发表论文 12 篇，其中核心期刊 3 篇。广东二师番禺附中重视骨干教师培训，学校常年组织教师外出培训或邀请专家团队进校园的活动，她珍惜每次学习机会，努力提升个人专业水平。2012 年被认定为广州市骨干教师；2013—2014 年被推选参加广东省骨干教师培训；2017—2019 年通过遴选获得广州市"百千万人才培养工程"培训机会。通过多次高端培训锻炼，她体会到高瞻远瞩的境界，提炼了个人的教学风格，凝练了个人的教学思想。此外，谭雪青老师明确与名师标准的差距，确立奋斗目标，并持之以恒向目标努力。在各种高端培训过程中她结识了广东省顶尖的学友团队，培训活动让她多次走进深圳、上海等发达地区开阔视野；通过理论与实践双导师的精心指导，以及多次跟岗学习收获丰富，专业素养得到质的飞跃。

15. 刘东明：广东二师番禺附中教研室主任

2015 年开始担任教导处副主任，扎实开展常态教研活动，以规范化、标准化、高效益的常态教研活动夯实教师专业发展和教学质量稳步提升的根基。组织了校园读书节、科技文化体育艺术节，开展高考专题研讨活动、青年教师解题比赛等等。找准工作切入点，有条理、分阶段逐步开展各项工作，努力做好业务范围内的各方面工作。探索课堂教学的新走向，以学科核心素养的定位及落地为新使命，积极推进"深度课堂""高质量课堂""文化课堂"的构建。加强课题管理工作，推动学校的教改工作，以研促教，保证学校的教学质量。

教学教研方面，认真钻研教学内容，关注新高考改革，不断提升教学水平和科研能力。刘东明主任主持的广州市教育局立项课题《番禺乡土人文地理教学案例开发和利用》于 2018 年 1 月以优秀等级结题，2019 年参与的省规划课题《基于"培育现代君子"理念的校园文化体系构建与实践研究》并以优秀等级结题。课例《章节复习与测试》被评为 2018 年"一师一优课"活动市级优课。课例《区位选择专题复习——以印度为例》被评为 2019 年"一师一优课"活动市级优课。撰写的论文《小组合作学习在地理课堂教学中的实证研究》2013 年 3 月 15 日发表于《广东教学》；论文《"帮扶式"辅导模式转化地理学困生的尝试》2014 年 12 月发表于《热带地貌》；论文《以"乡土素材"为背景的地理案例教学实践》2017 年 2 月发表于《教育教学研究》；论文《核心素养视域下乡土地理案例教学的探究》2016 年 12 月发表于《中学地理教学参考》；论文《指向地理核心素养的案例教学探究——乡土资源融合于地理课堂的探究》于 2019 年获广东第二师范学院省级中小学教师发展中心组织的"学科教学与学科核心素养的融合"优秀论文评选活动一等奖。积极开展名师工作室活动，2019 年 6 月，名师工作室与湛江廖建军名师工作室交流研讨，开展同课异构、专题研讨等活动。2019 年 11 月组织工作室成员到深圳参加全国地理新教材解读暨海岸地貌生态研学交流，积极发挥工作室的辐射作用，培养青年教师，2019 年被聘为广州市第四批市骨干指导老师，承担了广州市第四批中小学学科骨干教师跟岗学校学习活动。

16. 吴继缘：广东二师番禺附中办公室主任

曾获得"番禺区优秀教师"、学校"优秀班主任"和"先进德育工作者"等荣誉，是番禺区名教师、广州市教育专家培养对象、广州市百千万人才培养对象。2014 年，吴继缘同志参与编写的《基础教育学生评价研究》由广东高等教育出版社出版。2016 年主编的《三化作文 微课堂高二册》由台海出版社出版。2018 年参编的《基于学生能力培养的参与式课堂教学模式》由新世纪出版社出版。在 22 年的从教历程中，她一直立足于自己的教育教学与管理实践，好学、深思，不断提出问题并解决问题，通过教育教学研究与管理实践不断丰富自己的专业知识，提升自己的专业技能与管理能力，激发自己持续发展的内驱力。

第二节　出质量：学生发展优质

什么样的课程培养什么样的人。广东二师番禺附中深化"现代君子·美丽人生"特色课程体系建设，力争为全体学生提供丰富的、多元化的课程选择及优质的课程服务，以课程促进学生、教师和学校发展。普惠性的外教口语课、国际教育课程、与香港姊妹学校间的交流活动不仅拓宽了学生的国际视野教育，也促进了教师的成长。

广东二师番禺附中通过课程设置、学科活动、社团等多种方式为学生多元、个性化发展搭建平台，激发学生的学习兴趣，培养学生的创新意识和探究精神，提升其综合素养。例如，开展梅兰竹菊文化意象的"赏、论、品"德育系列活动、开设礼仪文化课程等；打造体现现代君子特色的学生社团，每年举办校园之星评比、才艺之星比赛、文艺汇演、校运会等活动；开展走进社区综合实践活动，引导学生走入"社会大课堂"等。目前，"科技文化艺术节""读书节""体育节"三节互动、异彩纷呈的局面彰显了学校鲜明的特色。这些活动让学生在真实、开放的生命感受中积淀个体的成长经验，深化了他们的责任意识，为他们更好地走向社会奠定了良好的基础。

广东二师番禺附中为学生多元、个性化发展搭建平台，激发学生的学习兴趣，培养学生的创新意识和探究精神，提升其综合素养。各类社团代表学校参赛，成绩凸显。学校先后取得市合唱比赛一等奖、市流行舞大赛一等奖、荷花风采国际校园艺术节广东省赛区特金奖、星光校园全国校园舞蹈会演广东省总决赛铂金奖、市健美操大赛一等奖、全国高中篮球联赛啦啦操选拔赛（南区赛）二等奖及最佳编排奖、区诗歌朗诵会一等奖等骄人成绩。在近两年青少年科技创新大赛中获奖累计达 25 项之多，"模拟联合国"和"艺术团"社团连续三年获评番禺区中学优秀社团。

一、学生优质发展

自更名改制以来，学校的社会美誉度逐步提升，高考成绩更是逐年攀升，连续多年荣获广州市高中毕业班工作一等奖，其中 2014 年荣获广州市毕业班工作一等奖，综合排名第 25 名；2015 年荣获广州市毕业班工作一等奖，综合排名第 5 名；2016 年荣获广州市毕业班工作一等奖，综合排名第 4 名；2017 年高考成绩更是飞跃，本科率达 62%。2018 年高考本科 516 人，上线率 54.7%；专科 943 人，上线率 100%。2019 年，学校高考成绩再创新高。上高分优先投档线 118 人，上线率为 12.6%。其中文化类 66 人，较 2018 年增加 10 人；艺体类 52 人，较 2018 年增加 7 人。本科上线 559 人，上线率达60%，较 2018 年增加 5.3%。其中文化类 476 人，艺体类 83 人。理科高三 19 班郑文威最高 593 分，全省排位 9000 多名，文科高三 8 班黄海欣 596 分，全省排位 2569。

表 1   广东二师番禺附中历年高考上线统计表

时间	报考	实考	重点	比例	本A	本B以上	比例	专A以上	专B以上	比例	毕业班评奖	是否达标
2011		670	0	0	23	53	0.0791	163	396	0.591	三等奖	
2012		924	5	0.0054	55	130	0.1407	381	825	0.8929	一等奖	
2013		913	3	0.0033	50	119	0.1303	361	780	0.8543	二等奖	
2014		943	6	0.0064	61	168	0.1782	525	917	0.9724	市一等奖	**达标**
2015		925	18	0.0195	134	337	0.3643	742	911	0.9849	市一等奖	**达标**
2016		983	31	0.0315		333	0.3388	706	965	0.9817	市一等奖	**达标**
2017	961	956	56	0.0586		591	0.6182		956	1	区未评	**达标**
2018	965	943	112	0.1188		516	0.5472		943	1	区一等奖	**达标**
2019		935	118	0.1262		559	0.5979		935	1	区一等奖	**达标**

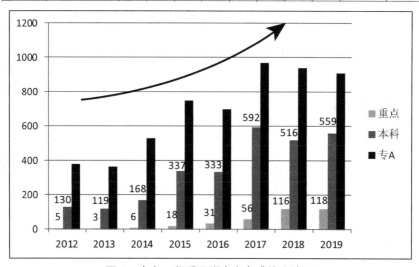

图 1   广东二师番禺附中高考成绩统计图

在高考成绩节节攀升的同时，录取学校的层次也不断提高，有的同学考上了 985、211 大学，有的同学被双一流学校录取。

二、学生创新奖项

自更名改制以来，学校快速发展，学习气氛深厚，学生技能发展也很快，参加各级各类比赛数量更多，获奖数量也大大提高。2014—2019 学年，学校辅导学生获奖 1157 人次。其中，杜伟亮同学参加第四届广州市青少年"科学智慧生活"主题科普活动获得高中组一等奖；龚文君、蒋焯仪等同学参加2017 年广州水环境保护创意大赛获得三等奖。此外，谭颖仪老师指导学生参加省青少年科学调查体验活动荣获一等奖 3 项、二等奖 2 项；卢燕崧老师辅导学生参加第十五届广州市中小学生书信节活动获广州市三等奖；杨碧群老师辅导学生参加广东省中学生生物联赛获得二等奖。2016 年，学校在第十七届全国青少年航海模型教育竞赛中，模型制作获得国家级二等奖，在创意纸折帆船载重竞速赛获得三等奖。在第五届广州市青少年科技创意与发明大赛中，获得 4 个市级奖项，其中新型汽车玻璃破碎器获得一等奖；第五届广东省创意机器人大赛获得优胜奖。

在第十七届"广东二师番禺附中爱祖国海疆"全国青少年航海模型教育竞赛活动总决赛，广东二师番禺附中校高二级周欣昀同学，过五关斩六将，勇往直前，获得"梦想"号模型制作赛中学男子组二等奖的好成绩。

在广东省创意机器人大赛中，广东二师番禺附中校参赛学生荣获二等奖。

在广州市青少年科技创新大赛中，广东二师番禺附中校范东嫒、李金珊、郑泽凯三位同学设计制作的"循环利用分体空调冷凝水为房间空气保湿器"荣获发明类二等奖的好成绩。

第三节　出经验：规划、制度、文化、课堂、教师五位一体

广东二师番禺附中在学校转型的关键时期一路攻坚克难，成效显著，成功地扩大了学校的影响力，提升了学校的美誉度。广东二师番禺附中聚焦于"现代君子"的核心素养，积极推进"美丽人生"特色课程建设，希望为全体学生提供优质的课程服务，以课程促进学生、教师和学校发展。目前已构建由普修课、选修课、专修课和活动课组成的课程体系。引进外教资源，组建英语俱乐部，为学生提供普惠性的优质外教口语教学服务。携手香港博雅国

际教育研究院推出"国际理解"教育系列课程，系统推进跨文化理解和国际理解教育。广东二师番禺附中紧扣"培育现代君子"，打造君子校园环境，美化育人氛围。广东二师番禺附中在规划、制度、文化、课堂、教师等方面形成了丰富的经验，取得显著的成效。

一、规划

学校充分利用"院地合作、共建共管"的办学体制，先行先试、开拓创新，围绕依法办学、自主管理、民主监督、社会参与等要素，着手探索现代学校的民主决策机制、管理责任机制、监督制衡机制、参与合作机制、平等竞争机制，逐步建立了以章程为根、以制度为框、以文化为脉的学校制度体系。

学校积极探索理事会领导下的校长负责制。学校以"校长负责制"为中心，教代会侧重于协调学校内部关系，理事会侧重于协调学校内外部各种关系，切实完善了依法、开放、民主、高效的学校运作机制。其中理事会担负着评议和监督、咨询和建议以及宣传和协调三大基本功能，它汇聚学校、家庭、社会三方合力，推动着新型政校关系、社校关系的逐步形成，是学校各方主体利益的"平衡器"、校长权力的"制衡器"、教育资源的"整合器"和学校发展的"助推器"。

二、制度

在致力于现代学校制度建设过程中，学校打造了一整套权力清单和流程管理清单。学校推行的权力清单明确规定了各岗位、部门的职责，而校长室、党支部、工会等一系列常规工作流程图保证了学校日常管理事务在方法、思路和标准上的一致性、延续性。伴随流程管理的推进逐步形成的流程文化，从某种程度上优化了学校的制度文化。

目前，学校的现代学校制度框架已经建立，在探索形成职责明晰、运行协调、以人为本、以章为行的现代学校制度方面积累的许多有益经验为高等师范院校与地方政府合作办学提供标本和示范，并逐步发挥辐射引领作用。这种以学校"培育现代君子"的价值文化为基础、立足于人本身的制度文化以其特有的约束力对学校成员进行规范、引导，像航行中的规章守则维护着高悬的航标。公平、公正、公开的原则，清晰、流畅的程序，树立了全体附中人的规则意识，提升了执行力，极大地调动了广大教职员工的工作积极性。

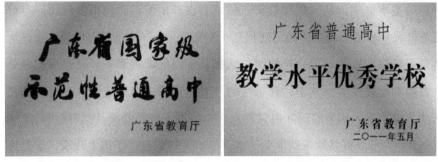

图1　广东省国家级示范性普通高中　图2　广东省普通高中教学水平优秀学校

三、文化

广东二师番禺附中一直对教育有不懈的追求，注重传统文化与现代精神的结合，提出了"学为君子，兼善天下"的校训，传承了传统文化，由此明确了"培育现代君子"的办学理念，目前，"学为君子，兼善天下"的思想精神已经在深入到学校领导层、教师层中，并在学校环境中有所呈现。学校领导层、教师层的理念解读侧重于传统与现代的结合、中国与世界的结合，秉承"德才兼备、学融中西"的优良传统，陶冶"文化归属、国际理解"的现代情怀，培养"愿干事、能干事、能干成事"的优秀公民。

由于对君子的崇尚，学校结合传统与现代，在环境上打造了梅园、兰园、竹园、菊园等具有传统文化含义的君子园，让师生共同学习君子的品质，养成君子人格；开设了"美丽人生"系列课程统合传统与现代、中国与西方、人文与科学，以培养现代君子。这种教育行为充分体现对君子人格的崇尚。

四、课堂

1.立足国家课程的校本化开发，构建现代君子课程体系

2013年5月，学校申报的"美丽人生"特色课程获广州市教育局重点立项，2014年，被授予"广州市特色学校"称号。学校立足于"美丽人生"特色课程的基本框架，从"现代君子"的核心素养出发，建构由普修课、专修课（选修课）和活动课组成的"现代君子·美丽人生"特色课程框架体系，为全体学生提供丰富的、多元化的课程选择及优质的课程服务，以课程促进学生、教师和学校发展。其中，普惠性的外教口语课、与香港姊妹学校间的交流活动不仅拓宽了学生的国际视野教育，也促进了教师的成长。"现代君子生涯规划课程"可以更好地帮助学生了解自己，了解职业，了招生政策、学会选择适合自己的人生方向。

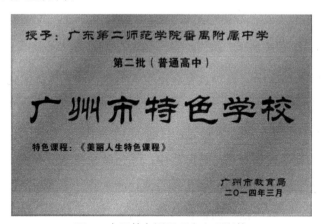

图3　广州特色课程重点立项学校

2.打造体艺品牌措施与成效

目前，体艺品牌初见成效，学校被命名为广州市首批艺术教育重地基地学校，在社会上有较高的声誉。

（1）加强领导，建立机制，健全队伍

健全艺术教育管理体系，发挥管理机制在艺术教育活动中的重要作用。各项具体要求做到层层落实，责任到人。紧紧依靠一线班主任、艺术教师，做好学校艺术教育的各项基础工作。学校师生全员参与，确保艺术教育工作扎实贯彻落实。

（2）加大投入，完善设施，确保落实

按照《学校艺术教育规程》的要求，对专用教室、器材、教学需要的各种教具等教学设施配足配齐。学校现有8个艺术专用教室，并按要求配备钢琴、电脑、投影机、画架等。多年来，学校积极参加各级各类的比赛及表演活动，投入资金添置服装、道具等，累计投入资金十多万元。学校的艺教设施不断完善，确保了艺教活动的顺利开展。

（3）注重管理，严格规范，潜心教研

为了使学校艺术教育工作真正落实，全面到位，学校制订和完善有关规章制度，严格执行《学校艺术教育工作规程》，把艺术教育列入学校工作日程；制定学校艺术教育发展规划、确定近期学校艺术教育发展目标及实施措施；努力提高学校艺术教育整体水平，确保艺术教育工作正常有序进行。学校在《绩效考核细则》中制订了有关艺术教育工作的奖励条件，年终对取得成绩的老师进行奖励。

学校在学期工作计划中认真部署艺术教育工作，教研组详细制订计划，明确工作目标后再付诸实施。坚持课内与课外相结合，普及与提高相结合，坚持群体提高与个体特长发挥相结合，坚持日常教学与活动竞赛相结合。一方面要求艺术老师上好常规课，提高课堂教学质量；另一方面通过营造艺术氛围，开展丰富多彩的课外、校外艺术教育活动，做到活动经常化、多样化，全面提升学生的艺术鉴赏水平、艺术表现水平及艺术创新能力，使学生的艺术素质与其他素质和谐发展。因此，学校开设声乐合唱队、舞蹈队、书法活动小组、美术鉴赏等兴趣小组，学校要求每位艺术教师人人辅导好一个兴趣小组，做到班班有特色，生生有特长。

每位教师认真制订活动计划，每周定时定点开展活动。学校艺术活动的广泛开展，丰富了学生课余文化生活，同时也推动了广东二师番禺附中校园文化建设。学校在开展艺术教育工作中，经常与街道、社区开展艺术联谊活动，同时非常注重创造美的校园环境，学校注重走廊文化建设，在每层楼橱窗里通过书法、绘画等作品展示艺术成果，让校园充满独特的艺术气息。

（4）教学管理，规范有效

广东二师番禺附中按照国家颁布的全日制中小学课程计划开齐、开足艺术、音乐、美术课。艺术课堂教学是学校艺术教育工作的中心环节，广东二师番禺附中艺术教研组注重教学研究，认真抓好教学常规管理工作。

①认真学习《新课程标准》，不断更新教育观念，充分认识并发挥艺术教育独特育人功能。

② 积极规范地开展教研组工作，使教研组工作落到实处。具体做到每周开展一次教研活动（在周三或周五下午进行），做到活动常规化。

③严格执行教学工作"六认真"，做到一学期进行两到三次备课检查、互查，发现问题及时讨论解决，坚决制止体罚与变相体罚的事件发生。

④结合课改，努力钻研教材，精心设计教案，定期开展集体备课教研活动，以不断提高艺术教师的整体素质。

⑤每学期都要开展三年内新上岗教师过关课、青年教师推门课、骨干教师示范课等系列活动，通过活动让每位教师在教学能力、教学水平上得到提高，同时将艺术课程汇报课成果纳入绩效考核。

（5）课题管理，深入研究

随着新课程的实施，教育教学改革不断深入，通过教育科研，提高教学质量和效率已成为广东二师番禺附中全体教师的共识。艺术教研组全体教师积极参与学校各级课题研究，所申报的番禺区级课题"院校合作视野下的音乐高考教学模式的研究"已结题。

学校经常开展相互听课，评课活动，努力学习教育理论，青年教师都要做好理论学习笔记，撰写教育教学随笔，35周岁以下及骨干教师每月撰写至少两篇教学案例反思，定期进行检查评比。每学期每位教师至少交一篇较高质量的论文；积极鼓励和妥善安排艺术教师的进修、观摩、培训、科研活动。

教科研工作的深入开展不仅提高了艺术课堂教学的质量和效率，还促进了教师的成长发展。学校多次承办区、片艺术课改展示活动，并接受各级领导来校进行现场观摩。艺术教师扎根教科研，在各级各类活动中经历了锻炼，茁壮成长。王娜芬和刘恩来老师被评为省骨干教师，梁惠玲老师、徐贵梁老师为市学科带头人。

（6）丰富活动，营造艺术氛围

定期开展年级美术作品展，开展画灯笼比赛。开发完善现有高一的"单纯的魅力"特色课程，素描选修课；每学期进行一次校内才艺大赛或艺术节表演，以提高学生的兴趣和爱好，并以此为主要内容，每学年至少出好两期宣传橱窗，适时更换校园的艺术展板；在每年的重大节日期间，学校组织舞蹈队经常与街道和社区联合开展活动。

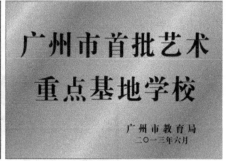

图4　广东省篮球传统项目学校　　　图5　广州市首批艺术重点基地学校

五、教师

1.强化科组建设，形成学习共同体

强化科组建设与备课组建设，真正将科组和备课组建设成为学习共同体、专业成长的摇篮和主阵地。优化科组、备课组的绩效考核办法，以良好的评价机制促进学科建设。强化科组学习、学科素质教育拓展活动；强化对备课组集体备课与教学工作的监督、检查与反馈。

（1）凸显研究意识。各学科以核心素养的细化及落地为平台，开展课堂研讨、课题研究、学法指导等系列活动，力争有所突破。

（2）逐步完善一科一品建设，优化既有的年度学科素质教育拓展活动，并将之纳入学校的"美丽人生"特色课程框架体系，尝试在核心素养、数学、物理、化学等学科（项目）建立校际竞赛平台，为选拔学科拔尖人才提供载体。

（3）尝试在语文、阅读、数学、英语等学科开展学科教学改革，凸显核心素养的培育。

（4）顺应新高考改革落地的趋势，建立学科建设标准和学科评价标准，规范学科建设，明晰科组长职、责、权，发挥骨干引领作用，打造番禺区、广州市品牌学科。

（5）探索建立名师工作坊。

图6　番禺区"研学后教"先进集体

2. 形成了附中特色的德育品牌

以"现代君子"内涵引领，定期开展德育干部和班主任培训，积极参与上级部门组织的各类学习研修活动，将"请进来"与"走出去"相结合，提升班主任的专业能力。学校邀请省、市班主任工作室主持人和成员到校举办班主任研讨沙龙，组织德育校本培训，通过落实年级每周班主任例会、年级质量分析会、学校德育线会议、全校学生案例研讨活动、班会公开课、思政公开课研讨等平台，及时交流、共享优秀经验和资源，营造研讨氛围。学校还推动班主任专业成长，加强本校班主任工作坊的建设，落实《学校班主任工作坊管理办法》，扎实开展工作坊活动，为班主任参加各类学习活动提供条件保障，创设条件促进班主任提升文化素养和专业技能的积极性和自觉性，发挥广东二师番禺附中参与"市、区班主任工作室"成员学员及获得区级个人和集体荣誉的骨干班主任在校内各项工作中的带动作用。学校还表彰宣传、交流共享优秀德育成果，促进德育成员提炼先进工作经验的意识。

构建具有附中特色的主题式校本研修模式，提升德育成员的文化素养和专业技能，提高班主任的育德能力和心育能力。让德育教师队伍更好地焕发活力，增强凝聚力，提升了幸福感。目前有市优秀班主任18名、广州市班主任2人、学校班主任工作坊2个，参加市、区、校级班主任工作室的共有45人。

3. 聚焦心理健康教育，发挥示范引领作用

学校以"培育现代君子"为办学理念，坚持"立足人、面向人、为了人"的服务理念，努力把学生培养成为"愿干事、能干事、能干成事"的社会主义社会的优秀公民。高中生处在心理素质基本定型的特殊和关键期，思维灵活，接受力强，具有较强的可塑性，但同时又承受着前所未有各种各样的压力。因此要培养能干成事的学生，必须转变观念，不再聚焦于问题，而是聚焦于发展，着眼于学生的幸福。

广东二师番禺附中有2名专职心理教师，均为高级教师、广州市中小学

骨干教师、番禺区优秀教师。从 2005 年开始，广东二师番禺附中心理健康教育就开始走在团体心理辅导探索的路上。经过多年的探索和实践，广东二师番禺附中团体心理辅导实现了系列化、全员化和专业化的美丽转身。2015 年，广东二师番禺附中被评为广州市心理健康教育特色学校，团体心理辅导的心育特色深受身上欢迎，也在番禺区起到引领示范作用。广东二师番禺附中区桂兰老师负责番禺区高中考团体心理辅导的策划与培训工作，并承担了番禺区团体心理辅导教练团队的培训工作。2012 年至今，广东二师番禺附中几乎每届高三年级都开展考前心态调节团体心理辅导活动，其他年级则按主题、按需要开展团体心理辅导活动。2019 年初，区桂兰老师成立了学校名师工作坊，很多老师特别是班主任加入到了工作坊，将通过工作坊的开展，提升广东二师番禺附中骨干教师团队的团体心理辅导能力。2020 届的高三年级考前心态调节团体心理辅导活动，由区老师担任教练，培训高三年级的班主任和科任老师担任教练和助教，此次团辅活动取得了较好的辅导效果，开创了广东二师番禺附中团体辅导的新模式。广东二师番禺附中连续多年开展的各种主题的团体心理团辅活动，对助力高考、德育增分发挥了重要作用。

此外，广东二师番禺附中在 2015 年入选为番禺区第一批幸福教育实验校，多年来幸福课程建设、课题研究等工作扎实有效开展，广东二师番禺附中心育工作在课程、团体心理辅导、心理讲座、心理危机干预、心理社团等各方面都做足做好了工作，并得到上级充分的肯定。

参考文献

程红兵:《学校文化建设的路径——书生校长的教育行动》,华东师范大学出版社,2012。

范胜武:《重构学校文化》,上海教育出版社,2018。

胡展航:《基于学生能力培养的参与式课堂教学模式——广东第二师范学院番禺附属中学课堂教学改革的实践与思考》,新世界出版社,2018。

胡展航:《基础教育现代学校制度的实践与思考》,中国轻工业出版社,2013。

胡展航:《现代学校权利运行中的流程管理——广东第二师范学院番禺附属中学若干典型案例详析》,广东高等教育出版社,2017。

曼迪:《君子·尊德性》,研究出版社,2013。

牟钟鉴:《君子人格六讲》,中华书局,2020。

叶秋平:《利用活动经验提高教学实效》,《中学数学教学参考》,2013年第10期,第30—31页。

章建跃:《中学数学课改的十个论题》,《中学数学教学参考上旬》,2010年第5期,第1—2页。

李亦菲:《自适应学习有哪些基本概念》,《中国教育报》,2003年第12月13日第4期。

后　记

本书的构思与撰写源于学校更名改革 10 周年之际。从 2010 年更名改制以来，学校抓住院地合作契机，全面推行体制机制改革，为学校发展提供动力。同时不断深化"培育现代君子"学校文化建设，全力推进教师专业发展，积极备战新高考，走出了一条快速优质内涵式发展的路子，从一所基础较差名不见经传的薄弱学校，一跃成为一所兼具"人文性、实验性与示范性"的广东省国家级示范性高中。这一硕果的取得离不开番禺区政府、区教育局牵手广东第二师范学院推进合作办学高瞻远瞩的决策与大力支持，也离不开广东第二师范学院在科研、人才、管理方面的智力投入，其中也凝聚着全体附中人十余年如一日的拼搏。

这些年，我欣喜地看到许多老师把学校当成自己的家，和我们一起努力奋斗，也正是这种以校为家、同甘共苦的精神，支撑着我们附中人一路披荆斩棘、锐意前行，取得了一个个漂亮的成绩。也正是这种精神促成了我们附中人的发展，不少老师经过这些年的打磨，成为区级、市级班主任、名教师，成为区域教育教学骨干。

就我而言，从 2009 年调入广东二师番禺附中任副校长，2014 年任校长、党委书记。十一年来，我立足岗位，紧紧围绕"稳固地位、提升品位"的目标，坚持"办好人民满意的教育"这一宗旨，把握全局，深刻剖析制约学校发展的深层次问题，以学校文化建设为引领，重抓教育教学质量，狠抓常规落实，加大高考备考力度，推行行政包班制和导师制管理，强化临届生和优等生的精准跟进，组织全国卷命题、解题比赛，组织教师到河北、上海等地学习全国卷备考策略，邀请专家进课堂开展同课异构或备考讲座，扎实推进备考工作，搭建各种平台，拓宽教师培养路径，推进家校深度合作，建设家校共同体，改善办学条件，美化校园环境等等，各方面取得的成绩有目共睹。

在推动学校发展的过程中，我不断挑战、超越自己，主持或参与省级以上课题4项，先后参加广州市百千万名教师培训、市卓越校长培训并被评为优秀学员、被遴选参加省骨干校长前往芬兰学习，后又通过遴选、答辩，入选广州市第二批教育家培养对象。回顾附中的发展和我的成长经历，我最大的感受就是奋斗的青春很美。这种美丽属于我们全体附中人，它灿烂得像我们亲手种下的凤凰树的花开。我一直认为，作为学校管理者，实践的就是一种情怀，一种以自己的努力为他人赢得更好的发展、成长空间的锲而不舍的追求。凤凰树见证的是我们为这种情怀而努力奋斗的执着，它美丽了校园，更芬芳了我们一心为教育奋发向上的岁月。

本书就是对这奋斗历程的总结与梳理。全书共分为重大契机促发展、现代学校制度创特色、君子文化铸灵魂、课堂教学改革提质量、院地合作输资源、薄弱学校快速优质化树品牌六大部分。

在本书的撰写、编辑过程中，得到了广东第二师范学院的龚孝华、胡志武、于慧、刘建强、谈心、贺菲等专家教授以及二师附中的部分同事的大力支持和悉心指导，九州出版社的编辑也付出了大量的心血，特此致谢！

由于时间紧促，加上水平有限，书中难免存在瑕疵，祈请各方专家与同道不吝赐教，并欢迎广大读者批评指正。

张英

于广东第二师范学院番禺附属中学

2020 年 8 月

附　录

附录1

广东二师番禺附中中长期发展规划

（2010—2025）

为保障广东第二师范学院番禺附中（简称番禺附中）的健康、优质、规范发展，根据国家有关政策法规和《合作办学框架协议》，结合番禺附中实际，制定本规划。

第一部分　学校现状分析

一、学校改制前的基本情况

番禺附中的前身是广州市番禺区市桥第二中学，创建于1996年9月，历经初级中学（1996年），初中、职中和中专混合办学（1997—1998），完全中学（1999—2008）和高级中学（2009年始）几个阶段。

番禺附中地处番禺区东环街，属于城郊地带，是占地面积125亩，建筑面积71211平方米。学校改制前有55个教学班，学生2771人，其中初中有7个教学班，学生303人；教职工211人，其中高级教师21人，中学一级教师96人，专任教师学历达标率为100%。学校于2002年被评为番禺区一级学校，纳入第三批招生，2005年被评为广州市一级学校，进入第二批招生，

2006年晋升为广东省一级学校，进入第一批招生（国家级示范性高中为提前批招生）。2004、2005、2006、2007、2009年均获"广州市高中毕业班工作二等奖"，2009年考上重点本科1人，本科66人，大专A线201人；2010年考上重点本科2人，本科84人，大专A线233人。学校多次获得区先进单位、区文明学校、区文明单位、区先进团委等称号，是广州市无吸烟单位、广州市绿色学校、广州市篮球传统项目学校、华南师大实习基地和全国心理辅导特色学校。

二、学校发展的优势与机遇

2010年8月1日，番禺区市桥第二中学正式改制为"广东二师番禺附中"，并由街道办事处所属学校升格为区属学校，这使学校在原有发展的基础上，被赋予了新的契机和活力。

1. 改制激发了学校内部的驱动力，广大师生员工渴望立新求变

番禺附中在十几年的办学历程中取得了稳步发展。学校办学条件日益完善、主题性德育系列活动日益鲜明、体艺教育与心理健康教育日益彰显，但在现有条件（生源、师资队伍等）下，学校发展动力不足，进入瓶颈。广大师生员工渴望突破瓶颈，发展变革的内部动力因为更名改制而被激发出来，这将为学校的改革发展提供强大动力。

2. 番禺附中实行"校地合作、共建共管"，机制创新将成为学校改革发展的突破口

番禺附中作为校地合作创新、"先行先试"的产物，实施的是"共建共管"的办学体制和理事会领导下的校长负责制，既是番禺区人民政府进行教育管理体制改革试点的窗口，也是广东第二师范学院为基础教育服务、引领基础教育改革和发展的重要渠道。办学体制和学校管理体制的变革将会推动学校各项事业的改革发展。

3.广东第二师范学院专业实力雄厚，拥有优质教育资源，将成为学校提升办学水平的坚实而广阔的平台

广东第二师范学院长期从事中小学校长和教师培训以及基础教育研究、教育决策咨询等业务，历史悠久、经验丰富、实力雄厚。学院把番禺附中纳入办学的整体布局，这将为学校的内部管理、教育教学改革以及办学水平提升提供专业引领和智力支持，为学校借助大学教育资源实现自广东二师番禺附中升级改造搭建了有效平台。

4.番禺区经济社会和教育发展水平高，番禺附中具有明显的区位优势

番禺区经济社会发展势头强劲，自 2002 年开始先后实现了创强、创先的两次跨越，已成为广州市基础教育发展的领先区域。番禺区人民政府及其教育行政部门把番禺附中纳入教育发展规划，搭建发展平台，予以资金、政策支持，确保学校具备良好的办学条件、发展环境及其他资源链接，积极为学校创设"大投入、大发展"的机会与平台，为学校的跨越式发展提供了坚实的经济社会条件。

5.国家和广东二师番禺附中省的《中长期教育改革和发展规划纲要》的颁发，为学校改革发展提供了良好的政策环境和工作指引

经过 21 世纪头十年的快速发展，广东二师番禺附中国教育特别是基础教育进入到改革发展的关键期。"优先发展、育人为本、改革创新、促进公平、提高质量"是广东二师番禺附中国中长期教育改革和发展的工作方针，促进公平成为基本教育政策；提高质量成为教育改革发展的核心任务。这为基础薄弱学校通过改革创新来获得改进提升提供了良好的政策环境，按照《规划纲要》确定的发展理念和改革思路，有望促进学校实现快速优质化。

三、学校发展的问题与挑战

1.学校原有发展基础相对薄弱

学校地处城乡接合部，原本是典型的农村学校，整体基础薄弱。学校课程与教学特色不鲜明，教学效率和教育质量亟待提高；生源文化成绩处于番

禺区普通高中的末尾，学生的综合素质和学习信心都有待提升；学校经历了初中、职中和完中三个阶段，教师结构与质量不能很好地适应高中办学的要求，队伍的整体素质需要更上一层楼；在新的办学模式下，规范、高效、高质的现代学校制度亟待建立；现有的学校文化与环境建设不足以满足学校进一步优质办学、特色发展、文化立校的要求。

2. 新体制下各有关方面需要磨合

在新体制下，番禺附中的建设和管理，需要附中、高校、政府、社会、学区等方面的密切配合，各有关方面需要一个适应与磨合期，才能迈入协同创新的发展进程。能否缩短适应与磨合期，直接制约着附中的后续发展。

3. 社会公众对改制后的附中抱有很高的期待，这将使附中面临的巨大压力

学校改制后，人民群众对教育改革和学校发展怀有很高的要求和期望，特别盼望学校的高考升学率能一飞冲天。但学校的教学水平、生源质量、师资队伍、制度文化、管理水平、基础设施等方面的基础非常薄弱，而且教育具有迟效性，现实条件差与期望值高形成巨大反差。在巨大压力下，实现附中的现代、全面、优质的跨越式发展任务就显得十分艰巨。

4. 改制后要求重新厘清发展定位和发展思路

学校改制后，面临着新的发展形势和任务，必须有新的发展思路和发展规划。这就要求附中要重新认识自身的发展定位，特别是在办学体制改革，建立现代学校制度，整合多方优质资源、确立科学的发展观与人才观以推动学校快速优质化，担当服务社群职责等方面亟须重新认识与界定，否则，就不可能引导学校实现科学发展。

第二部分　发展战略

以科学发展观为引领，以改革创新为动力，以校风、课程和教学建设为重点，以现代学校制度和高素质专业化的教师队伍为保障，按照协同式创新、内涵式发展和跨越式提升的战略思路，认真贯彻党和国家的教育方针，遵循学生身心发展规律，积极依托社区和家庭，全面实施素质教育，为把学生培养成为"情怀高尚、自强不息、勇于担当"的现代君子奠定基础，把学校建设成为环境美、校风好、质量高、影响大的具有人文性、实验性和示范性的现代化学校。

一、办学理念：培育现代君子

"现代君子"是指具备传统君子的优秀风范和体现与时俱进的时代气息的人，现时代要特别突出温雅贤淑、胸怀坦荡；以义统利、天下为任；学术并重、知行合一；开放合作、自强不息的品格，以彰显情怀高尚、自强不息、勇于担当的价值追求。

学校全面实施"君子教化"，引导教师要学为君子，行为世范，道德学问和言行举止可以成为学生和社区的表率；化育学生要学为君子，兼善天下，成为"愿干事、能干事、能干成事"并具备国际理解能力的社会主义社会好公民。

君子教化的主体内容包括三个方面：

1. 把学生培养成为具有"学为君子、兼善天下"的远大理想、秉承"德才兼修、学融中西"的优良传统、具备"文化归属、国际理解"的现代情怀的社会主义社会优秀公民。

2. 打造和谐奋进的教师团队。要建设氛围民主，人际融洽的校园文化，培育教师敬业爱岗、尽责爱生、师德高尚、业务精良、善于学习、勤于探索、乐于合作，不断提高专业化程度和团队建设水平。

3. 形成以人为本的学校管理风格。学校管理要坚持立足人，面向人，为了人的发展，确立服务型管理模式，推进内涵发展，成为基础教育改革者、现代学校制度的探索者、现代教育的示范者。

校训：学为君子、兼善天下

校风：海纳百川、追求卓越

教风：有教无类、乐教善导

学风：立品乐学、善思明辨

二、发展目标：成为一所兼具人文性、实验性与示范性的现代化学校

人文性：人文的核心是"人"，即以人为本，关心人，爱护人，尊重人。坚持开放精神和民主意识，坚持公平、公开和公正的原则，尊重师生的合理利益诉求，让学生、教师、家长和其他成员都有权表达自己的感情、有权反映自己的观点和意见，促进师生发展，增进师生幸福。

实验性：建立和完善"依法办学、自主管理、校长负责、民主监督、社会参与"的现代学校制度，形成以学校章程为核心、自主管理的制度体系。健全科学民主决策机制，完善学校治理结构；推进信息公开，健全民主监督；规范管理权力，尊重师生主体地位，健全校内权利救济制度，有效保护学校、教师、学生合法权益；形成平等自由公平公正的育人环境和浓厚法治文化氛围，做现代学校制度建设的探索者。

示范性：做基础教育改革者，成为全面实施素质教育的典范；大胆探索高效、科学的管理机制，做现代学校制度的探索者，为同行引航；遵照国家的教育方针，遵循学生发展的客观规律，为学生的终身发展负责，促进学校的可持续发展，做现代教育的示范者。

表 1 番禺附中发展目标规划表

项目 \ 时间		2010—2015 年	2015—2020 年	2020—2025 年
规模目标	学生	2771—3000 人	3000 人	3000 人
	班级	55—60 个	60 个	60 个
	教工	211—240 人	240 人	250 人（双语教学）

续表

项目 \ 时间		2010—2015 年	2015—2020 年	2020—2025 年
条件建设目标	物化条件	达到国家级示范性高中要求；增添学生宿舍及篮球、排球等运动场地；校舍改造，为智慧校园提供设备。	功能场室齐全，满足 60 个班 250 名教职员工所需的学习、生活、办公、活动所需；打造智慧校园和书香校园。	新建地下车库和游泳池；建设具有人文特色的学校物态文化。
	师资	硕士及以上学历：10% 继续教育完成率：100%。 市级及以上奖励：15 个 区级及以上名师：2 名	硕士及以上学历：15% 继续教育完成率：100% 市级及以上奖励：20 个 市级及以上名师：2 个	硕士及以上学历：20% 继续教育完成率：100% 市级及以上奖励：25 个 省级及以上名师：2 名
	其他	建立现代学校基本制度；校园文化气氛浓郁。	现代学校制度健全；校园文化气氛浓郁。	现代学校制度完善；校园文化气氛浓郁。
教研项目	立项	省级及以上项目：1 个 市级项目：2 个 其他：10 个	省级及以上项目：2 个 市级项目：4 个 其他：15 个	省级及以上项目：3 个 市级项目：6 个 其他：20 个
	成果	论著篇（部）：20 个 省级以上刊物发表论文：50 篇 教材及课件：10 个 其他：50 个	论著篇（部）：40 个 省级以上刊物发表论文：80 篇 教材及课件：20 个 其他：100 个	论著篇（部）：60 个 省级以上刊物发表论文：120 篇 教材及课件：30 个 其他：200 个
质量目标	德育考核	优良率：90% 违法犯罪率：0	优良率：92% 违法犯罪率：0	优良率：95% 违法犯罪率：0
	文化测试	C 级及以上比率：70% B 级及以上比率：15%	B 级及以上比率：40% A 级比率：10%	B 级及以上比率：50% A 级比率：20%
	体质达标	达标率：95% 优秀率：25%	达标率：100% 优秀率：30%	达标率：100% 优秀率：40%
	高考录取	总升学率：90% 本科率：25%	本科率：40% 重点本科率：10%	本科率：60% 重点本科率：25%
	竞赛获奖	省级及以上：5 个 市级：5 个	省级及以上：10 个 市级：20 个	省级及以上：20 个 市级：30 个

续表

时间 项目	2010—2015 年	2015—2020 年	2020—2025 年
特色目标	形成鲜明的体艺特色，启动智慧校园项目实验，现代学校制度建设在省内具有较大的示范辐射影响。	体艺特色、智慧校园鲜明，在区内享有盛名；对国际化办学进行思考和探索，现代学校制度建设在国内具有一定的示范辐射影响。	体艺特色浓厚，在省市闻名遐迩；智慧校园项目在市、区影响深远；与国外开展交流合作，开设国际化课程和国际班；现代学校制度建设在国内具有较大的示范辐射影响。
影响目标	成为广东省国家级示范性高中。	成为管理科学、特色鲜明的示范性高中。	成为能够输出办学经验、管理模式、优秀干部和专业人才，在广州具有重要地位，在全省具有影响力的示范性高中。

三、发展策略：协同式创新、内涵式发展、跨越式提升

协同式创新。在发展谋划上，坚定不移地实施协同式创新。协同式创新是附中实现跨越式发展的重要保障。准确把握国家教育改革发展的趋势和附中发展面临的困难和问题，主动争取番禺区委区政府、教育主管部门、社会各界、家长的支持，充分发挥广东第二师范学院智力资源支持，坚定不移地推动观念创新、体制创新、模式创新。

内涵式发展。在发展道路上，坚定不移地推动内涵式发展。附中发展的重点在于内涵式发展。以探索现代学校制度为抓手，完善学校管理体制和工作机制；以深化课程教学改革为重点，切实提高学校办学水平；以人文和谐为核心，促进师生发展，增进师生幸福；以特色发展为突破点，树立特色强校意识，坚定不移地铸造学校特色。

跨越式提升。在发展进度上，坚定不移地谋求跨越式提升。以成为广东第二师范学院附属中学为背景，以示范性普通高中建设为主线，以协同创新为动力，探索一条超常规、跨越式发展道路。学校未来的十五年，将从一所薄弱的普通高中，发展成为一所兼具人文性、实验性与示范性的现代学校，成为基础教育改革者、现代学校制度的探索者、现代教育的示范者。

<h2 style="text-align:center">第三部分　发展任务</h2>

一、教学质量提升工程

坚持"以教育观念更新为突破口，以深化课堂教学改革为重点，以强化教学管理为基础，以教育教学研究为引领"的发展思路，不断提升教育品质，形成具有示范和辐射意义的教学改革及研究成果，成为让公众满意的高质量学校。

1. 更新教育观念

坚持科学的发展观与质量观，全面贯彻党的教育方针政策，遵循教育教学和学生身心发展规律，全面实施素质教育，为学生的终身发展奠定基础，为学生实现理想做好知识、能力和创新准备。坚持人人成才和多样化成才观，为全体学生的成长成才创造条件，鼓励和支持学生的个性化发展，不拘一格培养人才。坚持育人为本、改革创新、促进公平、提高质量，坚持德育为先，坚持能力为重，全面发展的教育理念，注重学思结合、知行统一和因材施教，始终将促进学生健康成长作为学校一切教育教学工作的中心、作为带动各方面改革的核心。坚持主体性教育和系统培养观，充分发挥学生的主动性和教师的引导力，构建平等、尊重、关爱和理解的新型师生关系，推进各年段教育教学的有机衔接，教学、科研、实践紧密结合，学校、家庭、社会密切配合，塑造积极向上、充满活动的教育环境。

2. 深化课堂教学改革

以提高课堂教学质效为重点，以积淀科学素养、人文素养，培养学生的思维品质、实验动手能力、双语交流能力、信息技术能力、自主学习能力、创新能力为目标，积极推进课堂教学改革，持续探索适应新课程改革精神、尊重学生身心发展规律和学科特点的有效教学策略与模式，建立反映新课程基本理念的新型师生关系，运用贴近学生实际、贴近学生生活、与社会发展、科技进步紧密联系的教学资源。尊重学生主体地位，注重学生的学习状态与情感体验，开展"基于学生能力培养的参与式教学模式"实验研究，深化新课程改革，激发学生独立思考和勇于创新的意识，提升学生自主学习、自主探究的能力。推进课堂教学评价改革，重视对学生课堂行为表现、思维状态、过程参与、生成状态、知识获得以及合作交流等方面的评价，不断改进评价方式、技术与手段，真正实现"以学定教"，促进师生共同发展。

3. 强化教学管理

以常规教学为抓手，规范教学行为，强化目标管理，建立体现科学、民主、法治、人文精神，制度与人文相融合、刚性与柔性相结合的现代教学管理体系，达到教学管理整体运作水平的新高度。推进管理重心下移，实行年级、科组和备课组分工合作管理机制，优化集体备课与听课、评课等活动组织流程，健全各类活动细则与要求，落实对教学活动设计、教学活动组织、教学活动评价与反思等基本环节的规范管理。加强教学质量监控，明确各学科、各学段的所应达到的学业要求创新高中毕业班备考教学管理模式，完善教学质量跟踪机制，充分运用各级各类教学质量评估结果、及时调整教育教学工作。强化学科教研的目标管理，切实增强各学科教研活动的计划性、组织性与实效性，加强不同学科之间、学校内外的交流与研讨，探索提升学科教学质量的有效策略，推进学科特色建设。

4. 加强教育教学研究

建立以问题为导向的校本教研文化，以服务学生成长为本，鼓励和支持教师积极开展教学研究，深入探索和细致解决各种教育教学问题。依托广东第二师范学院的学科资源和师资资源，不断深化教育教学改革，在学校管理、学生培养、课程建设、教师专业发展等方面开展卓有成效的实践研究，增强教师的研究意识和研究能力。完善教育教学科研管理，充分发挥学术委员会的引导、带动和示范作用，建立民主、开放、有效的科研协同管理机制，促进科研成果的提炼、交流与推广，培育严谨的治学态度和浓郁的科研氛围。

加大教育科研的经费投入，设立教育科研专项基金，支持教师参与各级大型教育科研课题研究，开展与学校内涵发展核心议题相契合的课题研究。

二、综合素质发展工程

以促进学生各方面素质发展为目标，以加强德育体系、课程体系为基础，以创新人才培养模式为核心，努力培养具有"学为君子、兼善天下"的远大理想、秉承"德才兼修、学融中西"的优良传统、具备"文化归属、国际理解"的现代情怀的社会主义社会优秀公民，使学生的综合素质发展水平得到家长及社会公众的普遍赞誉。

1. 加强德育系统建设

立足"学为君子、兼善天下"的培养目标，坚持"德育为先、立德树人"的教育宗旨，推进"以完善德育课程体系为基础，以培养社会适应性和社会责任感为核心、以深化主体性德育为特色、以健全德育网络为保障"的德育体系建设。

完善德育课程体系。坚持将社会主义核心价值体系贯穿在学校教育全过程、融入教育教学各环节，加强以爱国主义为核心的民族精神教育和以改革创新为核心的时代精神教育，建立分层递进、有机衔接、贴近生活的德育课程体系，开发一批具有示范作用的精品德育课程和学科案例、课件。

确立并抓好学校德育工作重点。一是要以提升学生的社会适应性为核心，培养学生的意志品质、团结协作、敢于创新的精神，培育学生诚信、责任、尊重、合作、自信的良好品格，发展学生自主学习的能力和自强自立的精神；二是要以培养学生的社会责任感为核心，增强学生的公民素养、增强中华民族传统文化的认同感和世界多元文化的沟通、鉴别力，深化对人与社会、人与自然关系的理解，树立社会责任意识和个人理想信念。

推进主体性德育特色建设。尊重学生的主体地位，发挥共青团、学生会、学生社团等的桥梁和纽带作用，开展形式多样的主体性德育活动，形成引导高中学生自广东二师番禺附中教育、自广东二师番禺附中管理、自广东二师番禺附中服务的主体性德育格局；深化课内课外相结合的育人机制，引导高中学生走入"社会大课堂"，让学生在真实、开放的生命感受中构建个体的道德成长经验，促进学生知情意行的协调发展；依托网络资源，发展网络文化，拓展网络育人空间，增强学生信息化时代自主辨别、客观判断的网络道德；充分发挥文化育人、环境育人作用，积极创建书香校园、开展主题教育系列活动和校园文化建设活动，引导学生从小事做起、从自广东二师番禺附中做起，形成良好的礼仪修养、行为习惯和责任意识。

完善德育网络。健全学校、年级、班级三级德育管理网络和学校、家庭、社会三结合的德育工作网络，努力开创"全员参与，多育并举"的德育工作新局面。实施行政领导分别挂钩指导责任制、年级组长和班主任岗位责任制、科任及辅导人员渗透制、值班人员全天候管理指导责任制，健全学校德育工作评估机制和工作激励机制，切实将学校德育工作的各项要求落到实处。充分发挥社区教育、家庭教育对学校教育的渗透和补充作用，加快实践基地建设、完善德育实践体系、健全志愿者活动等服务实践的激励机制，办好家长学校、健全家委会的功能，落实家庭教育咨询与指导机制，不断拓宽德育空间、增强教育合力。

2. 推进学校特色课程体系建设

深入推进普通高中新课程实验，全面落实课程方案，合理有序地安排好各年级、各学段的教学内容，处理好教学内容的衔接过渡、难易程度、教学时数，保证学生全面完成国家规定的文理等各门课程的学习，夯实学生的发展基础。积极开展综合实践活动，合理设置选修课程，实行教师申报学生选择的模式，加强学生选课的分类指导，增强课程设置与学生个性化需求间的适应性。组建学校课程发展建设小组，推进校本课程开发，逐步构建由人文素养、科学精神、创新能力与国际视野四大板块构成的校本课程体系，在此基础上，建设基于学校文化、体现办学理念、凸显办学特色、满足学生全面发展和个性化发展需求的特色课程"美丽人生"，为培养具有"学为君子、兼善天下"的远大理想、秉承"德才兼修、学融中西"的优良传统、具备"文化归属、国际理解"的现代情怀的社会主义社会优秀公民提供有力支撑。

3.促进各方面教育协调发展

坚持将德育、智育、体育、美育等有机地统一在教育活动的各个环节中，促进诸方面教育相互渗透、协调发展，为学生的全面发展、健康成长提供有力的支撑。强化实验教学、研究性学习、社区服务和社会实践，加大社会资源的开发力度，以学校内外形式多样的实践活动，开拓学生的学习视野，培养学生的动手能力、探究能力和社会适应能力。切实加强科学、体育和艺术教育，因地制宜地开展丰富多彩的校内外科技、体育和艺术活动，推进学校体艺特色建设，培养学生崇尚科学、勇于创新的思维品质，养成健康的生活方式和坚持锻炼的习惯，提升学生欣赏美和创造美的能力。增强心理健康教育的针对性与实效性，加强心理健康辅导教师与学科教师、班主任及家长的联系，组织团体心理辅导活动、积极预防心理疾病，深入研究、跟踪辅导，努力解决学生突出的心理问题，切实抓好高考备考生的心理调适工作。重视法制、安全与国防教育，开展以增强法制安全意识为主题的教育活动和专题讲座，积极创建"零犯罪校园"和"安全文明校园"，推进军训工作制度化、规范化。

4.创新人才培养模式

尊重学生的主体性，积极开展与家庭合作推进个人性培养的教育实验，共同引导学生设计个人学习发展目标与计划，帮助学生把握适合自己的发展方向、找到适合个人的学习方式，建立系统的学生生活、学业及人生或职业规划指导制度。关注学生的差异性，落实"一生一特长"的培养要求，推进分层教学，学分制、导师制等教学改革，建立特长生专门培养机制和学习困难学生跟踪指导机制，创设有利于激发资优学生潜能的学习环境。完善素质教育综合评价体系，规范学生成长记录手册、综合实践活动手册、发展性评价手册的使用要求与操作流程，积极争取地方行政、高校专业资源的支持，探索学生综合素质评价方法、健全综合素质评价制度，建构并落实能够反映学生综合素质和个性特长发展情况的综合素质评价体系。

三、师资队伍发展工程

以促进全体教师的专业发展为主线，以加快高层次人才队伍建设为重点，以健全教师队伍管理体系、创新培训模式、完善培训体系为抓手，努力造就一支师德高尚、业务精湛、勇于创新、结构合理的高素质专业化教师队伍。

1.健全教师队伍管理制度

加强教师编制管理，按照标准编制配备学校教师和教辅人员，教师师生比、教师占教职工总数比例达到广东省的相关要求。完善并严格执行教师准入制度，严把教师入口关，鼓励和吸引高层次学历人员入编，提升教师队伍整体学历水平。完善岗位职级管理制度，健全各级各类教职人员的评聘、考核机制，探索"干部能上能下，教师能进能出"的管理机制。完善教师工资福利保障制度，改进教师绩效考核管理，建立以师德为核心、绩效贡献和专业发展水平为导向的考评机制。

2.加强教师职业道德建设

坚持把师德建设摆在教师队伍建设的首位，多渠道、分层次、多形式地开展师德教育，建立和完善师德集中专题培训制度、新教师岗前师德培训制度和班主任上岗培训制度，加强和改进教师思想政治教育、职业理想教育、职业道德教育、学风和学术规范教育、法制教育和心理健康教育，增强教师的职业使命感，引导教师树立正确的教育观、学生观和职业观。完善师德建设长效机制，健全教师职业道德考核奖惩体系，建立学校、教师、家长、学生四位一体的教师职业道德评价机制，实行师德考核"一票否决制"；定期开展师德评议及评比活动，加大对师德高尚的教师（或教师团队）的表彰及宣传力度；关心教师日常的思想、工作和生活，及时疏导、化解教师遇到的各种困难和矛盾，减轻教师的心理压力，提高教师的职业幸福感。

3. 提升教师队伍专业化水平

完善分层分类覆盖全员的培训体系，基于培训需求调研，有目的、有计划地开展分类、分层、分岗位培训，全面落实新任教师的岗前适应性培训、在职教师的岗位培训、骨干教师的提高培训，加强紧缺学科教师培训，着力解决紧缺学科教师在教育教学中面临的实际问题，定期开展领导干部、科级组长、班主任及各学科的教师培训活动。改进培训方式、创新培训模式，依托广东第二师范学院的专业支撑，积极推行"聚焦课堂、个别指导""导师引领、行为跟进""任务驱动、个性发展""项目推进、同伴合作""研修一体、岗位实践"的行动策略，拓宽教师培养、培训渠道，构建多形式、多层面的校本研修校际协作联合体，全面提升教师创新课堂教学、从事教育科研及课程开发等多方面的能力。推进教师专业发展网络平台建设，加强教师网络互动与研修，完善教师专业发展网络管理系统，不断积累和丰富教师的专业发展资源。

4. 完善教师激励培养机制

完善教师考核与激励制度，建立重师德、重能力、重实绩、重贡献的考核与培养激励机制，为实现学校与教师的共同发展创造条件。实施并不断完善教师绩效工资制度。建立高层次学历培养机制，有计划地选派优秀教师攻读与专业岗位密切相关的高层次学位。建立名师、学科带头人培养机制，为有潜力、有能力的教师进入更高的发展层次提供机会。完善各类教学竞赛、科研成果奖励机制，鼓励教师开展教学研究，形成并推广研修成果。深化教师评价体系的改革与探索，构建区分性的教师评价标准，为处于不同发展阶段的教师提供自广东二师番禺附中诊断、自广东二师番禺附中发展设计的参照。

5. 加快高层次人才队伍建设

制定推进高层次人才发展实施方案，明确发展目标，着力增强教学及管理队伍中坚力量，探索和创新高素质教师及管理人才的吸引、使用、培养、激励的有效机制，形成鼓励创新的人才发展环境、提升学校教师及干部队伍活力。加快名师队伍建设，确定名师培养对象，积极整合广东第二师范学院及区域优质资源，落实个性化培养，强化目标管理与跟踪辅导，形成教师鲜明的教育教学特色，增强教师在区域内示范和引领教学改革的能力。加快学校管理人才尤其是中青年管理人才队伍建设，改革管理干部培训、培养模式，依据不同的发展需求及岗位职责，加强分类培训、专题及案例研修，创建相应的发展平台，形成实践、学习、反思、再实践的成长路径，造就具有先进教育理念和国际视野，善于管理的"开放型""专家型"干部队伍。

四、学校特色创建工程

联系学校的发展基础、找准发展定位，以培养学生的体艺特长、打造智慧校园、探索合作办学模式为重点，促进学校特色发展、提升学校发展内涵，建成具备鲜明办学特征，兼具现代化、国际性、开放性特点的特色品牌学校。

1. 培育师生君子气质

以培育现代君子为办学理念，实施君子教化，陶冶自强不息、厚德载物的君子人格，熏染笃志、博学、知礼、重义、仁爱、向善的君子气质，培育诚信、公正、负责、担当的君子文化，引领全体师生成为融通古今、学贯中西、兼具中国灵魂、世界眼光的现代君子。

2. 发展学生体艺特长

优先招收和积极挖掘有体艺发展潜质的学生，探索与其特点相适应的培养模式，为其参与校外各级各类的体艺活动及竞赛创造条件。推进学校体艺特色课程建设，遵循"体艺教学经费优先、人才优先"的行动原则，扩大现有学校体艺特色项目的普及率，加大体育与健康领域、艺术领域特色项目的开发力度，形成一批具有本校特点、时代特征的体艺品牌活动。完善体艺特色活动奖励机制，建立体艺教师激励机制，组织承办高层次的体艺竞赛活动，使发展体艺特长成为面向全体学生、融入学生学习及生活的重要内容。

3. 推进智慧校园建设

运用现代信息技术推进教学内容、教学模式及方法的变革，促进学科教学与信息技术的整合，建立在线课堂、开展电子书包项目实验，形成开放、互动、共享的教育教学新模式，满足学生自主学习和个性化学习的需求，增强学生正确理解、合理运用网络等大众传播媒体的能力。利用现代网络技术，建设与广州市信息化发展相同步、与番禺教育信息网相衔接、与教师和学生发展特点及需求相适应、与学校组织实体相对应的虚拟平台；建设人人享有、人人利用、人人贡献的数字化优质教育资源，促进个性化、多样化的学习和开放化、远程化、网络化的教育，形成更为积极开放的学习文化，加速推进"智慧校园"与学习型组织建设。

4. 探索合作办学模式

立足学校作为广东第二师范学院与番禺区教育局合作共建校的组织特点，不断健全双方支持和监督学校发展的长效机制，探索学校与高师院校、地方政府合作的有效模式，形成协同创新、共同发展的良好格局。依托广东第二师范学院的专业平台，建立并完善与台湾、香港、澳门地区教育交流的机制，引进国外先进课程资源、加强国际理解教育，扩大国际交流规模与渠道，推进教师互派、学生互换、学分互认，以全方位、多层次、宽领域的教育交流与合作，培育学校开放性及国际化的办学特色。

五、现代学校制度建设工程

1. 构建新型办学体系

充分利用"院地合作、共建共管"的办学体制，在现代学校制度建设方面先行先试，为高等师范院校与地方政府合作办学提供标本和示范。探索理事会领导下的校长负责制，构建政府、学校、社会之间的伙伴关系，实现政府职能从原来的宏观、中观、微观管理转变为宏观调控。按照现代学校制度特别是民主管理、开放管理的要求，坚持民主、科学的程序制定学校章程，实施按章程自主管理，创新学校内部制度，提高学校组织效率，建立以章程为根、以制度为框、以文化为脉的学校制度体系，形成职责明晰、运行协调、以人为本、以章为行的学校管理体制。

2. 变革学校组织架构

不断完善理事会领导下的校长负责制，积极探索"依法办学、自主管理、民主监督、社会参与"的有效实现形式。健全学校理事会的议事规则，发挥学校理事会在决策中的作用；建立有教师、学生及家长代表参加的校务委员会，完善民主决策程序。树立开放民主、科学高效的管理观，按照"精简、效能、统一"的原则，积极开展中层机构设置与聘任的改革，进一步完善校内机构设置，提高管理效益和服务水平。探索实施岗位问责机制，进一步明确各岗位的职责和工作要求，避免"多头布置""重复布置"，实现教师工作的"轻负担、高效率"。充分发挥党支部的政治核心作用和保证监督作用，进一步发挥教代会、共青团、民主党派和学校工会在民主管理和民主监督中的积极作用。设立学校申诉委员会，依法保障师生员工的合法权益。建立与家长及社区的联系制度，发挥家长委员会、社区教育委员会等对学校工作的参谋、咨询与监督作用，形成协调一致的育人环境。

3. 强化制度管理效能

按照有利于调动教职工的积极性和创造性、激发学校的办学活力和竞争力、规范治理结构和权力运行规则的原则，科学制定具备自身特色的学校章程。依据法律和章程的原则与要求，进一步制定、修改并完善教学、人事、学生、后勤、安全、对外交流等方面的管理制度，建立健全学校组织规则、议事规则和各种办事程序，形成健全、规范、统一、可操作、可监控、可问责的制度体系。加强规章制度的学习宣传，提高执行力。加强对规章制度执行情况的督促检查，保证规章制度和学校决策的落实。建立责任追究制度，加大对违反规章制度行为的惩处力度，提高依法治校的水平。利用学校作为广东省"现代学校制度建设综合改革试点单位"的契机，按照现代学校制度的核心理念，积极开展各项改革，努力成为基础教育领域现代学校制度建设的先行者。

4. 推进人事制度改革

积极推进以全员聘用制度、岗位责任制度、考核评价制度和绩效工资制度为主要内容的人事制度改革。不断完善教职员工全员聘用制度，建立能进能出、能上能下的教师任用新机制，逐步提高新入职专任教师的学历标准，实现人员优化组合。推进教师岗位设置改革，科学定编定岗，明确各类人员的岗位职责。完善考核评价机制，探索构建教师发展性评价与诊断平台，建立以岗位职责为标准、以能力为基础、以绩效为核心的评价指标体系。完善教师绩效工资制度，逐步加大奖励性绩效工资的比例，建立公平、合理的绩效分配制度，充分调动教师积极性。

六、学校文化培育工程

1. 凝聚学校精神

围绕学校发展的战略目标和实施任务，充分发挥师生主体作用，对办学传统、校训、校风等学校精神文化的内涵进行进一步梳理、深入阐释与广泛宣传，建立科学、明晰、完整的精神文化表述系统。以挖掘办学历史上的优秀文化底蕴传承学校精神、以吸收高校思想精华和现代学校制度精髓发展学校精神、以教育教学活动践行和内化学校精神、以文化产品传播和包装学校精神，使之成为全校师生员工共同追求的价值取向与愿景目标，着力发挥文化育人、文化辐射、文化服务功能。

2. 建设和谐三园

要把学校建设成为教师乐教、学生乐学、健康和谐的生活公园、学习与工作乐园、精神家园。在广州市绿色校园的基础上，进一步做好校园绿化工作、建筑外观改造、人文景观建设，美化师生员工工作、生活环境，为师生员工营造更多适合文化交流的空间和氛围，营造健康优美的生活公园。以创设和谐民主的人际关系（管理者、教师、学生多维之间）为前提，以教风、学风建设为抓手，注重健康、积极的"办公文化""教学文化"及"学习文化"

的培育与引领，以构建校本文化、人文讲坛、社团活动、专题教育"四位一体"的人文素质教育体系为途径，继续做好书香校园、美在校园、感动附中、幸福附中等品牌专题，营造团结向上、高雅生动的学习、工作乐园。充分挖掘学校精神、校史展览、优秀师生和优秀校友事迹以及校园内一楼一宇一草一木等各种教育载体的育人功能；建立高效的校园公共文化服务平台系统，满足师生的精神文化需求，打造师生成长的精神家园。

3.建立视觉形象识别系统

设计和制定《广东二师番禺附中视觉形象识别系统手册》，完善校歌、校徽、校服等方面的文化表征，对所有相关文化符号的形象设计和内涵释义进行明确规范的界说。充分运用校刊、宣传栏、校园网、校园广播、校园电视台等校内平台拓展文化阵地，增强校园内形象文化的辐射力和影响力。重视学校形象识别系统建设成果的对外宣传与推广，增添校外的交通指示牌，参与社会公共关系工作，扩大学校在社会的知名度和美誉度，提升学校品牌价值。

七、校园环境优化工程

1.完善学校办学条件

争取多方资源，继续加强校园各项物质条件建设，有计划地完善与更新教学与生活的基础性设施。更新教学实验设备；实现电压增容、安装备用电源、添置课室宿舍空调；改善年级组办公环境；改造与扩建学生宿舍大楼；改善学校食堂；购置中型校车用于师生外出学习交流竞赛；对现有海报栏、宣传栏、公告栏、电子显示屏等设施进行技术改造升级和更新换代，逐步建立数字化多媒体宣传平台；加强校舍、校产检查与维护，保证设备、设施完好，提高利用效益。

2.美化校园物态环境

要加强校园的净化、绿化和美化，保持校园干净整洁，维护好树木和绿地，保证校园四季常青，校园绿化覆盖率达100%；要整体、系统地规划校园人文景观，建设主题雕塑、文化走廊、校友墙、主题广场等要与学校精神和自然景物相得益彰；要进一步设计整合教学区、运动区和生活区三大功能区的布局，构建布点合理、信息完整、指示明确的道路名称、指示牌、场馆名称、楼宇铭牌等校园公共指示系统，提升校园文明程度。

3. 创建校园安全环境

进一步加强校园安全管理工作。加强与相关部门沟通，科学设计、适时迁移学校体育场上空的高压线；进一步加强制度建设，建立健全校内安全防范的有效工作机制；加大安全教育力度，提高安全意识和防范能力；健全学校安全工作网络，整合社会力量确保学校育人环境安全、稳定、文明、健康。

第四部分　保障措施

一、明确目标与责任分工

建立理事会保障机制和学校规划实施领导小组，充分发挥组织、指导、协调和服务作用。在全校范围内加强对发展规划的学习宣传，使全体教职工了解规划，提升学校的凝聚力和发展力，增强执行实施规划的权威性、自觉性。加强各行政职能部门之间的沟通、合作、协调，进一步明确各科、级、备课组及各岗位的职责和工作要求。明确目标任务，签订责任书，有效实现"各负其责、各尽所能；责任明确、奖惩分明"。

二、制定阶段性实施方案

分阶段、分层次制定学校阶段性（每 3 年为一阶段）发展实施方案。学校要在每阶段初围绕战略目标和发展重点，制订出具体的年度工作计划，明确各项工作的负责部门、主要负责人、完成时限、预期效果、所需资源和实现路径。同时，在每阶段结束及时进行评估与总结。

三、保障资金与优化资源配置

继续积极争取区政府、广东第二师范学院、社会各界等力量的重视和关心，为学校发展争取更多的资金、政策和教学资源。以学校发展规划为依据，以教育教学工作为重点，科学合理地编制年度预算；统一规划学校资源，按照发展规划总目标和阶段性实施方案，确保重点项目、重点工作的专款专用、资源优先；充分利用学校现有的固定资产，提高资产使用率，建立资源节约型的优质学校。

四、落实持续性督导检查

建立规划实施督查的职能部门，加强对规划实施过程的督导检查，通过随访督导、定期检查等多种形式，及时、准确地掌握规划实施的进展情况及新问题，并保证整个过程有记录，加强规范指导。建立规划实施情况的年度考核与报告制度，将各部门规划实施情况纳入其年度工作目标考核内容，学校公开通报，对实施情况优良、成效显著的部门或个人予以表扬，对措施不得力、工作不落实的予以通报批评，并督促整改。

二〇一三年三月二十五日

附录2

广东第二师范学院 广州市番禺区教育合作办学框架协议

甲方：广州市番禺区教育局

乙方：广东第二师范学院（原广东教育学院）

为创新公办学校办学体制，激发番禺区市桥第二中学的办学活力，努力将其打造成为特色鲜明、在省、市具有影响力的优质高中和为广东第二师范学院创设教学实验基地，探索基础教育的科学管理新模式，甲、乙双方经协商，同意在番禺区市桥第二中学进行合作办学，达成如下协议：

一、学校名称：广东二师番禺附中（将番禺区市桥第二中学更名为广东二师番禺附中，以下简称"附属中学"）。

二、附属中学性质：公办全日制普通高中；学校所有资产归属番禺区人民政府；学校作为广东第二师范学院附属的实验基地。

三、合作方式：委托管理。在现有法律法规框架内，由番禺区教育局请示番禺区人民政府将附属中学划归为区教育局直属学校，并委托广东第二师范学院管理。

四、双方权利与义务：

（一）甲方：

1.甲方将附属中纳入全区普通高中事业发展建设规划，确定其办学规划和发展目标；

2.甲方对附属中学具有监督和管理权，在学校人事调整、办学规模、资产处理等重大事项方面具有最终决定权；

3.甲方按现有公办普通高中的形式保障附属中学的经费、师资、教育教学设备设施等方面的投入；

4.甲方负责统筹安排附属中学学位，乙方必须督促附属中学遵循并执行上级部门的招生和收费政策。

（二）乙方：

1.乙方协助甲方共同做好附属中发展定位与规划工作；乙方受甲方委托对附属中学进行具体管理，乙方在学校管理、制度建设、教学业务管理、校园文化建设等学校内部事务方面具有高度自主权；

2.附属中学校长由乙方选派，选派人员原则上经甲方同意，校长的认识关系隶属乙方，校长的工资待遇水平参照番禺区区属高中校长的收入水平执行，由番禺区财政解决。学校其他领导班子成员配备、部分骨干教师引进方面，由乙方按番禺区公开招聘公办教师的政策提出方案经甲方审批同意后实施，甲方原则上应尊重乙方提议；其工资待遇参照番禺区同级别教师的工资水平由番禺区财政解决；

3.乙方要按照双方目标要求，全面实施素质教育，在教育管理模式、教师队伍建设和激励机制上进行探索、创新，两年内将学校打造成在番禺区有一定影响力，特别是在教师绩效管理上具有示范作用的学校；六年内将学校打造成为教育管理科学、特色鲜明，在广东省、广州市具有一定现代教育管理示范作用的品牌学校；

4.乙方要依法依规办学，去报国有资产不流失。在处理国有资产时，须按照《番禺区行政事业单位国有资产处置办法》实施。

五、合作期限：15年（自2010年8月1日至2025年7月31日止）。

附录3

广东第二师范学院 广州市番禺区教育局
关于广东二师番禺附中合作管理方案
第一章 总则

第一条 为确保番禺附属中学科学发展与规范管理,根据广州市番禺区教育局和广东第二师范学院达成的《合作办学框架协议》,制定本合作管理方案。

第二条 本管理方案对广州市番禺区人民政府教育行政部门、广东第二师范学院、广东二师番禺附中具有约束力。

第三条 "广东第二师范学院番禺附属中学"(以下称附属中学)是广州市番禺区人民政府与广东第二师范学院合作共建共管的普通高级中学。附属中学既是番禺区人民政府进行教育管理体制改革试点的窗口,也是广东第二师范学院为基础教育服务、引领基础教育改革和发展的重要渠道。

第四条 番禺区人民政府及其教育行政部门要把附属中学纳入教育发展规划,按照区属普通高级中学的建制承担办学物质条件保障、人力资源管理和其他教育行政管理责任,确保附属中学具备良好的办学条件、环境及其他的发展支持。

第五条 广东第二师范学院要把附属中学纳入学院办学的整体布局,为附属中学的内部管理、教育教学改革以及办学水平的提升提供智力支持。

第六条 番禺区教育局和广东第二师范学院附属学校管委会是署理合作举办附属中学事宜的唯一授权机构。

第二章 办学目标

第七条 附属中学要通过创新管理制度加快发展步伐,把学校打造成为在广东省具有一定影响力的品牌学校。

第八条 附属中学要积极探索,建立并不断完善"依法办学、自主管理、校长负责、民主监督、社会参与"的现代学校制度，建立并不断完善目标管理和绩效管理机制，成为创建现代学校制度的实践者、引领者和示范者。

第九条　附属中学要充分依靠党委政府，充分依靠师生员工，充分依靠学院的专业支持，充分整合社区教育资源，以"三个面向"的重要思想和科学发展观为指导，以教学为中心，遵循教育规律，扎扎实实开展各项工作，努力成为社区友好型和资源节约型的优质学校。

第十条　附属中学要坚持育人为本、德育为先、能力为重、全面发展的教育理念，注重学思结合、知行统一和因材施教，全面实施素质教育。要教育学生"学为君子，兼善天下"，成为具有远大抱负、人文情怀、国际视野和乐于践行的社会主义社会合格公民。

第十一条　附属中学勇于担当服务社群的职责，传播新思想、新文化，弘扬新道德、新风尚，成为学习型组织和社区学习中心。

第三章　管理体制

第十二条　附属学校实行理事会领导下的校长负责制。

第十三条　附属中学理事会设董事 11 人，附属中学校长为当然董事，其余 10 人由广州市番禺区教育局代表、广东第二师范学院代表和社会知名人士共同组成，人员比例构成为 4∶4∶2。

附属中学理事会设主席 1 人，由选举产生，设常务副主席 1 人，由附属中学校长担任。

第十四条　附属中学理事会实行委员会制，主要职责：

（一）确定学校办学方向与目标；

（二）审定《广东第二师范学院附属中学章程》及学校重大的基本制度；

（三）审定学校发展规划及重大改革方案；

（四）支持、监督学校管理；

（五）考核校长；

（六）审议或决定超出校长职权的其他重大事项。

第十五条　附属中学校长是附属中学的法人代表，按法律法规和学校章程自主管理学校。

附属中学校长由广东第二师范学院负责选派，提请广州市番禺区教育局任命。

第十六条　附属中学校长的主要职责：

（一）依法办学，全面实施素质教育，促成学生、教师和学校的持续发展。

（二）全面负责学校工作；

（三）法律规定的其他职责。

第十七条　附属中学校长依法享有下列权利：

（一）要求番禺区人民政府及其教育行政部门提供履行校长职责应当具有的工作条件；

（二）依照法律、法规和教育政策，组织制定、实施学校发展规划和学校具体的规章制度，组织实施教育教学活动；

（三）主持召开校务会议，对学校教育、教学和管理工作中的重要事项进行决策；

（四）依照国家有关规定聘任、考核、奖惩教职工，推荐或选聘副校长，确定学校内设机构和内设机构负责人人选；

（五）依照国家有关规定使用经费和管理校产；

（六）参加培训；

（七）对上级教育行政部门的工作提出意见和建议；

（八）行使国家和上级教育行政部门授予的其他职权；

（九）非因法定事由、非经法定程序，不被免职、辞退或者处分。

第十八条　附属中学校长必须履行下列义务：

（一）遵守宪法、法律和法规；

（二）依照国家法律、法规和教育方针、政策以及理事会的决议，履行校长职责；

（三）维护学校、学生和教职工的合法权益；

（四）关心、尊重教职工，组织和支持教职工参加必要的学习、培训和进修，提升教师的专业质素，调动教职工工作的积极性和主动性；

（五）严格执行财务制度，管好校产和财务；

（六）努力学习，钻研业务，不断提高工作能力和办学水平；

（七）充分发挥教职工代表大会在民主管理和民主监督及共青团、少先队等群众组织在办学育人中的积极作用；

（八）建立与家长及社区的联系制度，发挥家长委员会、社区教育委员会等对学校工作的参谋、咨询与监督作用，促进学校教育、家庭教育与社区教育的密切合作，形成协调一致的育人环境；

（九）定期向番禺区教育局和广东第二师范学院汇报工作，依法接受监督。

本条中（九）所说的"汇报工作"，主要形式是报送"计划""总结""专项材料"。

第十九条　附属中学设立教职工大会或教职工代表大会，审议学校重大事项，实行民主管理。凡须理事会决策的重大事项应先经教职工大会或教职工代表大会审议通过。

第二十条　附属中学设立由校长主持的校务会议，作为学校日常的行政决策机构，审议或决定学校的较为重大的事项或非常规事项。

第二十一条　附属中学的党团建设按照有关规定办理。校长必须关心、支持党团建设，充分发挥党组织的政治核心作用和共产党员、共青团员的先锋模范作用。

第二十二条　附属中学要加强年级组和科学组的建设，充分发挥其业务研讨和学生管理的职能。

第二十三条　附属中学要充分关注并促进教师的专业成长，培育品牌团队，改善评价机制，完善激励机制，鼓励教师不断提高素质，不断提高教书育人的工作绩效。

第三十四条　与附属中学改革发展相关的重大专业技术性工作，如章程或重大基本制度文稿的起草、发展规划的编制、改革方案的制定、教育教学实验、重要教研项目、人员培训、政策咨询、决策论证或成果鉴定等，可实行项目管理。由学校编制预算，采用委托或招标方式，产生项目承包者，完成相关工作。

第四章　工作机制

第二十五条　建立附属学校重大事项决策协商机制。有关附属中学校长人选、发展规划、重大改革事项、基本制度的制定等，先由番禺区教育局和广东第二师范学院沟通，沟通无异议后交学校和理事会按程序决策。

第二十六条　附属学校理事会实行例会制度，每学期开学前两周召开一次，审议通过由理事会决定或职权内的事项。校长须按规定准备有关事项的材料供理事会审议。

第二十七条　建立附属中学重大方案报备制度。凡学校制度、改革方案、内部机构和重要人事调整方案等均应向番禺区教育局和广东第二师范学院报备。

第二十八条　建立附属学校重大事项汇报制度。除常规工作定期报告外，附属学校应及时向番禺区教育局和广东第二师范学院汇报学校的重大事项。

第五章　其他

第二十九条　附属中学有形资产归广州市番禺区人民政府所有。学校应按国有资产管理有关规定进行管理。番禺区人民政府在处置附属中学有形资产时，应先征询广东第二师范学院的意见。

第三十条　附属中学无形资产归番禺区人民政府和广东第二师范学院共有。番禺区人民政府及其教育行政部门和广东第二师范学院应共同维护附属中学的形象和声誉，双方共同或各自在使用附属中学无形资产时应以不损害附属中学的形象和声誉为前提。

第三十一条　附属学校应为广东第二师范学院学生见习、实习提供条件。

相关细节由广东第二师范学院教务处和附属中学商定。

第六章　附则

第三十二条　本方案自公布之日起执行，到合同结束期止。

第三十三条　其他未尽事项或本方案的修订由合作双方协商解决。

附录4

<h2 align="center">广东二师番禺附中章程</h2>

<h3 align="center">第一章　总则</h3>

第一条　为全面贯彻国家教育方针，规范办学行为，维护学校、教职员工和学生的合法权益，促进学校持续、稳定、健康发展，依据《中华人民共和国教育法》及其他有关法律法规以及《合作办学框架协议》，结合学校实际，制定本章程。

第二条　学校名称：广东二师番禺附中，简称"广东二师番禺附中"。

学校地址：广州市番禺区东环街螺山路2号。

学校性质：番禺区人民政府设立的全民所有制事业单位。

第三条　学校是广州市番禺区人民政府与广东第二师范学院合作共建共管的普通高级中学，学制为三年。

第四条　校训：学为君子、兼善天下

校风：海纳百川、追求卓越

教风：有教无类、乐教善导

学风：立品乐学、善思明辨

第五条　学校办学目标：遵循"人本和谐，高效创新"办学指导思想，把学校办成兼具人文性、实验性与示范性的现代学校，成为基础教育改革者、现代学校制度的探索者、现代教育的示范者。

第六条　学校育人目标：立足学生的全面发展和可持续发展，重视培养学生具有"学为君子，兼善天下"的远大理想，能秉承"德才兼备、学融中西"的优良传统，具备"文化归属、国际理解"的现代情怀，使其成为"愿干事、能干事、能干成事"的社会主义社会的优秀公民。

<h3 align="center">第二章　管理体制</h3>

第七条　学校实行理事会领导下的校长负责制。

第八条　学校理事会设理事长 1 人，由番禺区人民政府委派；常务副理事长 1 人，由广东第二师范学院委派。理事会成员由广州市番禺区人民政府及有关部门代表、广东第二师范学院代表和社会知名人士共同组成。校长为当然理事。

第九条　学校理事会实行委员会制，主要职责。

（一）确定学校办学方向与目标。

（二）审定学校章程及学校重大的基本制度。

（三）审定学校发展规划及重大改革方案。

（四）支持、监督学校管理。

（五）考核校长。

（六）审议或决定超出校长职权的其他重大事项。

第十条　校长是学校的法定代表人，负责学校的教学及其他行政管理。

校长由广东第二师范学院负责选派或遴选，提请广州市番禺区教育局任命。

第十一条　校长依法享有下列权利。

（一）要求番禺区人民政府及其教育行政部门提供履行校长职责应当具有的工作条件。

（二）依照法律、法规和教育政策，组织制定、实施学校发展规划和学校具体的规章制度，组织实施教育教学活动。

（三）主持校长办公会议或校务会议，对学校教育、教学和管理工作中的重要事项进行决策。

（四）依照国家有关规定聘任、考核、奖惩教职工，推荐或选聘副校长，确定学校内设机构和内设机构负责人人选。

（五）依照国家有关规定使用经费和管理校产。

（六）参加培训。

（七）对上级教育行政部门的工作提出意见和建议。

（八）行使国家和上级教育行政部门授予的其他职权。

（九）非因法定事由、非经法定程序，不被免职、辞退或者处分。

第十二条　校长应当履行下列义务。

（一）遵守宪法、法律和法规。

（二）依照国家法律、法规和教育方针、政策以及理事会的决议，履行校长职责。

（三）维护学校、学生和教职工的合法权益。

（四）关心、尊重教职工，组织和支持教职工参加必要的学习、培训和进修，提升教师的专业质素，调动教职工工作的积极性和主动性。

（五）严格执行财务制度，管好校产和财务。

（六）努力学习，钻研业务，不断提高工作能力和办学水平。

（七）充分发挥教职工代表大会在民主管理和民主监督及共青团、少先队等群众组织在办学育人中的积极作用。

（八）建立与家长及社区的联系制度，发挥家长委员会、社区教育委员会等对学校工作的参谋、咨询与监督作用，促进学校教育、家庭教育与社区教育的密切合作，形成协调一致的育人环境。

（九）定期以报送"计划""总结""专项材料"等方式向番禺区教育局和广东第二师范学院汇报工作，依法接受监督。

第十三条　学校设立教职工大会或教职工代表大会，审议学校重大事项，实行民主管理。凡须理事会决策的重大事项应先经教职工大会或教职工代表大会审议通过。

第十四条　学校设立由校长主持的校长办公会议或校务会议，作为学校日常的行政决策机构，审议或决定学校的较为重大的事项或非常规事项。

第十五条　学校党团建设按照有关规定办理。校长必须关心、支持党团建设，充分发挥党组织的政治核心作用和共产党员、共青团员的先锋模范作用。

第十六条　学校设立办公室、德育处、教务处、教研室和总务处等职能部门。各部门领导干部按照"分级管理、分工负责、团结合作"的原则，在校长的领导下履行规定职责，对校长负责。

第十七条　学校办公室的主要职责。

（一）协助校长做好教职工的思想政治、学习、宣传和人事工作。

（二）负责教职工职称、工资福利、评优评先和人事档案的管理。

（三）负责文件收发、资料收集、整理、保管和接待工作。

（四）负责学校等级评估的档案管理工作。

（五）负责办公室的日常事务。

（六）完成校长和上级交办的其他任务。

第十八条　学校德育处的主要职责。

（一）制订德育工作计划，负责学校常规德育管理、学生宿舍管理、学生安全教育和学生日常行为规范工作。

（二）指导级长、班主任做好年级、班级学生管理工作。

（三）指导学生党团工作、社团工作和心理教育工作，组织学生社会实践活动等校内外活动。

（四）协助校长选配、培训和考核班主任，督促、检查、指导班主任工作。

（五）做好家长委员会工作、社区工作和学校治安工作。

（六）完成校长和上级交办的其他任务。

第十九条　学校教务处的主要职责。

（一）制订教学工作计划，负责教学工作的组织、实施和管理，落实教学常规，建立正常的教学秩序。

（二）负责教学质量目标的制订、管理、考核和总结表彰。

（三）负责学籍管理、教务管理、实验室、功能室的管理和体卫艺工作指导。

（四）负责各类考试的考务工作。

（五）负责教学档案和教学资料的管理工作。

（六）完成校长和上级交办的其他任务。

第二十条　学校教研室的主要职责。

（一）制订学校教研工作计划，落实教研常规，建立正常的教研秩序。

（二）负责教研、教改工作，组织教材研究、公开课和教改实验活动，营造良好的群众性的教研、教改氛围。

（三）负责教师培训、课题研究管理和课程开发工作。

（四）负责学校科研资料和档案管理工作。

（五）负责学校教研刊物的编辑出版工作。

（六）完成校长和上级交办的其他任务。

第二十一条　学校总务处的主要职责。

（一）制订学校后勤保障工作计划，负责学校基建和维修工作。

（二）负责学校财务管理工作。

（三）负责学校环境管理、卫生和美化、绿化工作。

（四）负责食堂管理、财物管理、物业管理和勤工俭学工作。

（五）负责校内安全保卫工作。

（六）完成校长和上级交办的其他任务。

第二十二条　学校设立家长委员会，不断扩大家长对学校办学活动和管理行为的知情权、参与权和监督权。在常规教育活动和上级统一安排的活动之外，学校实施直接涉及学生个体利益的校外活动或有关事项，应由学校或者教师提出建议和选择方案，并做出相应说明，提交家长委员会讨论，由家长自主选择、做出决定。

第三章　工作机制

第二十三条　建立学校重大事项决策协商机制。有关校长人选、发展规划、重大改革事项、基本制度的制定等，先由番禺区教育局和广东第二师范学院沟通，沟通无异议后交学校和理事会按程序决策。

第二十四条　学校理事会实行例会制度，每学期开学前两周召开一次，听取校长工作报告，审议有关事项。

校长须按规定准备有关材料供理事会审议。

第二十五条　建立学校重大方案报备制度。凡学校制度、改革方案、内部机构和重要人事调整方案等均应向番禺区教育局和广东第二师范学院报备。

第二十六条　建立学校重大事项汇报制度。除常规工作定期报告外，学校应及时向番禺区教育局和广东第二师范学院汇报学校的重大事项。

第四章　教育教学

第二十七条　学校坚持育人为本、德育为先、能力为重、全面发展的教育理念，注重学思结合、知行统一和因材施教，全面实施素质教育，促进学生全面发展和可持续发展。

第二十八条　学校坚持全员育人、全程育人的德育理念，完善德育体系，改进德育方式，健全德育网络，提升德育工作有效性。

第二十九条　学校坚持以教学为中心。严格执行国家课程标准，积极开发富有地方和学校特色的校本课程，积极开展基于学生能力培养的"参与式"课堂教学模式改革，提高学习效率和教学质量。

第三十条　学校教育、教学工作实行目标责任制，并以目标为中心实施计划管理、规范管理和全员、全程质量管理。

学校全面落实教学常规，每学期（年）有教学工作计划、总结和质量分析。

第三十一条　学校建立灵活的教学管理制度，鼓励、保护学生自主、自由的学习，形成有利于创造性人才成长的制度环境。明确教师课堂教学的行为规则和基本要求，保障教师根据课程的有关要求，科学安排教学内容和方法，充分、正当地行使教学的专业自主权，提高课堂教学的质量与效果。

第三十二条　学校强化教学质量监控机制，建立健全对学科组、备课组活动和教师工作各项检查考核制度。加强学科组、备课组建设，不断改进活动形式，充实活动内容，提高活动质量。

第三十三条　学校深化评价制度改革，构建科学合理、切实可行的学生评价、教师评价体系。

第三十四条　学校坚持科研兴校、以研促教，积极支持教师开展教科研工作，营造良好的教科研氛围，并采取有效措施提高教师的教科研能力。

第三十五条　学校规范学籍管理，按规定程序办理学生入学、转学、休学、复学、毕业等手续。健全学生学籍档案，做好学生综合素质和学分评定的资料收集和建档工作。

第五章　教师和其他教育工作者

第三十六条　学校教师和其他教育工作者享有《中华人民共和国教师法》及其有关法律、法规规定的权利，履行《中华人民共和国教师法》及其有关法律、法规规定的义务。

学校保护教师和其他教育工作者的合法权益，逐步改善教师和其他教育工作者的工作条件和生活条件。

第三十七条　学校积极鼓励教师参加学历进修和各类培训，全面落实对青年教师、骨干教师和名教师的分层培养措施，不断提高业务水平和能力。

第三十八条　学校实行全员聘用制。坚持实事求是、科学设岗、确保标准、择优聘任的原则，对具备任职条件的教师和其他教育工作者进行聘任，实施奖励和处分。

新进入的应届毕业的专任教师一般应具有硕士或以上学位；在职调入的专任教师一般应具有中学副高或以上职称。

教师和其他教育工作者应履行聘约，执行学校教育教学和各项工作的计划，完成教育教学和各项工作的任务。

第三十九条　学校不断完善教职工岗位责任制，按照岗位设置有关规定科学合理设置岗位，明确各类人员的岗位职责。

第四十条　学校建立以岗位职责为标准、以能力为基础、以绩效为核心的教职工评价体系。建立教职工业务档案，依据有关考核条例和规定程序，定期对教职工进行评价考核，考核结果与聘任和奖惩挂钩。

第四十一条　学校不断完善教职工绩效工资制度，建立公平、合理的绩效分配制度，充分调动广大教职工的工作主动性和积极性。

第四十二条　学校教师和其他教育工作者在教育管理、教学科研和学校建设等方面成绩优秀的，由学校予以表彰奖励；做出突出贡献的，学校将按程序报请上级有关部门给予表彰和奖励。

对违反学校章程和规章制度的教师和其他教育工作者，学校可视情节轻重给予教育、批评、处罚，直至解除聘任合同。对经考核不能履行岗位职责的教师和其他教育工作者，学校将不再续聘。

第六章　学生

第四十三条　凡按有关规定被本校录取或转入本校学习，办理报到、注册手续的学生即取得本校学籍。学校建立健全学生学籍管理制度，按相关规定建立学生档案，管理学生学籍。

第四十四条　学生享有《中华人民共和国教育法》等法律、法规规定的受教育者的权利，履行《中华人民共和国教育法》等法律、法规规定的受教育者的义务，遵守《中学生守则》《中学生日常行为规范》及其学校规章制度。

学校依法保障学生的合法权益，教育学生遵守法定义务和学校规章制度，促进学生健康成长。

第四十五条　学校创造条件，鼓励和支持学生参加社会实践，参加各类竞赛，发展个性特长。

第四十六条　学生可以在校内组织学生社团。学生社团在法律、法规规定的范围内活动，接受学校的指导和管理。

第四十七条　学校对学生德、智、体诸方面进行考核，对品学兼优、表现突出的学生给予表彰和奖励；对违纪违规的学生按校规给予批评和处分。

第四十八条　学校、教师通过家长委员会等途径为学生家长提供家庭教育指导。

第七章　校产、经费管理

第四十九条　学校有形资产归广州市番禺区人民政府所有。学校应按国有资产管理有关规定进行管理。番禺区人民政府在处置学校有形资产时，应先征询广东第二师范学院的意见。

第五十条　学校无形资产归番禺区人民政府和广东第二师范学院共有。番禺区人民政府及其教育行政部门和广东第二师范学院应共同维护学校的形象和声誉，双方共同或各自在使用本校无形资产时应以不损害本校的形象和声誉为前提。

第五十一条　学校坚持总务后勤工作为教学服务、为师生服务的观念，强化服务意识，严格工作规范，廉洁自律，克己奉公。

第五十二条　学校加强校舍、校产管理。学校校产按有关规定管理，严防公物流失和浪费。

第五十三条　学校建立和健全经费管理制度，经费的预算和结算应提交校长办公会议或教职工代表大会审议，并接受上级财务和审计部门的监督。

第五十四条　学校按照上级教育、物价、财政部门确定的收费项目和收费标准，依法向学生收取费用，实行收支两条线管理，收好、管好、用好各项教育经费。

学校在接受社会团体及个人的捐资助学时，必须履行报批手续，并做到专项入账，专款专用。

第五十五条　学校在政策许可的范围内，积极开展勤工俭学活动，改善学校的办学条件和教师的福利待遇。

学校从实际出发，制订奖教奖学条例，并根据财力开展奖教、奖学活动，调动教师和学生的积极性。

第五十六条　学校加强食堂管理，确保饮食卫生安全；加强安全保卫工作，及时发现和排除各种隐患，确保生命财产安全。

第八章　附则

第五十七条　学校章程的制定由校长办公会议负责。学校章程经学校教职工代表大会审议，由学校理事会审定，报请教育行政主管部门核准，于核准之日起公布实施。

第五十八条　本章程在具有下列情形之一时予以修订：

（一）章程依据的教育法律法规发生变化；

（二）章程依据的教育政策发生变化；

（三）学校管理体制、发展目标发生变化；

（四）其他有必要修订的情形。

章程的修订，由校长办公会议提议和提出修订方案，经教职工代表大会审议，由学校理事会决定，并报请教育行政主管部门和广东第二师范学院核准。

第五十九条　本章程由校长办公会议负责解释。

二〇一三年三月二十五日

附录5

××学校教职工代表大会制度

第一章　总则

第一条　根据《教育法》《工会法》和《××省教职工代表大会工作规程》相关规定，结合学校实际，特制定本校教职工代表大会制度。

第二条　××学校教职工代表大会是在学校党总支领导下的教职工民主管理学校的权力机构。

第三条　教职工代表大会以科学发展观思想为指导，贯彻执行党的方针、政策，正确处理国家、集体、个人三者的关系，充分调动广大教职工的极性。

第四条　教职工代表大会的组织原则是民主集中制。

第五条　教职工代表大会行使下列职权：

1. 讨论审议学校工作报告、财经报告和学校发展规划、重大改革方案等。

2. 讨论决定教职工绩效考核和工资方案，教职工奖惩办法及其他与教职工切身利益有关的方案和事项。

3. 讨论通过学校有关规章制度。

4. 对学校工作提出合理化意见和建议。

5. 评议和监督学校行政领导干部和职能部门的工作。

6. 依法参与学校的民主管理，维护教职工的正当权益。

第六条　校长室及所辖职能部门要积极支持教职工代表大会的工作，保障教职工代表大会的提议和决定的实施，处理好教职工代表大会的提案，接受教职工代表大会的评议和监督。教职工代表大会要教育教职工遵守各项规章制度，以主人翁的责任感完成各项任务，尊重和支持以校长为首的行政干部团队行使职权，维护其管理权威。

第二章　教职工代表

第七条　教职工代表大会代表实行常任制，任期3—5年，可以连选连任。

第八条　教职工代表大会代表以工会小组为单位，由教职工直接选举产生，候选人当选须获选举工会小组成员的过半数同意。凡是依法享有政治权利的教职工均有选举权和被选举权。

教职工代表大会代表人数一般控制在全校教职工总人数的 10%—20%，

教师代表应占代表总数的 60% 以上。行政干部的代表名额分配到有关工会小组，以普通教职工身份参加选举。

教职工代表大会代表的资格处理、撤换、增补按《××省教职工代表大会工作规程》执行。

第九条　教职工代表大会代表的权利。

1. 有权按教职工代表大会规定程序提出意见、建议和提案。

2. 有权就教职工代表大会的各项议程充分发表意见并参加表决。

3. 有权对教职工代表大会工作提出批评和建议。

4. 有权向学校领导和职能部门反映教职工的意见和建议。

5. 有权对学校和职能部门落实教职工代表大会决议和提案情况提出询问。

第十条　教职工代表大会代表的义务。

1. 学习并遵守国家政策法律，提高民主管理水平。

2. 认真做好本职工作，觉遵守学校各项规章制度，在学校发展中起带头作用。

3. 积极参加教职工代表大会活动，认真贯彻会议决议，宣传会议精神。

4. 密切联系群众，及时听取和如实反映教职工意见和要求，具有一定的民主管理和参政、议政能力。

5. 为人师表，办事公正不断增强主人翁意识，提高参与民主管理的素质和能力。

第十一条　根据教职工代表大会需要，可设特邀代表、列席代表参加会议。

第三章　组织制度

第十二条　教职工代表大会每三至五年为一届，期满换届选举，教代表大会每年召开1—2次，会期根据实际情况确定。

第十三条　教职工代表大会主席团由学校党、政、工、团主要领导和著工代表组成。

第十四条　教职工代表大会要有三分之二的应到会代表出席方能召开教职工代表大会的决议或决定要有超过应到会的代表二分之一的赞成票能通过或生效。

第十五条　结合学校实际情况，教职工代表大会可分别召开教师代表大会和职工代表大会，讨论决定各自相关事项。

第十六条　教职工代表大会的议题应根据学校中心工作和教职工迫切关心的问题，广泛听取意见，经大会主席团审议后提请大会通过。

第十七条　对教职工代表大会通过的决定和决议，学校领导和全体教职员工必须认真执行；经教职工代表大会审议通过的方案、办法、制度等，由校长公布实施。各职能部门都要采取有效措施，贯彻落实。

第十八条　教职工代表大会的工作应向全校教职工公布，接受群众监管。

第十九条　教职工代表大会以年级组或工会小组为单位设立代表小组。

第四章　工作机构

第二十条　教职工代表大会闭幕期间，由学校工会委员会承担教职工代表大会工作机构的任务，在学校党总支的领导下负责做好下列工作：

1. 负责教职工代表大会的召集与组织工作。

2. 负责征集和整理教职工代表的提案。

3. 负责组织传达贯彻教职工代表大会的精神，督促检查大会决议的落实。

4. 听取和反映教职工的合理化意见和建议，保障教职工的民主

5. 处理教职工代表大会交办的其他有关事项。

第五章　附则

第二十一条　本制度的调整权和解释权属××学校教职工代表大会。

第二十二条　本制度自×年×月×日起生效。

附录6

番禺区"高效课堂协同创新"三年计划

（2014—2016）

为贯彻落实《国家中长期教育改革和发展规划纲要（2010—2020）》有关精神，以协同推动创新，拟通过与广东第二师范学院合作，依托其教育资源优势和智力支持，进一步深化番禺区"研学后教"课堂教学改革，提高教育教学质量，夯实番禺区"上品教化"教育理想的厚实基础。

一、工作目标

构建和不断完善番禺区"研学后教"课堂教学改革的区域特色，提升其在全国的影响力；确保全国教育科学"十二五"规划立项课题《区域推进"研学后教"课堂教学改革的行动研究》高质高效结题；深化我区基础教育课堂教学改革，立足我区教改实际，重点研究和探讨教改深化工作的新问题、新情况，及时发现和总结好经验、好做法，有针对性地研究存在困惑和疑难，真正改善学生学习方式，促进教师专业发展，提高教育教学质量。

二、工作内容

（一）2014年：全面调研，准确把脉

1.设计系列调查表（问卷），调查对象包括：学校、教师、学生、家长，全面摸查和分析实施"研学后教"课堂教学改革的影响因素。

2.建立听课调研系统，全面诊断我区中小学课堂教学现状（听课约2000节作为参数），形成诊断报告，为后阶段研究提供参考依据。

3.帮助广大教师确立"研学后教"的核心理念并把这一核心理念作为课堂教学的行为准则。围绕"学科课型、研学问题、策略应用"等开展新一轮培训、研究活动，破解难点。

4.帮助学校（学科）建构、提炼"研学后教"课堂教学实践模式，实现"一学校一模式"的探索实施态势。

5.开展"电子书包"应用实验课例研究，提炼"电子书包"应用的实验成果，编著《番禺区"电子书包"应用手册》。

6.分片开展"番禺区'研学后教'课堂教学大赛"活动。

7.制定学科研学问题评价标准，第三次征集研学问题，形成《学科研学问题丛书》（每学科一本）。

8.选取20所基地学校，形成帮扶方案。指导基地学校开展教学改革实验工作，重点帮扶两类学校：一是已有一定基础或初现成效的学校如仲元中学、象贤中学、广东二师番禺附中等；一是正在进步或迫切需要进步而缺乏资源、力量的学校如新造中学、新造中心小学等。

9.召开"研学后教"课堂教学改革第三阶段总结表彰会。

（二）2015年：典型带动，形成范式

1.深化基地学校实验工作，形成范式与典型，以点带面，成果辐射其他中小学。

2.开展"番禺区'研学后教'课堂教学大赛"活动；开展"番禺区'研学后教'课堂教学研究案例"评审活动，形成《学科课型研究案例丛书》。

3.开展学生学习状况跟踪调查工作，总结梳理形成"学生研学方法手册"（高中、初中、小学版）。

4.整理课题成果，编著《番禺区"研学后教"高效课堂模式》丛书（研究论文、研究报告、研究专著、案例汇编），完成《区域推进"研学后教"课堂教学改革的行动研究》课题结题报告，并召开课题结题及成果鉴定会。

（三）2016年：全面总结，推广范式

1.全面总结"研学后教"课堂教学改革工作，组织开展成果的区域示范辐射活动，提升教改工作在全国的影响力。

2.编写基于"研学后教"理念的地方教材"科学思维方法训练读本"（高中、初中、小学版）。

三、具体工作安排

由广东第二师范学院制定，双方协商执行。

番禺区教育局

2014 年 1 月 15 日